Jahrbuch z'Rieche 2014

HERAUSGEBERIN STIFTUNG Z'RIECHE

ISBN 978-3-7245-2031-3

REDAKTION SIBYLLE MEYRAT

REDAKTIONSKOMMISSION MICHÈLE FALLER, DOMINIK HEITZ, RALPH SCHINDEL, ARLETTE SCHNYDER

LEKTORAT SABINE KRONENBERG

GESTALTUNG FORMSACHE, SYLVIA PFEIFFER

AUFTRAGSFOTOGRAFIE URSULA SPRECHER

BILDAUFBEREITUNG PATRICK BERNET

DRUCK WERNER DRUCK & MEDIEN AG

Inhalt

AUTORINNEN UND AUTOREN

MARTINA DESAX (*1975)	Dr. sc. ETH, freischaffende Kunst- und Architekturhistorikerin
MICHÈLE FALLER (*1973)	lic. phil., Kunsthistorikerin, Historikerin, Redaktorin ‹Riehener Zeitung›
CLAUDIA GLASS (*1955)	Museologin MAS, Diplompädagogin, Ausstellungsmacherin, Szenografin
BERNHARD GRAF (*1960)	Konservator Spielzeugmuseum, Dorf- und Rebbaumuseum Riehen 2000–2014
DOMINIK HEITZ (*1957)	Journalist ‹Basler Zeitung›
STEFAN HESS (*1965)	Dr. phil., Historiker, Kunsthistoriker
BARBARA IMOBERSTEG (*1958)	freie Journalistin
ANDREAS KLAIBER (*1961)	Pfarrer Kornfeld-Andreas, evangelisch-reformierte Kirchgemeinde Riehen-Bettingen
ROLF KUNZ (*1948)	lic. phil., Soziologe, Leiter der Abteilung Gesundheit, Soziales und Bildung, Gemeinde Riehen 1978–2010, Präsident des Vereins ‹PRO CSIK› (Riehen hilft Rumänien)
GERD LÖHRER (*1945)	Wirtschaftsjournalist
SIBYLLE MEYRAT (*1972)	lic. phil., Historikerin
JÜRGEN MISCHKE (*1983)	Dr. phil. des., Historiker, Sprachwissenschaftler, Herausgeber ‹Namenbuch Basel-Stadt›
JULIA NOTHELFER (*1982)	Kunstvermittlerin, Kuratorin Spielzeugmuseum, Dorf- und Rebbaumuseum Riehen
DAISY RECK (*1937)	Journalistin
PETER SCHENK (*1957)	M. A., Romanist, Historiker, Redaktor ‹bz Basel / Basellandschaftliche Zeitung›
RALPH SCHINDEL (*1970)	lic. phil., Texter und freier Journalist
ROLF STÖCKLIN (*1951)	Pfarrer römisch-katholische Pfarrei St. Franziskus Riehen-Bettingen
ARLETTE SCHNYDER (*1968)	Dr. phil., Historikerin
ROLF SPRIESSLER-BRANDER (*1966)	Redaktor ‹Riehener Zeitung›
FRANÇOISE THEIS (*1966)	Dipl.-Math., M. A., Kunstwissenschaftlerin, vedarte – agentur für kunstvermittlung, Jurymitglied Kulturpreis Riehen
TOPRAK YERGUZ (*1974)	lic. phil., Soziologe, Leiter Zeitungen Friedrich Reinhardt Verlag

Die Autorinnen und Autoren verantworten den Inhalt ihrer Beiträge. Ihre Sichtweise und ihre Schwerpunkte müssen sich weder mit den Ansichten der Redaktion noch mit denen der Herausgeberin decken.

EDITORIAL

Liebe Leserin, lieber Leser

Wie alt ich zur Zeit bin, lässt sich zwar in einer Zahl ausdrücken. Doch diese hat nur wenig mit meinem eigenen Erleben zu tun. Es gibt unzählige Arten, älter und alt zu werden. Klare Grenzen zwischen jung und alt lassen sich nicht ziehen. Kommt hinzu, dass sich die Wahrnehmung des Alters mit dem eigenen Alter verändert. Für 20-Jährige sind schon manche 30-Jährige uralt – bis sie eines Tages aufwachen und selber das einst unvorstellbar hohe Alter erreicht haben. Zählte man früher mit dem Eintritt ins Rentenalter definitiv zu den Alten, so wirken die heute 60- bis 80-Jährigen im Vergleich mit deren Eltern und Grosseltern im selben Alter ausgesprochen jugendlich und unternehmungslustig. Viele dieser rüstigen Seniorinnen und Senioren treiben regelmässig Sport, legen Wert auf modische Kleidung, reisen durch die Welt, widmen sich mit Leidenschaft ihren Hobbys und werden als Konsumentinnen und Konsumenten kräftig umworben.

Zwar ist das Alter für alle Menschen auch mit Abschieden und Verlust verbunden. Doch die Zeitspanne zwischen dem Ende des Erwerbslebens und dem von Einschränkungen und Verlusten geprägten Alter war noch nie so lang wie heute. Fachleute reden vom ‹dritten Alter›, das viele Pensionierte bei relativ guter Gesundheit selbstbestimmt gestalten und erleben können. Diese geschenkten Jahre, die sich auch dem medizinischen Fortschritt verdanken, ändern jedoch nichts daran, dass auch ein sehr langes Leben mit dem Tod endet.

Rund ein Drittel von Riehens Bewohnerinnen und Bewohnern ist heute über 60 Jahre alt. Damit hat die Gemeinde im schweizweiten Vergleich eines der höchsten Durchschnittsalter. Sie ist sozusagen ein Mikrokosmos in Altersfragen und weist bereits jetzt jene Bevölkerungsstruktur auf, die in den kommenden 20 Jahren für die gesamte Schweiz erwartet wird. Vor Kurzem hat der Gemeinderat ein Seniorenkonzept erstellt, um die Bedürfnisse der über 60-Jährigen vermehrt zu berücksichtigen. Die Redaktion des ‹Jahrbuchs› nahm dies zum Anlass, der langen Lebensphase ab 60 Jahren einen Schwerpunkt zu widmen.

Eine eigenständige Auseinandersetzung mit diesem und den weiteren Themen des Buches bilden die Fotografien von Ursula Sprecher, die überraschende Zugänge öffnen und zu neuen Sichtweisen einladen.

Die Autorinnen und Autoren beleuchten verschiedene Aspekte des Älterwerdens und bringen dabei auch eigene Erfahrungen mit ein. Was bedeutet es, über die Pensionierung hinaus zu arbeiten? Was sind die wirtschaftlichen Aspekte des demografischen Wandels und wie können Handel und Gewerbe die Bedürfnisse einer älter werdenden Kundschaft berücksichtigen? Eine kleine Chronik der Riehener Altersheime zeigt auf, wie sehr sich diese Institutionen im Lauf des 20. Jahrhunderts verändert haben. Ein weiterer Text beschreibt mit sensiblem Blick den Alltag in einem Riehener Alterspflegeheim in der Gegenwart. Die wertvollen Beiträge älterer Menschen innerhalb der Gesellschaft werden anhand der Freiwilligenarbeit aufgezeigt, diejenigen innerhalb der Familie verdeutlichen Erzählungen von Enkelkindern über ihre Grosseltern. Wie stark die Lebensqualität im Alter auch von wirtschaftlichen Faktoren abhängt, zeigt ein Vergleich mit Riehens rumänischer Partnerstadt Csikszereda. Dort ist das Alter für die Mehrheit der Bevölkerung gleichbedeutend mit Armut, wie es dies auch in der Schweiz bis Mitte des 20. Jahrhunderts war. Weitere Beiträge zur Liebe im Alter, zur privaten Pflege, zur Architektur fürs Alter und ein Essay über das Weiterleben der Dinge nach dem Tod ihrer Besitzer runden den Themenschwerpunkt ab.

Im Teil ‹z'Rieche› lesen Sie von Neuem und Bewährtem: Vom neu eröffneten Naturbad und von der fertiggestellten Zollfreistrasse, von der geplanten Neugestaltung des Dorfzentrums und vom Gemeinde- und Einwohnerrat in neuer Zusammensetzung. Ein Beitrag mit architektonischem Schwerpunkt schildert die Entstehung der Kornfeldkirche, die seit 50 Jahren ein rege genutztes Gemeindezentrum bildet. Weniger eindeutig ist dagegen die Entstehung des Riehener Wappens. Wer einen Überblick über die verschiedenen Theorien auf dem neusten Forschungsstand sucht, wird hier fündig. Der Ausbruch des Ersten Weltkriegs vor 100 Jahren war Anlass zu einer Sonderausstellung im Spielzeugmuseum, die zur Auseinandersetzung mit dem Zusammenhang von Wettrüsten und Spielzeugindustrie einlädt. Schliesslich werden Personen gewürdigt, die das Leben in der Gemeinde auf unterschiedliche Weise bereichern und bereichert haben: Der pensionierte Rebbaumeister Jakob Kurz und sein Nachfolger Thomas Jost, die Kulturpreisträgerin Sabine Hertig, die Sportpreisträger Simone Werner und Simon Wicki und die Chronistin, Forscherin und Vermittlerin der Lokalgeschichte Lukrezia Seiler, die im Dezember vergangenen Jahres verstorben ist.

Eine möglichst breite Übersicht über alle Ereignisse, die in Riehen im Zeitraum vom Juli 2013 bis zum Juni 2014 von Bedeutung waren, findet sich im dritten Teil des Buches, in der bewährten ‹Chronik›.

Allen, die zum Gelingen der aktuellen Ausgabe beigetragen haben, sei zum Schluss herzlich gedankt. Gemeinsam mit ihnen wünsche ich Ihnen, liebe Leserin und lieber Leser, eine anregende Lektüre und interessante Entdeckungen.

SIBYLLE MEYRAT, REDAKTORIN

Alter

Vögel beobachten, wandern, reisen – der dritte Lebensabschnitt schafft zeitliche Freiräume, um sich intensiv seinen Hobbys zu widmen.

Älter werden und alt sein in Riehen

SIBYLLE MEYRAT, ARLETTE SCHNYDER

Die Bedeutung des Alters hat sich in den letzten 50 Jahren so stark verändert wie nie zuvor, ebenso die Möglichkeiten und Ansprüche älterer Menschen. Was bedeutet es, in Riehen zu den älteren Bewohnerinnen und Bewohnern zu gehören? Und was bedeutet es, hier alt zu werden?

Rosmarie Kopp-Heckendorn unternimmt mit Tochter und Schwiegersohn eine grosse Reise in die USA und besucht die Rocky Mountains, Joseph Suter plant mit seiner Alphorngruppe eine vierwöchige Musikreise nach Argentinien, Oskar Stalder hingegen schätzt das Zuhause, wo er auf der Finnenbahn sein tägliches Morgenfitnessprogramm absolvieren und sich seinen Leidenschaften widmen kann – der Forstarbeit in den eigenen Waldungen, dem Saunabaden und dem Skifahren. Alle drei sind vor kurzem 80 Jahre alt geworden, die Angaben stammen aus den Gratulationen der ‹Riehener Zeitung›.

Nicht alle Gratulationen zum 80. und 90. Geburtstag sprühen vor so viel Tatendrang und Aktivität, einige sind kürzer und stiller gehalten. Sie spiegeln nur einen kleinen Ausschnitt aus der Realität der älteren Bevölkerung Riehens, dennoch ist es auffällig, wie viele Hinweise auf ein aktiv gestaltetes Alter ab 80 Jahren sich hier finden. Sogar bei pflegebedürftigen Menschen wird deren Aktivität betont: Die 90-jährige Charlotte Heid-Jobé, die seit zwei Jahren im Alters- und Pflegeheim Zum Wendelin lebt, ist für ihr hohes Alter «verhältnismässig fit und kann daher noch viele Dinge erleben». Sie macht bei den Bewegungsübungen mit, «malt fantastische Mandalas, geht gern zum Gemüserüsten, nimmt an Hauskonzerten teil und vieles mehr».

Während viele Jubilare[1] auf eine Gratulation in der Zeitung verzichten, freuen sich fast alle über offiziellen Besuch. Das berichtet Bruno Schnell, Weibel der Gemeinde. Wer hier 90 oder 100 Jahre alt wird und wer ein rundes Ehejubiläum ab 50 Jahren feiert, erhält nach telefonischer Vorankündigung ein Gratulationsschreiben und ein Geschenk überreicht. Beim 100. Geburtstag sind neben Bruno Schnell auch der Gemeindepräsident, ein Vertreter des Basler Regierungsrats und der Staatsweibel anwesend. Die Gratulanten schätzen diese Besuche sehr und für den Weibel sind sie eine schöne Aufgabe. Im Gespräch mit den Jubilaren erhält er bewegende Einblicke in verschiedenste Lebensläufe und Geschichten. «Bevor ich diese Aufgabe übernahm, konnte ich mir nicht vorstellen, dass so viele 90-Jährige bei so guter Gesundheit mit nur wenig Unterstützung zu Hause leben», sagt er. Dass das selbstständige Wohnen zu Hause bis ins hohe Alter so gut funktioniert, sieht er nicht nur in Dienstleistern wie der Spitex begrün-

Altersstruktur der Bevölkerung in Riehen 2012

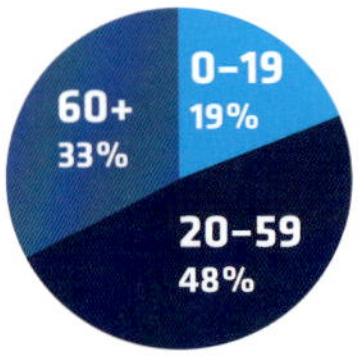

Altersstruktur der Bevölkerung in Basel 2012

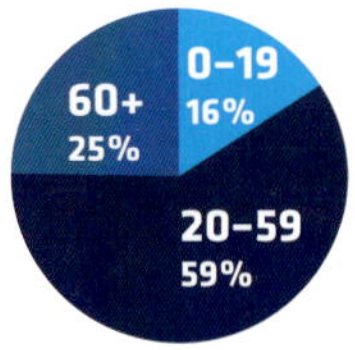

Altersstruktur der Bevölkerung in der Schweiz 2012

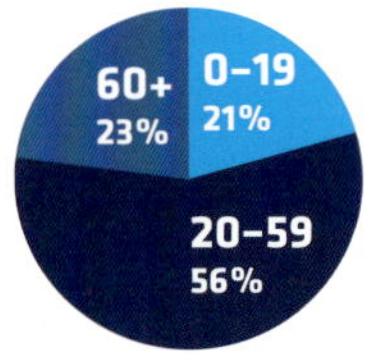

Beim Vergleich mit dem schweizerischen Durchschnitt fällt der höhere Anteil der über 60-Jährigen in den Gemeinden Riehen und Basel auf.

det, sondern auch in einer guten Unterstützung durch Nachbarn und eigene Kinder. «Die meisten Leute wohnen hier sehr lange am selben Ort, man kennt und hilft sich.»

VERSCHIEDENE PHASEN DES ALTERS

Tatsächlich lebt der grösste Teil der Menschen über 80 Jahre zu Hause, teilweise unterstützt von Angehörigen, Spitexdiensten und privat engagiertem Pflegepersonal. Im vergangenen Jahr lebten in Riehen und Bettingen insgesamt 322 Personen in einem Pflegeheim, das entspricht einem Anteil von 17 Prozent der Einwohner über 80 Jahre. Diese wiederum machen in Riehen 9,2 Prozent der Gesamtbevölkerung aus. Um den Bedarf an Pflegeplätzen längerfristig zu decken, ist zurzeit in allen Riehener Pflegeheimen und in mehreren Heimen in der Stadt ein Ausbau geplant oder bereits im Gang. Es ist aber letztlich ein kleiner Teil aller älteren Menschen, der diese Angebote in Anspruch nimmt, und mit einer durchschnittlichen Dauer von eineinhalb Jahren ist der letzte Lebensabschnitt im Heim sehr kurz.

Wenn sich die Politik um ältere und alte Menschen kümmerte, ging es bisher meist darum, ein bedarfsgerechtes Angebot für jene sicherzustellen, die nicht mehr selbstständig wohnen können. Seit einiger Zeit ist nun – parallel zum tief greifenden demografischen Wandel – eine Trendwende festzustellen. Die zurzeit in verschiedenen Kantonen und Gemeinden ausgearbeiteten Konzepte und Leitlinien nehmen eine viel längere Lebensspanne als bisher in den Blick. So setzt das Seniorenkonzept des Kantons bei 55, dasjenige der Gemeinde Riehen bei 60 Jahren an; was letztlich eine Aufforderung ist, sich schon früh mit dem eigenen Alter auseinanderzusetzen. Das so bezeichnete ‹Alter› umfasst einen Drittel des ganzen Lebens und wird deshalb in weitere Phasen unterteilt. Im Seniorenkonzept Riehens beginnt es mit dem «höheren Erwachsenenalter», das kurz vor oder nach der Pensionierung einsetzt. Ebenso wie das «gesunde Rentenalter» ist es von Aktivitäten wie der Betreuung der eigenen Eltern oder Enkelkinder geprägt oder vom Erfüllen lange gehegter Wünsche, wofür die finanziellen Ressourcen oft vorhanden sind. Im «eingeschränkten Rentenalter» ist vermehrt ambulante Unterstützung nötig, die oft von der Partnerin oder vom Partner übernommen wird. «Stark pflegebedürftige betagte Menschen» werden in einer vierten Kategorie aufgeführt. Aufgrund ausgeprägter körperlicher, psychischer oder geistiger Einschränkungen leben sie meistens in einem Pflegeheim. Wie diese Phasen durchlaufen werden, hängt sehr stark von individuellen Voraussetzungen

Bevölkerung 60plus in Riehen nach Altersklassen und Geschlecht 2012

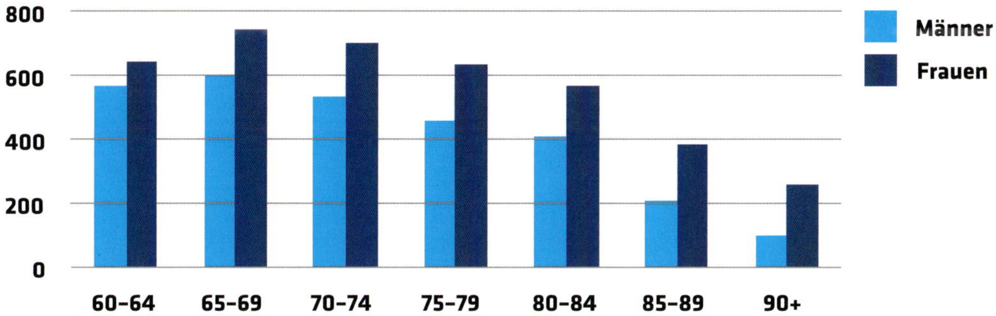

ab; ein hoher Pflegebedarf ist nicht zwingend mit dem hohen Alter verbunden.[2]

Die über 80-Jährigen machen in Riehen 9,2 Prozent der Gesamtbevölkerung aus, in Basel 7,8 Prozent und in der Schweiz 4,8 Prozent. Knapp die Hälfte der Riehener sind zwischen 20 und 59 Jahre alt (Basel 59 Prozent, Schweiz 56 Prozent). Der Anteil der Kinder und Jugendlichen (0–19 Jahre) liegt in Riehen bei 19 Prozent (Basel 16 Prozent, Schweiz 21 Prozent). Der Frauenanteil nimmt bei steigendem Alter zu. So sind von den 60-jährigen und älteren Personen 58 Prozent Frauen, bei den über 90-jährigen sind es 72 Prozent.[3]

Ein Vergleich von Altersstatistiken ist nicht leicht durchzuführen, da der Beginn des Seniorenalters nicht verbindlich definiert ist; er wird meist auf 60 oder 65 Jahre angesetzt, das basel-städtische Seniorenkonzept schliesst aber bereits die 55-Jährigen mit ein. Betrachtet man die Gruppe der 65-Jährigen und Älteren, so besetzte der Kanton Basel-Stadt nach dem Tessin seit Jahren den zweiten Platz, wurde aber im vergangenen Jahr von Basel-Landschaft überholt. Erklärt wird dies mit dem grossen Zuzug junger Familien bis in die 1970er-Jahre. Als der Platz in der Stadt danach knapp wurde, war das Bauland im Baselbiet noch vergleichsweise günstig. Entsprechend liegt der Altersquotient, das Verhältnis der Personen über 65 Jahre zu den Personen im Erwerbsalter (20–64 Jahre), in den stadtnahen Gemeinden besonders hoch. Im Kanton Basel-Landschaft war Arlesheim im Jahr 2013 die Gemeinde mit den meisten Rentnern (Altersquotient 42,8), am wenigsten Senioren gab es in Zwingen (Altersquotient 20,9).[4] In Riehen und im Kanton Basel-Stadt wurde also eine Entwicklung vorweggenommen, die an anderen Orten noch bevorsteht; die Altersstruktur wird sich hier in den kommenden Jahren weniger stark verändern als im Rest der Schweiz.

ZUFRIEDENE RIEHENER UND BETTINGER SENIOREN

Wird das Alter so weit gefasst, betrifft es eine grosse und sehr heterogene Gruppe von Menschen. In Riehen machten die über 60-Jährigen im Jahr 2013 etwa einen Drittel der Gesamtbevölkerung aus, in Basel beträgt dieser Anteil 25 Prozent und im Rest der Schweiz 23 Prozent.

Die Bedürfnisse und Befindlichkeiten dieser breiten Gruppe zu erfassen, war Ziel der ersten kantonalen Bevölkerungsbefragung 2011. Darin zeigte sich die ältere Bevölkerung mit ihrer Lebenssituation zufrieden bis sehr zufrieden, bei den Einwohnern Riehens und Bettingens lag die Zufriedenheit in einigen Punkten sogar über dem kantonalen Durchschnitt. So etwa beim ruhigen Wohnum-

Bevölkerungsprognose 60plus bis 2035
ganze Schweiz (in Tausend)

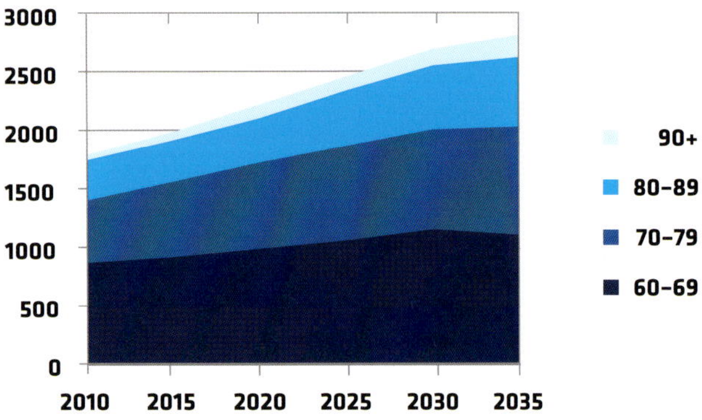

Bevölkerungsprognose 60plus bis 2035
Riehen

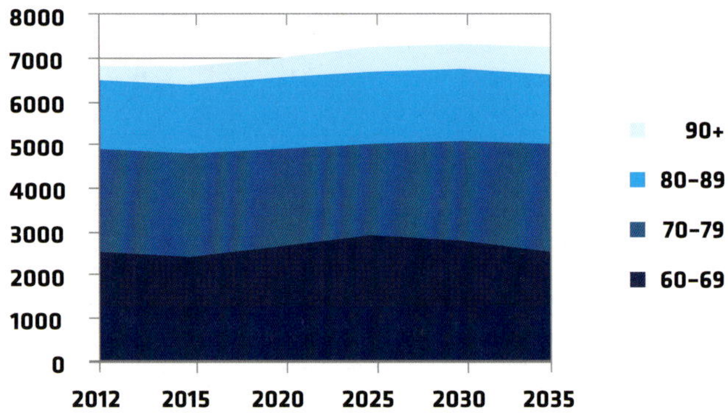

Voraussichtlich wird sich die Schweiz in den kommenden 20 Jahren der Altersstruktur annähern, die Riehen heute bereits hat.

feld, bei der empfundenen Sicherheit im Quartier, beim Austausch in der Nachbarschaft und bei der Ausstattung und dem Komfort des eigenen Hauses. Im Vergleich zu den Quartieren in der Stadt wohnen in Riehen und Bettingen weitaus mehr Senioren in einem Einfamilien- oder Reihenhaus (40,6 Prozent gegenüber 15,1 bis 18,3 Prozent in den Stadtquartieren), davon viele als Eigentümer. Überdurchschnittlich ist auch der Anteil der Menschen, deren Wohnfläche mehr als 121 Quadratmeter umfasst (38,4 Prozent, in den Stadtquartieren zwischen 15 und 20,4 Prozent). Dies spiegelt die im Durchschnitt bessere wirtschaftliche Situation der Riehener und Bettinger Senioren. Der Anteil der Personen mit einem Netto-Haushaltseinkommen von über 7500 Franken pro Monat liegt mit 47,9 Prozent über den Werten der Stadtquartiere (28,4 bis 34,8 Prozent), umgekehrt ist der Anteil der Senioren, die mit einem Netto-Haushaltseinkommen von unter 5000 Franken pro Monat auskommen müssen, in Riehen und Bettingen mit 26,8 Prozent tiefer als in der Stadt (38,8 bis 40,4 Prozent).

Im Vergleich zu den Bewohnern der Stadtquartiere zeigten sich die Riehener und Bettinger Senioren etwas aktiver im Sport, wobei die Abweichungen vor allem bei gemeinsamen sportlichen Aktivitäten ins Gewicht fallen. 32,7 Prozent geben an, mindestens einmal pro Woche gemeinsam mit anderen Sport zu treiben (in den Stadtquartieren liegen die Werte zwischen 21,7 und 23,3 Prozent). Riehener und Bettinger Senioren besuchen auch gern Vorträge und Ausstellungen: 7,2 Prozent tun dies mindestens einmal pro Woche und 37 Prozent mindestens einmal pro Monat (die Vergleichswerte in der Stadt liegen zwischen 5,1 und 6,6 Prozent beziehungsweise zwischen 20,9 und 31,6 Prozent). Deutlich sind die Unterschiede auch beim Gebrauch des Computers. 50,8 Prozent der über 55-Jährigen in Riehen und Bettingen nutzen den Computer täglich (gegenüber 35,8 Prozent bis 38 Prozent in den Stadtquartieren). Einer der wenigen Punkte, bei denen die Zufriedenheit der Riehener und Bettinger Senioren unter dem kantonalen Mittelwert liegt, betrifft die Restaurants und Cafés am Wohnort. Nur 20,1 Prozent zeigen sich hier sehr zufrieden (gegenüber 25,2 bis 26,7 Prozent in den Stadtquartieren). Dagegen werden die Angebote und Einrichtungen für ältere Menschen am Wohnort sehr positiv beurteilt.

Offizieller Geburtstagsbesuch im Februar 2012: Die 90-jährige Jubilarin Elisabeth Stump empfängt Gemeindeweibel Bruno Schnell (links) und den damaligen Gemeindepräsidenten Willi Fischer (rechts) bei sich zu Hause.

In Riehen und Bettingen sind 19,7 Prozent damit sehr zufrieden (gegenüber 15,8 bis 16,8 Prozent in den Stadtquartieren), eher zufrieden zeigen sich weitere 40,2 Prozent; hier ist der Unterschied zu den Stadtquartieren vernachlässigbar.

MASSNAHMEN FÜR EINE ALTERSFREUNDLICHE GEMEINDE

Die Leitlinien der neu definierten kantonalen Alterspolitik zielen darauf, dass Senioren möglichst lange selbstständig leben können und bedarfsgerechte Unterstützung erhalten, wenn das nicht mehr möglich ist. Diese Grundsätze gelten auch für Riehen, die Anliegen der älteren Bevölkerung wurden aber in Zusammenarbeit mit Quartiervereinen, Kirchgemeinden, Hausärzten und Fachpersonen zusätzlich ermittelt, um das kantonale Seniorenkonzept auf Gemeindeebene spezifisch zu unterstützen und zu ergänzen. Dafür wurde ein Paket von Massnahmen ausgearbeitet, von denen einzelne rasch umgesetzt wurden – wie die Montage von neuen Sitzbänken im öffentlichen Raum oder der Ausbau der bisherigen Pflegeberatung zur Fachstelle Alter –, während andere längerfristige Punkte auf der Agenda darstellen. So soll das Potenzial älterer Menschen noch besser genutzt werden – etwa im Rahmen nachberuflicher und nachfamiliärer Freiwilligenarbeit. Auch altersgerechte Wohnformen sollen seitens der Gemeinde stärker gefördert[5] und die Bedürfnisse älterer Menschen sollen bei der Verkehrsgestaltung vermehrt einbezogen werden. Zudem positioniert sich die Gemeindeverwaltung als altersfreundliche Arbeitgeberin, die den Einbezug von Pensionierten prüft und bei Neueinstellungen niemanden aufgrund seines Alters diskriminiert.[6]

DEMOGRAFISCHER WANDEL

Die gestiegene Lebenserwartung entspricht einem allgemeinen Trend in den postindustriellen Gesellschaften und ist in ihrem Ausmass beeindruckend. In den vergangenen 100 Jahren hat sie sich in der Schweiz fast verdoppelt: Von 46 auf 80 Jahre für die Männer und von 49 auf 85 Jahre bei den Frauen. Der Unterschied zwischen den Geschlechtern hat sich dabei verringert und betrug im Jahr 2012 noch 4,2 Jahre. In Verbindung mit den seit Ende der

Von drei Personen, die in Riehen wohnen, ist eine über 60 Jahre alt.

1960er-Jahre rückläufigen Geburtenzahlen führt dies zu einer Alterung der ganzen Gesellschaft. Diese Entwicklung setzte in Europa bereits Ende des 19. Jahrhunderts ein, wird sich aber in den kommenden Jahren markant verstärken. Sie beschäftigt Soziologen, Trendforscher, Politiker, Marketingfachleute, alte und junge Menschen gleichermassen. Denn das Alter betrifft uns alle. Was eigentlich die Erfüllung eines Menschheitstraums ist – dass so viele Menschen bei guter Gesundheit ein so hohes Alter erreichen –, bringt viele offene Fragen mit sich. Die tief greifenden Veränderungen sind in ihrem Ausmass noch kaum zu ermessen. Skeptiker skizzieren ein düsteres Bild: Vom Zusammenbruch der Rentensysteme ist die Rede, von einem personellen und finanziellen Notstand in der Betreuung und Pflege alter und dementer Menschen, von einer ‹Gerontokratie›, in der die jungen Menschen und ihre Interessen überstimmt werden durch die Mehrheit der Alten.

Aus dem Blick gerät dabei oft, dass sich das Alter selbst gewandelt hat. So sieht der Soziologe François Höpflinger, der seit Jahrzehnten die älter werdende Bevölkerung und die Generationenbeziehungen untersucht, nicht die demografische Alterung an sich als Problem. Problematisch sei die ausgeprägte Hochaltrigkeit einer Gesellschaft aber dann, wenn sie am klassischen dreiteiligen Lebensphasen-Modell Ausbildung, Erwerbstätigkeit, Pensionierung festhalte. Ein Modell, das übrigens erst in den 1970er-Jahren ‹klassisch› wurde, denn 1950 waren noch zwei Drittel aller 65- bis 69-jährigen Männer erwerbstätig und zwei Fünftel der über 70-jährigen.[7] Der Forderung, den Übergang zwischen Erwerbsarbeit und Rentenalter flexibler zu gestalten, steht aber die Realität einer Arbeitswelt gegenüber, die immer noch stark auf Arbeitnehmer unter 50 Jahren fokussiert ist. Erst vor Kurzem wurden gut qualifizierte Pensionierte von den Arbeitgebern entdeckt, vor allem als flexibel einsetzbare, kostengünstige Reserve bei Bedarf; eine Rolle, die bislang vor allem mit Frauen und Ausländern besetzt wurde.

SCHWELENDE KONFLIKTE

Ob ältere und alte Menschen auf politischer Ebene nur für ihre eigenen Interessen stimmen oder als Generation der Gross- und Urgrosseltern auch die Interessen der nachkommenden Generationen im Auge behalten, muss genau untersucht werden. Tendenziell dürfte steigendes Alter nicht zu grösserer Toleranz führen, aber die Gleichsetzung von alt und konservativ hält einer genaueren Betrachtung nicht stand. Es gibt sie auch in Riehen, die alten Menschen, die sich dagegen wehren, dass in der Nähe ihrer Wohnungen Kinder spielen und Jugendliche Skateboard fahren. Es gibt aber auch 70- bis 90-jährige Menschen, die sich aktiv für eine enkelgerechte Welt einsetzen. Bei aller Differenzierung sieht der deutsche Trendforscher Peter Wippermann dennoch einen Generationenkonflikt schwelen: «In Zukunft wird es um die Frage gehen: Inwieweit nervt es Jüngere, wenn Popkonzerte, Hörsäle und Cafés fest in der Hand der 50-plus-Generation sind?»[8] Nischen zu finden, wo sie unter sich sein können, ist für Junge viel schwieriger geworden. Das bekommen auch Jugendliche in Riehen zu spüren. «Wenn ich den Bus mal zu einer anderen Zeit benutze, als wenn alle in die Schule oder nach Hause fahren, fühle ich mich wie in einem Altersheim», sagte eine 18-jährige Frau gegenüber dem Jahrbuch und trifft damit den Eindruck vieler Gleichaltriger. Auch das Internet ist kein Ort, wo die Jugendlichen unter sich sein können: Diesen virtuellen Raum nutzen die Senioren auch rege. Oft lassen sie sich von ihren Kindern oder Enkeln erklären, wie es geht, oder sie besuchen einen der zahlreichen Kurse bei Pro Senectute.

DIE BABYBOOMER GEHEN IN RENTE

Die Frauen und Männer, die dieses Jahr ihre erste AHV-Rente beziehen, wurden um 1950 geboren und gehören damit der ‹Babyboomer›-Generation an. Unter diesem Sammelbegriff werden die geburtenstarken Jahrgänge nach dem Zweiten Weltkrieg bezeichnet, wobei diese je nach Land etwas variieren.[9] Damit einher ging ein klarer Trend zur Kleinfamilie, die mehrheitlich nach bürgerlichem Modell organisiert war. Die Väter waren für die Erwerbsarbeit, die Mütter für den Haushalt und die Erziehung der Kinder zuständig. Dass die wenigsten Frauen einer Erwerbsarbeit nachgingen, war nur dank dem rasch gestiegenen Wohlstand in der Nachkriegszeit überhaupt möglich. Wenn Frauen dennoch erwerbstätig waren, dann meistens deshalb, weil das Einkommen des Mannes für den Unterhalt der Familie nicht ausreichte. Als die Babyboomer erwachsen wurden, stellten sie das bürgerliche Familienmodell radikal in Frage. Sie wurden zum Auslöser einer globalen Jugendbewegung, die mit neuen Wohn- und Beziehungsmodellen experimentierte. Der Jugendbewegung folgte eine zweite Welle der Frauenbewegung. Die Frauen, die heute in Rente gehen, profitierten davon: Sie hatten eine viel grössere Chance als noch ihre Mütter und Grossmütter, eine höhere Ausbildung zu absolvieren. Sie bestimmten selbst darüber, ob und wann sie Kinder haben wollten, was sich in einer sinkenden Geburtenrate bemerkbar machte. Sie hatten sich als junge Frauen das Stimm- und Wahlrecht erkämpft und treten nun auch im Alter selbstbewusst und selbstbestimmt auf. In Büchern, Vorträgen und Kursen setzen sie sich mit dem eigenen Älterwerden auseinander.[10] Sie vernetzen sich als Grossmütter[11], sie setzen in Gemeinschaft mit anderen oder allein ihre Wohnträume um und sie lassen sich öfter scheiden, wenn die Ehe sie nicht mehr erfüllt. Wenn sie neue Bindungen eingehen – nach einer Trennung vom Partner oder dessen Tod – wählen sie bewusst ein Wohnmodell, das ihren Wünschen entspricht.

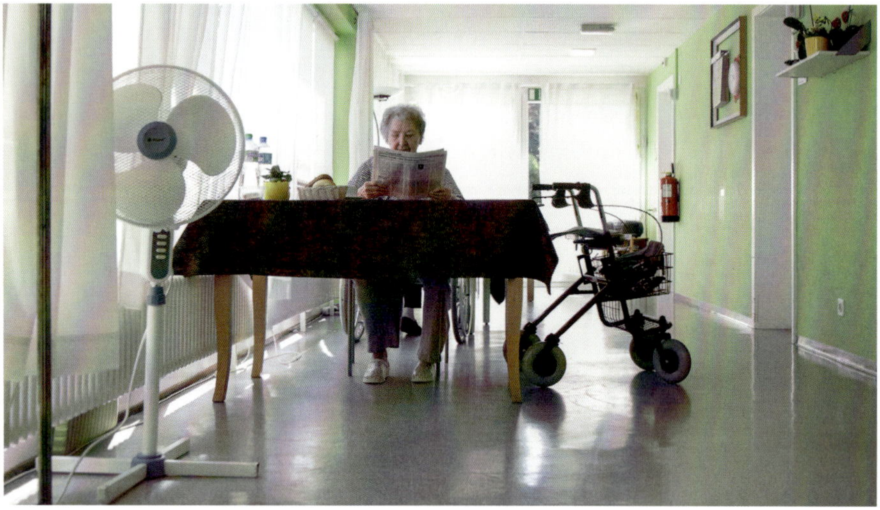

Die Altersheime der 1960er- und 1970er-Jahre werden heute durch Pflegeheime ersetzt. Wer hier eintritt, ist pflegebedürftig; die Aufenthaltsdauer hat sich deutlich verkürzt.

VOM ALTERSHEIM ZUM PFLEGEHEIM

Wählen, wie man wohnen will, wählen, ob man sich der Vogelbeobachtung, den Enkelkindern oder dem Reisen zuwenden soll: Das gilt alles nur so lange, bis es eben nicht mehr geht. Bis dahin sind die Lebensentwürfe mindestens so vielfältig wie bei jüngeren Menschen. Entscheide ich mich für eine Alterswohngemeinschaft, eine Alterssiedlung, eine Wohnung mit Lift oder eine Residenz? «Wir sind eine privilegierte Generation», meint Willi Fischer im Gespräch über die Veränderungen in der Alterspflege. «Die meisten von uns müssen im Alter keine Existenzängste haben.»[12] Als Willi und Dorothee Fischer-Pachlatko 1976 ihre Arbeit als Hauseltern im Landpfrundhaus aufnahmen, wurde der Wechsel in der Alterspflege deutlich. Das Landpfrundhaus, das bedürftigen Kantonsbürgern offenstand, hatte immer weniger Bewohner, weil die älter werdenden Menschen zunehmend durch die nach dem Krieg flächendeckend eingeführte AHV und die obligatorische Krankenversicherung abgesichert waren. Angepasst an die neuen Bedürfnisse, entstanden Altersheime wie das Humanitas und das Dominikushaus. Das Landpfrundhaus mit seinen Sechs-Bett-Zimmern, den Spinden auf den Fluren und den langen Reihen von Lavabos auf den Etagen war nicht mehr zeitgemäss. Im Selbstversorgerbetrieb halfen die Pfründerinnen noch beim Rüsten in der Küche und die Pfründer auf dem landwirtschaftlichen Betrieb. Die Leute waren nicht mehr verpflichtet, mitzuarbeiten wie früher. Aber für einige war es wichtig. Heute steht an der Stelle des einstigen Landpfrundhaus-Altersheims das Alters- und Pflegeheim Zum Wendelin und da, wo die Pfründer einst auf dem Hof arbeiteten, begegnen sich heute im Tagesheim ältere Menschen wieder in gemeinsamer Beschäftigung – diese wird professionell begleitet und nennt sich Aktivierung.

Während das Modell des Altersarmenhauses in den 1980er-Jahren aus Riehen verschwand, fanden die damals modernen Altersheime mehr Zuspruch. Das Humanitas war an bester Lage gebaut. Der Vorfahrplatz, auf dem das Taxi wenden konnte, die an ein Kreuzfahrtschiff erinnernde Architektur, die Terrasse, auf der man mit einem Buch aus der Bibliothek unter dem Sonnenschirm lesen konnte, vermittelten den Eindruck, die Pensionäre befänden sich auf einer anhaltenden Kreuzfahrt. «Gruppen von modisch gekleideten Damen gingen damals abends unabhängig in die Stadt, um eine Theateraufführung zu besuchen, die Frage nach Pensionär-Parkplätzen war nicht unwichtig und an Weihnachtsfeiern blitzten nicht nur Sauberkeit und Lametta, sondern auch der echte Schmuck der eleganten Damen im Speisesaal».[13] Gewohnt wurde nicht vorwiegend in den Zimmern, sondern in den Speisesälen und Aufenthaltsräumen. Die Zimmer waren klein, mit eigener Toilette und Lavabo boten sie damals aber hohen Komfort.

Heute haben sich die Bedürfnisse wiederum verändert. Auf der Terrasse des Humanitas findet sich niemand mehr, die verschlungenen Wege der Gartenanlage eignen sich nicht zum Flanieren mit Gehhilfen, die Bibliothek wurde aufgelöst. Für die heutigen Bedürfnisse sind die in den 1960er-Jahren gebauten Altersheime nicht mehr geeignet. Die oft sehr pflegebedürftigen Menschen können im Dominikushaus nicht in den Betten aus den Zimmern gerollt werden – die Zimmertüren sind zu eng, die Lifte zu klein. Die Umbau- und Neubaupläne in allen Riehener Pflegeheimen zeigen die Veränderung: Heute werden geräumige Privatzimmer gewünscht, die Toiletten sind rollstuhlgängig, die grossen Speisesäle weichen kleineren Gemeinschaftsräumen auf der Abteilung, wo man dezentralisiert isst.

DER LETZTE UMZUG

Der Eintritt ins Heim ist heute nur noch dann möglich, wenn vom Arzt die Pflegebedürftigkeit nachgewiesen ist. Das einstige Altersheim, in dem Menschen zum Teil über Jahre lebten, weicht dem Pflegeheim. Lukas Wenk, der seit zehn Jahren als Seelsorger in allen Riehener Alters- und Pflegeheimen unterwegs ist, sagt zum Paradigmenwechsel in der Alterspflege: «Unlängst fand die Abdankung eines Mannes statt, der 27 Jahre im Humanitas gelebt hatte. Vor fünf Jahren war man noch rund vier Jahre im Heim. Jetzt sind es noch eineinhalb Jahre.»[14] Der Weg bis zu dieser letzten Station ist heute oft lang, die Menschen sind durchschnittlich sehr viel älter, wenn sie in ein Pflegeheim eintreten. Und der grösste Teil muss diesen letzten Schritt gar nicht tun, wie dies die Statistik weiter oben zeigt. Letztlich wird der Wunsch, so lange als möglich zu Hause bleiben zu können, heute auch aus wirtschaftlichen Gründen besonders unterstützt.

Lukas Wenk erzählt, dass die alten Menschen vor dem Eintritt in ein Pflegeheim oft in der Orientierungslosigkeit lebten: «Es gibt einen Unfall, dann muss ich ins Spital und werde aufgepäppelt, kann wieder nach Hause. Ich erhalte Spitex, vielleicht kommt ein zweiter Spitalaufenthalt und ich kann wieder heim. Bis es dann nicht mehr geht und der Pflegeheimentscheid folgt. Ich erlebe, dass die Menschen dann oft weder am einen noch am anderen Ort glücklich sind. Wer Nahestehende hat, ist besser begleitet, wer keine Angehörigen hat, der hat es nicht einfach. Wer Freiwilligenarbeit in einem Pflegeheim geleistet hat, ist besser eingebettet und vorbereitet.»

Der letzte Lebensabschnitt ist geprägt von Verlusterlebnissen. Verlust von Mobilität, Verlust von Selbstbestimmung, Verlust von Sehkraft oder des Gehörsinns, Gedächtnisverlust, Verlust von lieben Menschen. Das selbstbestimmte Leben weicht Stück für Stück einer Abhängigkeit von Anderen. Die laufenden Fortschritte der Medizin stellen uns neu vor die Frage, bis zu welchem Punkt wir uns wiederherstellen lassen sollen, oder anders gesagt, wie lange wir leben möchten. Der Seelsorger meint dazu: «Ich bin gezwungen, meinen Lebensschluss zu gestalten. Die Menschen sterben heute nicht mehr einfach so.» Die Vorstel-

Alter bedeutet nicht nur den Umgang mit Verlusterlebnissen, sondern auch die Chance, auf Erlebtes zurückzublicken und dem Erinnern Raum zu geben.

lung, zur Last zu fallen oder grosse Leiden ertragen zu müssen, ist eine Herausforderung. Die Frage der Lebensbeendung wird immer drängender. Wie gehen wir damit um? Welche Einstellung haben wir dazu? Kein Wunder, dass auch die aktive Sterbehilfe zu einem Thema geworden ist. Die Entscheidung, ob der letzte Schritt so vollzogen wird, fällt allerdings meist viel früher. Wer im Pflegeheim liegt und nicht Mitglied einer Sterbehilfeorganisation ist, wird es auch kaum noch. Wer Mitglied ist, vollzieht den letzten Schritt aber nicht zwingend auf diese Weise.

WAS IST ALTER? – ‹E REIHE HINDERE›

Ab wann sich jemand alt fühlt, ist individuell unterschiedlich und selbst innerhalb eines Lebens relativ. Die Zäsur, nicht mehr berufstätig zu sein und eine Rente zu erhalten, wird als Schritt Richtung Altsein empfunden. Auch das erste Enkelkind kann das Gefühl vermitteln, man stehe ein Glied weiter hinten in der Reihe, während der Tod der Eltern oder auch des Partners das Thema Sterben in den Vordergrund rücken lässt. Der Abbau von körperlichen oder geistigen Fähigkeiten wird mit dem Alter in Verbindung gebracht. Alter ist in unserer Gesellschaft meist negativ besetzt. Der Altersforscher François Höpflinger sagt: «Moderne Menschen haben nicht gelernt, das Alter zu lieben, sondern sie haben erfolgreich gelernt, bis ins höhere Lebensalter jung zu bleiben.»[15] Der Zwang des möglichst jugendlichen Altwerdens kann auch Angst machen. Deshalb ist es tröstlich zu wissen, dass dies nicht für alle das einzige Ziel ist: «Jetzt sterben zu müssen, wäre ein schmerzlicher Gedanke. Aber wenn ich auf das Leben zurückschaue, so muss ich sagen, ich habe sehr viel Schönes erlebt. Es ist ein Geschenk, wenn ich mit Freude auf mein Leben zurückblicken kann.»[16] Auch das ist Alter.

Kleine Chronik der Alterswohnungen, Alters- und Pflegeheime in Riehen

Landpfrundhaus 1834 – das Armen- und Altenhaus der Landgemeinden Die Armenhäuser der Gemeinden waren gleichzeitig die Altenheime, in die Menschen aufgrund ihrer Gebrechlichkeit eintraten, wenn sie kein Vermögen hatten. Wer vor der Kantonstrennung 1833 armengenössig wurde, fand in Riehen keine Unterkunft – für den war das Pfrundhaus in Liestal zuständig. Nach der Kantonstrennung fehlte den beim Stadtkanton verbliebenen Landgemeinden eine Bleibe für ihre Armen, weshalb die Landgemeinden 1834 das Socingut an der Oberdorfstrasse 15 zur Errichtung eines Landarmenhauses kauften.[17] Das Landarmenhaus – 1902 in ‹Landpfrundhaus› umbenannt – wurde seit seiner Eröffnung immer von einem Ehepaar geleitet. Die Armengenössigen waren oft nicht sehr alt – viele waren das, was wir heute randständig nennen. Die Mitarbeit im landwirtschaftlichen Betrieb und in der Hausarbeit war zwingend für die noch rüstigen «Insassen», wie die Bewohnerinnen und Bewohner bis in die erste Hälfte des 20. Jahrhunderts genannt wurden.

Klösterli 1881 Das Gebäude neben der Dorfkirche, das einflussreichen Basler Familien lange als Landsitz diente, kam 1852 in den Besitz von Christian Friedrich Spittler (1782–1867). 1881 wurde das Gebäude unter dem Namen ‹Spittlerstift zum Klösterli› zum Heim für bedürftige Frauen und Jungfrauen. 1894 übernahm die Diakonissenanstalt Riehen das Klösterli und betrieb dort bis 1966 ein Heim für chronisch leidende Frauen und alleinstehende Pensionärinnen. Die Aufgabe der Diakonissen wurde durch die vielen Treppen des hohen Gebäudes erschwert, einen Lift gab es nie.[18]

Pflegeanstalt Moosrain 1919 Das erste Alters- und Pflegeheim Riehens wurde ebenfalls von der damals blühenden Diakonissenanstalt Riehen zur Pflege von alten, chronisch kranken Männern und Frauen eröffnet. Ab 1958 diente das Moosrain zudem als Schule für praktische Krankenpflege. 1972 wurden nur noch pflegebedürftige Diakonissen aufgenommen. 1990 wurde das Moosrain als Asylantenheim umgenutzt. – Die Diakonissen erkannten den Bedarf an Pflegeplätzen für alte Personen früh. Bessergestellte ältere Damen und Ehepaare wurden von den Riehener Schwestern zwischen 1928 und 1968 auch im Elbs-Birrschen Herrschaftshaus im heutigen Sarasinpark betreut. Bis in die 1960er-Jahre deckten die Diakonissen einen grossen Teil der externen Alterspflege in Riehen ab.

Alters- und Pflegeheime des Diakonissenspitals 1932 Die betagten Diakonissen brauchten mehr Platz. An der Schützengasse 60 wurde das ‹Neue Heim› gebaut, ein Feierabendhaus für Schwestern, das der Gemeinschaft während 80 Jahren als Altersheim diente. Für die grösser werdende Zahl pflegebedürftiger Schwestern wurde ein weiteres Feierabendhaus errichtet.

Altersheim des Landpfrundhauses 1932 Im Anstaltsgarten an der Inzlingerstrasse errichtete das stetig wachsende Landpfrundhaus einen Neubau, in dem 60 betagte Pensionärinnen und Pensionäre Platz fanden. Dieses erste Altersheim der Gemeinde blieb bis in die 1980er-Jahre bestehen. Allerdings stand die Institution den Mittellosen des ganzen Kantons offen. In den 1980er-Jahren war die Institution veraltet und wich dem Haus Zum Wendelin.

La Charmille – Jüdisches Heim für Alte und Pflegebedüftige 1946 Nach dem Zweiten Weltkrieg wurde ein Heim für jüdische Gebrechliche und Alte dringend. Im Landpfrundhaus fanden nur bedürftige Kantonsbürger Aufnahme, die Altersheime der Diakonissen waren evangelisch geprägt. Der 1942 gegründete Verein Jüdisches Heim fand im 1906 errichteten Sanatorium La Charmille das geeignete Objekt und kaufte dieses 1946. Dort verbrachten ältere jüdische Menschen ihren Lebensabend. 2002 genügte das Heim den Anforderungen der Zeit nicht mehr. Die Bewohnerinnen und Bewohner zogen in den neu eröffneten Holbeinhof in Basel. Das alte Haus im herrschaftlichen Park wurde abgerissen und wich der Wohnüberbauung Inzlingerpark.

Alterswohnungen ab 1960 An der Oberdorfstrasse 15 wurde 1960 auf dem Areal des Landpfrundhauses die erste Liegenschaft mit 30 Alterswohnungen gebaut. 1968 folgte die Alterssiedlung am Bäumliweg, 1972 die Alterssiedlung Drei Brunnen an der Oberdorfstrasse 21 und 25. 1978 wurden die Alterswohnungen ‹Basler Dybli› der Christoph Merian Stiftung und 1995 diejenigen im Glögglihof gebaut, 2003 folgte die Seniorenresidenz Erlengrund am Erlensträsschen, 2006 wurden an der Inzlingerstrasse anstelle des ehemaligen Landwirtschaftsbetriebs des Landpfrundhauses mehrere Alterswohnungen erstellt. In den Alterssiedlungen wohnen Seniorinnen und Senioren weitgehend selbstständig, können aber Serviceleistungen in Anspruch nehmen. Je nach Siedlung werden auch Aktivitäten angeboten.

Humanitas 1967 Das erste politisch und religiös ganz neutral geführte Alters- und Pflegeheim wurde 1967 von den vier Basler Freimaurerlogen gegründet. Es bietet heute über 90 Pflegeplätze. Die Tage des inzwischen in die Jahre gekommenen Baus an der Inzlingerstrasse 230 sind gezählt. Gleich bei der S-Bahn-Haltestelle Niederholz entsteht zurzeit der Neubau des Humanitas – das erste Alterspflegeheim im Süden Riehens.

Dominikushaus 1969 Missionsdominikanerinnen kauften sich 1950 ein Anwesen auf dem Areal der damaligen Herz-Jesu-Kapelle und gründeten ein Kloster. 1967 wurde die Herz-Jesu-Kapelle abgerissen und 1969 auf diesem Areal das Alters- und Pflegeheim eröffnet. Vieles an Bau und Infrastruktur hat heute das Ende seiner Nutzungszeit erreicht. Der 2012 entwickelte Bebauungsplan nennt als Mängel enge Zimmer, fehlende Duschen sowie fehlende Aufenthaltsräume und schlägt 24 Seniorenwohnungen und 94 Pflegezimmer mit Badezimmer und Balkon vor.[19] Der Einwohnerrat lehnte den Planungsbericht 2012 ab. Die Zukunft des Dominikushauses bleibt damit noch ungewiss.

Haus Zum Wendelin 1988 Die Gemeinde Riehen konnte 1982 die Miteigentumsanteile der Stadt Basel am Landpfrundhaus übernehmen und das Gelände des 1932 erbauten Altersheims im Baurecht erwerben. 1985 konstituierte sich die ökumenische Stiftung Alters- und Pflegeheim Riehen. Das Haus Zum Wendelin bildet mit einem Pflegeheim, einem Mittagstisch und einer Tagesbetreuung für Betagte bis heute einen wichtigen Pfeiler der Alterspflege. 2005 stellte der zum einstigen Landpfrundhaus gehörende Bauernhof seinen Betrieb ein. An seiner Stelle entstand ein Neubau mit zwölf grosszügigen Alterswohnungen und neuen Räumlichkeiten für das Tagesheim des Wendelins. Im Oktober 2014 wurde das Wendelin um einen Anbau an der Schützengasse erweitert.

Sternenhof 2008, Leben in Wohngruppen Im ehemaligen Postgebäude an der Bahnhofstrasse leben seit 2008 betagte Menschen mit demenziellen oder psychischen Einschränkungen. Bereits seit den 1990er-Jahren befindet sich eine Wohngruppe des Basler Sternenhofs im Glögglihof. Die täglich anfallenden Arbeiten werden von den Bewohnerinnen und Bewohnern und den Mitarbeitenden gemeinsam ausgeführt. Auch der Tagesablauf wird zusammen organisiert: Eine neue Form der Alterspflege und -betreuung.

Adullam 2011 Da eine Weiterführung des Alters-und Pflegeheims der Kommunität Diakonissenhaus Riehen an der Schützengasse 60 nur noch durch grosse bauliche und betriebliche Umbauten möglich gewesen wäre, wurde die Führung des Pflegeheims 2011 an die finanzstarke Adullam-Stiftung Basel übertragen. Diese betreibt in Basel ein Spital mit 123 Betten sowie ein Pflegeheim für 271 Pensionärinnen und Pensionäre. Sie übernimmt in Riehen die Pflegebetten und plant den Bau eines grossen Geriatriezentrums. Die Fertigstellung der ersten Bauetappe und damit die Inbetriebnahme des neuen Pflegeheims sind per Sommer 2015 geplant.[20]

Der Rohbau des Geriatriezentrums der Adullam Stiftung zeigt den Gebäudeteil mit den 67 Pflegeplätzen, der bis im Herbst 2015 abgeschlossen werden soll. Erst dann wird der Spitaltrakt mit 51 Betten entlang der Schützengasse erstellt.

1 Der besseren Lesbarkeit wegen wird hier meist nur die männliche Form verwendet; die Frauen sind stets mitgemeint.
2 Vgl. Leben in Riehen – 60plus, www.riehen.ch/60plus, Zugriff: 4.7.2014.
3 Ebenda.
4 Vgl. Jonas Hoskyn: Baselland wird zum Altersheim, in: Basler Zeitung, 8.5.2013, bazonline.ch/basel/land/Baselland-wird-zum-Altersheim/story/13214359, Zugriff: 4.7.2014.
5 Vgl. den Beitrag ‹Architektur fürs Alter› von Martina Desax in diesem Jahrbuch.
6 Vgl. Bericht des Gemeinderats zum Anzug Heinz Oehen und Kons. betreffend Alters- und Seniorenkonzept für Riehen, 27.8.2013, www.riehen.ch/sites/default/files/files/geschaeft/10-14.623.03_bericht_gr_anzug_oehen_alters_u_seniorenkonzept_mit_beilage.pdf, Zugriff: 7.8.2014.
7 Pro Senectute (Hg.): Unterwegs zu einer Gesellschaft des langen Lebens. Mit Beiträgen von François Höpflinger, Ueli Mäder, Eva Nadai, Kurt Seifert, Zürich 2001, S. 9.
8 Vgl. das Interview im Artikel von Carolin Lockstein: Die neue Zeitrechnung – und wie alt fühlen Sie sich?, in: Die Zeit, 28.2.2008, www.zeit.de/specials/lebensweise/trendforscher, Zugriff: 25.7.2014.
9 Vgl. François Höpflinger: Wandel des dritten Lebensalters. ‹Junge Alte im Aufbruch›, www.hoepflinger.com/fhtop/DrittesLebensalter.pdf, Zugriff: 1.8.2014.
10 Dazu beispielsweise Klara Obermüller: Ruhestand – nein danke!, Zürich 2005; Silvia Bovenschen: Älter werden, Frankfurt a. M. 2006; Heidi Witzig: Wie kluge Frauen alt werden, Zürich 2007.
11 Beispielsweise im Netzwerk Grossmütterrevolution, www.grossmuetter.ch.
12 Im Folgenden Gespräch mit Willi und Dorothee Fischer-Pachlatko, Riehen, 13.6.2014.
13 Interview mit dem Ex-Präsidenten des Humanitas Hans Staub, in: Triangel 2012, Heft 1, S. 7f., www.humanitas.ch/triangel/triangel2012_1.pdf, Zugriff: 7.8.2014.
14 Im Folgenden Interview mit Lukas Wenk, Basel, 11.7.2014.
15 Höpflinger, Wandel des dritten Lebensalters.
16 Dorothee Fischer-Pachlatko, Gespräch mit Willi und Dorothee Fischer-Pachlatko.
17 Vgl. Dokumentationsstelle Riehen, ohne Dossiernummer, Materialien Landpfrundhaus.
18 Vgl. Fritz Lehmann: Das Klösterli in Riehen, in: z'Rieche 1970, S. 7f., www.riehener-jahrbuch.ch/de/archiv/1970er/1970/zrieche/das-kloesterli-in-riehen.html, Zugriff: 5.7.2014.
19 Vgl. Bebauungsplan Dominikushaus, Chrischonaweg/Albert Oeri-Strasse, Planungsbericht, März 2012, www.riehen.ch/sites/default/files/documents/bebauungsplan_dominikhaus_planungsbericht.pdf, Zugriff: 6.7.2014.
20 Vgl. Regierungsrat des Kantons Basel-Stadt, Ratschlag betreffend Ausgabenbewilligung für einen Investitionsbeitrag an den Neubau Adullam-Pflegeheim Riehen und an den Neubau Demenzheim Marthastift, 11.12.2013, S. 8.

Das Preisargument allein lässt ältere Konsumentinnen und Konsumenten eher kalt; viele hätten statt 50 Prozent tiefere Preise lieber fünf Prozent mehr Beratung.

Eine Kundschaft mit besonderen Bedürfnissen

GERD LÖHRER

Ältere Menschen sind ein Wirtschaftsfaktor. So, wie alle anderen Menschen auch: als Einkommensbezieher und als Geldausgeber. Als letzteres sind sie keine ‹Alten›, sprich Rentnerinnen und Rentner, sondern ganz normale Kundinnen und Kunden mit spezifischen Bedürfnissen. Und diese sollen Wirtschaft und Staat befriedigen.

«Im Alter geht man mehr in die Wirtschaft», kalauerte ein erheblich jüngerer Mann, als ich ihm von meinem Auftrag erzählte, zum Thema ‹Alter und Wirtschaft› zu schreiben. Nun, ich bin in jüngeren Jahren häufiger in die Wirtschaft gegangen. Je älter ich werde, umso weniger Zeit habe ich dafür. Weil ich meine Zeit für anderes brauche.
Meine Studien- und zeitweise Berufskollegin Susanne Leutenegger-Oberholzer denkt auch mit 66 und nach 19 Jahren im Nationalrat nicht daran, sich aus der Politik zurückzuziehen. Gute Politik, sagt sie, habe nichts mit dem Alter zu tun. Recht hat sie. Andere Kollegen*, vor allem solche, die in körperlich anspruchsvollen Berufen tätig waren, konnten den Tag ihrer Pensionierung hingegen kaum erwarten. Recht haben sie. Wieder andere stürzen sich nach der Pensionierung derart entschlossen auf ihr Hobby, dass es schon fast professionelle Züge annimmt. Recht haben auch sie.

RAUS AUS DEM HAMSTERRAD – ABER NICHT GANZ

Ich war mit damals 63 Jahren froh, das redaktionelle Hamsterrad verlassen zu dürfen. Den täglichen Produktionszwang vermisse ich nicht im Geringsten. Einerseits. Andererseits geniesse ich es bis heute, regelmässig, wenn auch nur für einzelne Tage, wieder im Hamsterrad zu laufen. Das hält beweglich und man bleibt mit der Berufswelt und den Problemen der jüngeren Kollegen in Kontakt. Richtig glücklich bin ich darüber, dass meine Schreibfertigkeit auch jetzt, sechs Jahre nach dem ‹Rückzug›, noch gefragt ist. Und da ich mich seit meiner Pensionierung wieder vermehrt mit bildender Kunst, Theater und Oper beschäftige, gerne koche und gut esse, gerne reise und Bücher lese, habe ich stets zu wenig Zeit. Und das ist gut so.

* Der besseren Lesbarkeit wegen wird nur die männliche Form verwendet; die Frauen sind stets mitgemeint.

Inwiefern das Alter ein besonderer Wirtschaftsfaktor ist, lässt sich angesichts der Vielfalt möglicher Entwürfe für diese Lebensphase gar nicht so einfach beantworten. Wirtschaftsfaktor ist der Mensch in zweierlei Hinsicht: Er erzielt Einkommen – und er gibt es aus. Mit dem Alter ändert sich lediglich die Art und Weise, wie das Einkommen erzielt wird – und wie es ausgegeben wird.

HÖCHSTER WOHLSTAND ZWISCHEN 50 UND 65 JAHREN

Den höchsten Wohlstand, gemessen am verfügbaren Einkommen, erzielt die Schweizer Bevölkerung zwischen Mitte 50 und Mitte 60. Dann ist das Einkommen hoch, die Verpflichtungen nehmen ab, die grösseren Anschaffungen sind getätigt. In dieser Altersphase wird in der Regel am meisten gespart. Jüngere Menschen sind mit dem Einkommen noch nicht beim Maximum angekommen und haben familienbedingt höhere Ausgaben; das frei verfügbare Einkommen ist deutlich tiefer als bei älteren Arbeitnehmern.
Am Übergang ins Pensionsalter, mit 64/65, ändert sich die Einkommensstruktur nochmals. Mit der AHV und der beruflichen Vorsorge sollte heute die Mehrheit der Menschen in der Lage sein, ihre gewohnte Lebenshaltung fortzusetzen; das ist nach Meinung der Gesetzgeber dann der Fall, wenn Rente und Pension mindestens 60 Prozent des letzten erzielten Einkommens abdecken. Die dritte Säule, das freiwillige, steuerbegünstigte Vorsorgesparen, soll dazu dienen, im Pensionsalter ein finanziell ‹sorgenfreies Leben› zu führen.
Das ist für meine Generation, die vor Kurzem ins Rentenalter gekommen ist, mehrheitlich gegeben. Ob es auch für künftige Rentner so bleiben wird, ist hingegen eine grosse Frage. Unsere Grosseltern empfanden es noch als Geschenk, wenn sie den 75. Geburtstag erleben durften; für uns Jung-Rentner ist 85 die durchschnittliche Lebenserwartung. Und schon geht die Rede, dass diese durchaus auch auf 95 oder 100 Jahre steigen könnte.
Das heisst: Das ‹sorgenfreie Leben›, das zur Zeit der Einführung der AHV ein paar Jahre dauerte, währt heute im Schnitt 20 Jahre und könnte in absehbarer Zeit auf 30 Jahre zulegen. Weil gleichzeitig über viele Jahre die Geburtenrate zurückging, wird die Schweiz auch im Durchschnitt immer älter.

RIEHEN LEBT DIE ZUKUNFT

In dieser Hinsicht ist Riehen sozusagen der Zeit voraus. Die Gemeinde ist eine der ältesten der Schweiz. Das wird sie aber nicht lange bleiben. Der Rest der Schweiz wird unweigerlich aufholen. Riehen hat bereits heute eine Altersstruktur, welche die Schweiz erst in etlichen Jahren erreichen wird. Entsprechend gut ist bereits jetzt das Angebot an Betreuungsinstitutionen für ältere Menschen.

Der Engpass in der pflegerischen Versorgung der Alten wird sich weniger als Mangel an Gebäuden und Betten manifestieren, sondern eher als eklatanter Mangel an ausgebildetem Personal. Der aber hat weniger mit der Überalterung der Bevölkerung zu tun als mit deren verhinderter Verjüngung. Wenn wir den Zustrom ausländischer Arbeitnehmer mutwillig zu stark beschränken, werden uns sehr bald die nötigen Fachkräfte fehlen. Laut einer aktuellen Studie des Beratungsunternehmens Boston Consulting könnten in der Schweiz bereits in sechs Jahren 430 000 qualifizierte Mitarbeiter fehlen, ein erheblicher Teil davon im Gesundheits- und Pflegebereich. Weil es sich bei diesen Arbeitnehmern um jüngere Menschen handelt, die womöglich mit ihren Familien einreisen, verhindern wir mit den Einschränkungen auch, dass die Tendenz zur Alterung der Gesellschaft gebremst wird.

DROHENDE FINANZIERUNGSLÜCKEN

Die Finanzierungsprobleme der Rentensysteme durch die veränderte Altersstruktur sind offenkundig. In der AHV finanzieren immer weniger Berufstätige immer mehr Rentner, in der beruflichen Vorsorge reicht das angesparte Alterskapital nicht mehr, um während der restlichen Lebenszeit gleich bleibende Pensionen auszuzahlen. Diese Probleme sind nur lösbar, wenn man das gesamte Paket der Altersvorsorge reformiert. Es bringt wenig, an jeder der drei Säulen einzeln herumzuschrauben – hier den Mindestzins flexibilisieren, dort den Umwandlungssatz senken, da mehr Lohnprozente verlangen, dort das Pensionsalter erhöhen, hier die Mehrwertsteuer anzapfen, dort die Erbschaftssteuer wieder einführen.
Insofern ist Bundesrat Alain Berset mit seinem ganzheitlichen Ansatz wahrscheinlich auf dem richtigen Weg. Die Vorlage, die er zur Vernehmlassung ausarbeitet, enthält aber so viele schmerzhafte Eingriffe, dass sie von praktisch allen Interessengruppen bekämpft werden wird: von den Gewerkschaften wegen des wahrscheinlich höheren Rentenalters und des zu stark reduzierten Umwandlungssatzes in der zweiten Säule (Stichwort «Rentenklau»); von der bürgerlichen Seite unter anderem wegen der Mitfinanzierung aus der Mehrwertsteuer und der zu geringen Senkung des Umwandlungssatzes. Die Koalition der Unzufriedenen könnte so breit werden, dass die Vorlage Schiffbruch erleidet. Um eine Reform werden wir aber dennoch nicht herumkommen, wenn auch künftige Generationen im Alter ein angemessenes Einkommen haben sollen.

HOHE ANSPRÜCHE

Das Einkommen im Alter lässt sich relativ klar definieren: Für die meisten Schweizer Rentner setzt es sich aus den Erträgen der drei Säulen zusammen. Am Haushalteinkommen gemessen, gehört Riehen zu den privilegierten Standorten in der Schweiz. Die Gemeinde liegt gemäss

Steuerstatistik mit einem durchschnittlichen Reineinkommen von knapp 90 000 Franken um fast 50 Prozent höher als der Kanton insgesamt und knapp hinter den Stadtquartieren Bruderholz und St. Alban.
Aussagekräftiger ist jedoch der Median, also jener Mittelwert, bei dem die Hälfte der Bevölkerung darüber und die Hälfte darunter liegt. Danach liegt das Haushalteinkommen in Riehen mit einem Median von 61 000 Franken rund 25 Prozent über dem Kantons-Median. Klagen über zu tiefe Rentner-Einkommen in Riehen mögen in Einzelfällen berechtigt sein. Davon abgesehen finden sie aber auf recht hohem Niveau statt.
Das Haushalteinkommen der Riehener Rentner unterscheidet sich nicht allzu sehr von der Gesamtheit der Haushalte. Dasselbe gilt im Prinzip für ihr Konsumverhalten. Erst, wenn eine alte Person gebrechlich oder pflegebedürftig wird, ändert sich das grundlegend. Dann werden medizinische Hilfsmittel, Mahlzeiten-, Spitex- und Transport-Dienste benötigt – und in der letzten Phase der Platz im Pflegeheim mit Rundum-Betreuung.
‹Rüstige Alte› hingegen – das sind die meisten, und sie sind es sehr lange – brauchen das nicht oder kaum. Sie sind als ganz normale Konsumenten unterwegs. Sie sind häufig qualitätsbewusster als Jüngere, schätzen Wegwerfprodukte nicht sehr, haben Mühe damit, dass in vielen Läden Bedienung heute nur noch in Form von Selbstbedienung vorkommt, und schätzen den persönlichen Kontakt zum Händler. Weil sie mehr Zeit haben, kochen sie lieber selber, als sich Fertigmahlzeiten aufzuwärmen, nehmen häufiger kulturelle Angebote wahr und verreisen gern und immer weiter. Kurz: Sie nutzen den zeitlichen Spielraum, den ihnen der Ruhestand bietet, um unruhig zu bleiben.

MENSCHEN STATT MASCHINEN

Wer mit älteren Menschen ins Geschäft kommen will, tut also gut daran, sie nicht als zu betreuende Personen wahrzunehmen, sondern als normale Kunden, die zuweilen ihre spezifischen Bedürfnisse haben. Dabei sind sie durchaus in der Lage, diese auch zu artikulieren – und Geschäfte zu meiden, die ihre Ansprüche nicht erfüllen. Die besonderen Bedürfnisse sind sehr individuell. Das gilt wohl für etliche Jüngere genauso.
Die meisten heutigen Jung-Rentner haben in ihrem Berufsleben durchaus und sehr intensiv mit elektronischen Hilfsmitteln zu tun gehabt. Obwohl sie damit umgehen können, ziehen es viele trotzdem vor, Bankgeschäfte nicht an einem anonymen Apparat abzuwickeln, sondern mit einem Menschen, der die Bank verkörpert. Dieser Mensch ist für sie die ‹Corporate Identity› des Unternehmens. Ob das der Bank passt, ist völlig unerheblich – relevant ist aber, was die Kundschaft wünscht. Denn die lässt sich nicht gern zwingen – und kann auch woanders hingehen.

Der Wunsch, anderen Menschen zu begegnen, wird mit zunehmendem Alter immer wichtiger – weil die Zahl der potenziellen Ansprechpartner immer übersichtlicher wird. Wenn der Postmann gar nicht mehr klingelt, ist das eine traurige Entwicklung. Wenn Quartier-Postfilialen in Gehdistanz schliessen (oder nur noch beschränkt geöffnet sind und nicht mehr alle Dienstleistungen anbieten, wie das in der Rauracher-Filiale der Fall ist), dann ist das ein Verrat am ‹Service Public› – es mag betriebswirtschaftlich vernünftig sein, dem ‹Goodwill› gegenüber dem Gelben Riesen ist es aber gewiss abträglich.
Es gibt natürlich auch positive Beispiele. In Riehen gibt es einige Läden, in denen man von Menschen bedient wird, die neben dem Verkaufsgespräch auch noch gern das eine oder andere Wort mit ihrer Kundschaft wechseln. «Der Henz» ist so ein Geschäft oder «der Wenk». Dass aber auch die Handelsriesen dazu in der Lage sind, zeigt das Beispiel der M-Partner-Filiale am Grenzacherweg. Die hat sich zum veritablen Quartierladen entwickelt und ist – gefühlt – einfach immer offen. Da wird man sehr schnell zum ‹Wiederholungstäter› – einfach weil man sich dort willkommen und individuell betreut fühlt.
Das hat jetzt aber fast nichts mehr mit ‹Alter als Wirtschaftsfaktor› zu tun, sondern mit dem Thema ‹Der Kunde ist König›. Und insofern doch wieder mit dem Alter, denn dies war in unseren jüngeren Jahren der Slogan des gesamten Handels- und Dienstleistungsgewerbes.

Szene aus ‹Rommé z'Dritt›, mit dem das Seniorentheater Riehen-Basel 2013 das Kellertheater im Haus der Vereine beehrte.

Spielend jung bleiben

MICHÈLE FALLER

Ältere Menschen brauchen zuweilen Unterstützung. Und sie haben oft Zeit übrig, um andere zu unterstützen. So kommt es, dass sich in der Freiwilligenarbeit nicht selten rüstige Alte um beinahe Gleichaltrige kümmern.

Auf der Bühne sitzen ein paar Seniorinnen und Senioren in der Kulisse eines Strassencafés. Sie trinken Kräutertee, Kaffee oder ein ‹Zweierli›, tratschen und plaudern – und machen Sprüche über die ‹Alten›. Genau diese sitzen auch im Publikum. Ein interessantes Detail: Nicht nur die Bühnenfiguren, sondern auch die Schauspielerinnen und Schauspieler sind nicht mehr die Jüngsten. Das Seniorentheater Riehen-Basel, soeben bei einer Szene seines ziemlich autobiografischen Stücks ‹Dr Silberdischtle-Club› beobachtet, bringt jährlich ein Lustspiel auf die Bühne. Gespielt wird für hochbetagte Menschen, denn die Theatergruppe zieht gemäss ihrem Vereinszweck von Altersheim zu Seniorennachmittag, um den Bewohnern dort den Alltag mit Komödiantischem zu versüssen. Frei nach dem Motto ‹Ehret das Alter› leisten noch rüstige Seniorinnen und Senioren soziales Engagement in Form von Unterhaltung.

Das Seniorentheater Riehen-Basel ist kein Sonderfall. Jede siebte ältere Person in Basel-Stadt geht einer ehrenamtlichen Tätigkeit nach, wie eine flächendeckende kantonale Befragung von über 55-Jährigen ergab. Darunter sind verhältnismässig mehr in Riehen oder Bettingen Wohnhafte. Interessant ist auch das Alter der Engagierten: Personen zwischen 65 und 74 Jahren sind häufiger ehrenamtlich tätig als jüngere oder ältere.[1]

MEHR ZEIT – UND SOLIDARITÄT

Diese Junggebliebenen, die sich um Gleichaltrige kümmern, sind in der Hochburg der Freiwilligenarbeit Riehen allenthalben anzutreffen. Zum Beispiel beim ‹Mittagsclub Riehen-Dorf› oder beim Fahrdienst des seit 1965 bestehenden Vereins ‹Gegenseitige Hilfe Riehen-Bettingen›. «Unsere Freiwilligen gehören selber alle zur Generation 60plus»[2], sagt der Leiter des Fahrdiensts André Gilliard. Warum sich Ältere in ihrer Freizeit und ohne Lohn einsetzen, ist naheliegend: Im ‹dritten Alter› steht wieder mehr Zeit zur Verfügung. Warum sie sich für nur wenig Ältere einsetzen, liegt nicht sofort auf der Hand, könnte aber mit dem simplen Umstand zusammenhängen, dass sie sich ihrer Altersgruppe verbunden fühlen.

Das Seniorentheater Riehen-Basel wurde 1982 von Clara und Duri Plachesi als ‹Basler Seniorentheater› gegründet und nahm von Anfang an die Idee einer Spielerin auf, die bei der Vermittlungs- und Beratungsstelle für Freiwilligenarbeit ‹Benevol› engagiert war: nämlich in Altersheimen aufzutreten. Das berichtet Hans Stelzer, der seit der Gründung und bis vor acht Jahren als Regisseur und Bühnenbildner dabei war. Geprobt habe die Wanderbühne im Kindertages- und Altersheim Vincentianum in Basel. «Die Premiere fand traditionell dort für die Schwestern statt; als kleine Anerkennung für das Gastrecht.» Nebst der Altersheim-Tournee trat die Truppe auch auf der ‹Baseldytsche Bihni› auf. Da die in den Altersheimen übliche Spieldauer zu kurz fürs ‹richtige› Theater war, seien oft parallel zwei Stücke einstudiert worden. Mit der Zeit wurde der Aufwand aber zu gross und es war keine Frage, auf welcher Schiene man weiterfahren wollte. «Für die Spieler war es zwar ein Zückerchen, vor 100 Leuten aufzutreten», räumt Stelzer ein. Doch das Hauptziel seien immer die Altersheime gewesen. «Da kamen 90-jährige Frauen sorgfältig geschminkt und parfümiert, wenn Theater angesagt war. Dieses Feedback wog alles auf.»

Vor zehn Jahren suchte der Verein nach einer anderen Bleibe und fand unter dem neuen Namen ‹Seniorentheater Riehen-Basel› im Riehener Haus der Vereine Unterschlupf. Dort finden nach der Tour mit 24 Aufführungen sieben Zusatzvorstellungen statt, die praktisch alle bereits Wochen vorher ausverkauft sind. «Das überrascht mich jedes Jahr wieder», strahlt die Präsidentin Rosmarie Mayer-Hirt. Sie betont aber auch, dass damit die obere Grenze erreicht sei. «Es ist ein grosses zeitliches Engagement für die Mitglieder und viel Arbeit, auch körperliche.» Diese sind nicht nur Schauspieler, sondern auch Bühnenarbeiterinnen und Kulissenschieber. «Vier bis fünf Kilometer legt eine Person pro Theaterabend zurück. Das haben wir gemessen!», sagt Rosmarie Mayer-Hirt mit Nachdruck und schliesst in ihr Lob alle hinter den Kulissen Wirkenden von der Souffleuse über die Regieassistentin bis zum hochbegabten Bühnenbildmaler ein. «Und unser Bühnenmeister Giulio Pini – mit 89 unser ältestes Mitglied, das jüngste ist 54 – der bis vor acht Jahren noch mitspielte, fertigt in kürzester Zeit alles jeweils Benötigte an.» «Es hält jung, auch im Kopf, und tut der Seele gut», fasst die Präsidentin das Schöne an ihrem Hobby zusammen und spricht die oft etwas versteckten oder verzögerten Reaktionen der Betagten an, die dann aber umso lustiger und wohltuender seien. Und auch wenn das Theaterspielen nicht direkt jünger mache: «Auf der Bühne haben wir nicht das Gefühl, wir seien die Alten.» Das Highlight der Seniorentheater-Historie sei der ‹Schappo›-Förderpreis für Engagement im Alltag, der dem Ensemble 2011 verliehen wurde. Rosmarie Mayer-Hirts Strahlen weicht einem nachdenklichen Blick: «Ich glaube schon, dass wir ihn verdient haben.»

AUSDRUCKSTANZ UND ‹KÄFFELI›

Es gibt also Ältere, die sich für andere Ältere einsetzen. «Und dann gibt es noch die Uralten!», lacht Hildy Hefti. Seit 35 Jahren arbeitet die 93-Jährige im Alters- und Pflegeheim Humanitas. Die gelernte Bankkauffrau, die sich aber im Ausdruckstanz verwirklicht hat – ein paar Lektionen bei Mary Wigmann inklusive – gab dort zunächst Altersgymnastik. «Mit Musik und kleinen Choreografien», erklärt die alte Dame ihren eigenen Zugang. Auf Anregung eines Arztes kam einmal wöchentlich eine Art ‹Plaudervortrag› zu Themen von Literatur bis Archäologie hinzu. Das Altersturnen fiel nach ein paar Jahren weg, der ehrenamtliche Seniorennachmittag ist aber bis heute geblieben, hat sich allerdings aufgrund der viel älteren Teilnehmerinnen und Teilnehmer – die meisten aber jünger als die Leiterin – gewandelt. «Man muss sie so nehmen, wie sie sind», lautet das einfache Rezept Hildy Heftis. Oft frage sie nach einem Wunschreiseziel, erzähle dann etwas von Spanien, Griechenland oder Wien, spiele eine passende Melodie ab und tanze den Leuten etwas vor. «Dann freuen sie sich», sagt Hildy Hefti mit ebenfalls spürbarer Freude. «Wenn du nur einem Menschen ein Lächeln in die Augen zauberst, hat es sich gelohnt!»

Von den über 60 Freiwilligen im Pflegeheim Wendelin arbeiten gut 20 ältere Damen und Herren in der Cafeteria. «Ein ‹Käffeli› war schon im Heimkonzept vorgesehen», sagt Manfred Baumgartner, der seit der Eröffnung 1988 gemeinsam mit seiner Frau Kathrin das Pflegeheim bis 2007 leitete. «Der Frauenverein gab den Anstoss, der bereits 1985 gegründete Förderverein Wendelin engagierte sich auch sehr für das Projekt, es sprach sich herum und bald hatte man einen Stamm von Frauen, die das ‹Käffeli› sorgfältig führten und Kontakte zu den Heimbewohnerinnen pflegten.» Oft seien Angehörige derselben zum Team gestossen. Auch Frauen, die ihren Mann verloren hatten und mit dem Engagement der eigenen Einsamkeit entgegenwirkten.

Die grosse Bedeutung der ehrenamtlichen Mitarbeiterinnen und Mitarbeiter zeigt sich in der Einschätzung des ehemaligen Heimleiters: «Für mich sind sie das diplomatische Corps.» Sie seien vernetzt mit Dorf und Vereinen und wirkten als verbindendes Element zum Pflegeheim. Im Gegenzug wird dieses wichtige ‹Corps› zu Heimanlässen eingeladen und jährlich auf einem Tagesausflug verwöhnt. Dahinter steht die Wertschätzung, die zugleich Ansporn und Ertrag aller Freiwilligenarbeit ist. Etwas leiser zwar, ist sie doch gleichbedeutend mit dem Applaus für die junggebliebenen Alten des Seniorentheaters, die das komplexe Thema spielend auf die Bühne bringen.

1 Statistisches Amt des Kantons Basel-Stadt: Schlussbericht Befragung 55plus 2011, Basel 2012.

2 Maja Hartmann: Rendez-vous mit André Gilliard, in: Riehener Zeitung, 17.4.2014.

Zwischen Büchern und vor einem hellen Fenster
reifen die Texte.

Auch im Alter noch Lust am Schreiben

DAISY RECK

Der Dichter Theodor Fontane hat seine schönsten Werke erst als Greis verfasst. Bekannte Publizisten wie der bald 90-jährige Arnold Hottinger sind als Kommentatoren beharrlich gefragt. Was aber tun bescheidene Journalistinnen, wenn sie im Alter noch immer schreiben möchten?

Vor einer Woche war ich auf das Thema gestossen, das ich in meiner nächsten Kolumne einkreisen wollte. Seitdem tauchte es immer wieder in meinem Hinterkopf auf. Hier traf ich auf einen Bestandteil, der zu ihm passte, dort fand ich eine Spur, die ihm Würze geben konnte. Ein Bekannter von mir nennt das die ‹Inkubationszeit›, die Zeit des Reifens.
Früher hatte ich dieses Puzzle-Spiel des sich allmählichen Zusammenfügens von Ideen meinem Ehemann anvertrauen können. Er hatte mir geduldig zugehört, ohne mich mit eigenen Einfällen zu stören. Aber seit er gestorben ist, igle ich mich in dieser Phase lieber ein. Freunde, an denen es mir nicht fehlt, würden sich zwar für meine Pläne durchaus interessieren, aber sie würden mich mit persönlichen Ratschlägen gutmeinend bedrängen. Um mein Konzept abzurunden, gibt es deshalb in diesen Momenten nichts anderes als die Einsamkeit. Das hatte ich nach dem Verlust meines Partners nicht ohne Schmerzen gelernt.

NOTWENDIGE SELBSTKRITIK

Im Alter habe ich im Zusammenhang mit dem Schreiben auch noch anderes nicht gerade schmerzhaft, aber doch manchmal bedrückend kennengelernt: nämlich das Gefühl des Zögerns und des Zweifelns. Als ich jung war, tippte ich meine Artikel zu allen mir anvertrauten Themen mit grossem Selbstbewusstsein, unglaublichem Tempo und nie erlahmender Energie in die Schreibmaschinentasten. Heute, mit Siebenundsiebzig, bin ich beim Formulieren nicht nur langsamer, sondern vor allem pedantischer. Manchmal suche ich zäh nach einem Ausdruck. Nicht, weil mir keiner einfallen würde, aber weil ich mich nicht mit irgendeinem zufriedengeben will. Den, der mir allein passend erscheint, möchte ich finden. Auch würde ich mich, anders als früher, nie mehr an jede mir offerierte Aufgabe heranwagen. Nur wenn mich etwas gefühlsmässig fesselt und ich mich urteilssicher glaube, gestatte ich mir eine öffentliche Äusserung. Die einst sehr impulsive, forsche Journalistin gibt es nicht mehr. Ich bin sehr viel kritischer gegenüber den eigenen Fähigkeiten geworden und sehr viel anspruchsvoller beim nach aussen getragenen Gestalten.

Diese professionelle Pflege der Sprache wird von den noch im Alter Schreibenden auch als etwas Selbstverständliches vorausgesetzt. Wer den Verantwortlichen, mit denen sie als selbstständig Erwerbende arbeiten, Mühe bereitet, ihnen Korrekturen zumutet, ihnen das Manuskript nicht in der verlangten Zeichenzahl zukommen lässt oder gar beim Einhalten der Lieferfrist schlampt, kommt nie mehr zum Zug. Die Härte, unter der alle, die den Journalistenberuf ausüben, seit Langem leiden, bekommen sie als erste zu spüren. Und im Allgemeinen werden auch noch – zu Recht – zuerst die Jungen berücksichtigt. Nur wer sich einen guten Bekanntenkreis geschaffen hat, den Kontakt zu ihm pflegt und sich immer wieder bei ihm in Erinnerung ruft, hat eine Chance. Dann kann man anknüpfen an frühere, verbindende Einsätze. Oder profitiert vielleicht von der Dankbarkeit eines Kollegen, den man vor vielen Jahren, als man selbst noch Einfluss hatte, in ein Team hereingeholt und ihm so zu einem guten Job verholfen hat.

ALLMÄHLICHES ABBAUEN

Warum also wünsche ich mir, obwohl ich um all diese Schwierigkeiten weiss, als Betagte immer noch zur schreibenden Zunft zu gehören, hie und da eine Kolumne zu publizieren und manchmal einen grösseren Text zu verfassen? Das hat mit meinen Ursprüngen zu tun. Schon in der Schule wusste ich, dass ich Journalistin werden wollte. Meine Eltern und meine Lehrer waren dagegen. Das sei ein ungesicherter Beruf. Und fast so anrüchig wie die Schauspielerei. Für die damalige Zeit hatten sie damit nicht einmal so unrecht. Denn es gab noch keine Journalistenschulen. Man musste sich den Einstieg über kleine Aufträge erobern. Mit guten Einfällen und gutem Stil galt es, sich Stufe um Stufe an Wichtigeres heranzuarbeiten. Der Schritt vom Status einer Nichtangestellten zur Angehörigen einer Redaktion war gross. Und dann war ich auch noch, was früher in diesem Metier unalltäglich war, eine Frau. Der Tag, als ich ins Impressum einer bedeutenden Zeitung aufgenommen wurde, war für mich deshalb ein Glückstag. Nun war ich ‹promovierte› Journalistin. Ein Jugendtraum hatte sich erfüllt. Ein Jugendtraum, von dem ich nie wirklich loskomme.

Anders als viele meiner Kolleginnen und Kollegen, verbrachte ich aber nicht mein ganzes Berufsleben eingebunden in eine Redaktion. Das hatte teilweise mit privaten Ereignissen zu tun. Das hing aber auch damit zusammen, dass ich es zwar eine Zeit lang genoss, zu administrieren, in Sitzungen an Gemeinschaftlichem mitzugestalten, Ideen zu entwickeln und sie von anderen ausführen zu lassen. Aber immer stärker spürte ich, dass dabei das, nach was ich mich am Intensivsten gesehnt hatte, in den Hintergrund gedrängt wurde: das Schreiben. Deshalb war ich nicht unzufrieden, als das Geschick mich wieder dorthin trug, wo ich begonnen hatte: in die Situation einer freien Mitarbeiterin. Damit war ich vorzeitig in eine Art Frühpensionierung eingetreten. Der harte Bruch, den manche als beinahe unerträglich empfinden, wenn sie plötzlich keine festen Arbeitszeiten und kein abgesichertes Umfeld mehr haben, blieb mir dadurch erspart. Ich konnte gemäss meinen Wünschen und meiner Kraft tätig sein und ganz allmählich dem Alter entsprechend abbauen.

ANSPORNENDE ANERKENNUNG

So dachte ich jedenfalls. Aber bald musste ich merken, dass dieses Tätigbleiben von ganz bestimmten Voraussetzungen abhing. Nachdem ich ein Leben lang mit dem Zweifingersystem die Schreibmaschine malträtiert hatte, war es jetzt unerlässlich, mich mit dem Computer vertraut zu machen. Ich besuchte Kurse bei Pro Senectute und war stolz, dass ich anfängliche Ängste überwinden und meine Manuskripte schon bald per E-Mail versenden konnte. Doch gleichzeitig war ich auch traurig. Denn hatten früher beim Abgeben meiner Artikel auf Papier immer gute Gespräche auf den Redaktionsfluren stattgefunden, so verlor ich jetzt wegen der Elektronik den Kontakt zu meinen Auftraggebern. Das Metier wurde anonymer. Die Distanz grösser. Mir fehlten die persönlichen Kontakte, bei denen ich auch hatte testen können, mit was ich noch immer ankam oder wo ich mich zu wenig an die konstanten Veränderungen anpasste.

In dieser Lage, die mich schon beinahe entmutigte, half es mir, dass ich mich schon früh auf ein mich persönlich faszinierendes Gebiet spezialisiert hatte. Wenn ich Reisepläne schmiedete, wählte ich stets ungewöhnliche Routen und strebte nach Zielen, die wenig bekannt waren. Für dieses Unabgedroschene interessierten sich meine Redaktionen. Darüber wünschten sie von mir zuerst zu hören und dann zu lesen. Ein persönliches Markenzeichen zu haben, nützt und fördert. Dank diesen Reisereportagen hatte ich auch das Glück, mir ein treues Publikum zu erhalten. Es sind Menschen, die mich lesend begleiten. Und mir das auch mitteilen. Es bedeutet Wertschätzung. Auf die man im Alter besonders angewiesen ist. Es bedeutet aber auch Ansporn. Und Freude, die mit dem Schreiben – allen Schwierigkeiten zum Trotz – immer untrennbar verbunden sein muss.

Sylvia Brändli-Bonsaver und ihre Enkelin Eliza Wüthrich.

Wie ein zweites Zuhause

SIBYLLE MEYRAT

Grosseltern sind wichtige Bezugspersonen innerhalb der Familie und schenken ihren Enkelkindern oft viel Zeit und Zuwendung. Sie ermöglichen ihnen besondere Erlebnisse und müssen weniger streng sein als die Eltern.
Vier Enkelkinder aus Riehen erzählen.

Das Bild der Grosseltern ist eines der wenigen positiv besetzten Altersbilder der Gesellschaft. Im Lauf des 20. Jahrhunderts bildete sich die heute verbreitete Rolle der Grosseltern heraus. Sie kümmern sich liebevoll um ihre Enkelkinder, halten sich aber aus der Erziehung heraus.[1] Anders als in den USA, haben Grosseltern hier wenig Rechte, wie etwa ein Besuchsrecht im Fall einer Scheidung. Die meisten 12- bis 16-jährigen Enkelkinder in der Schweiz erleben ihre Grosseltern als liebevoll, grosszügig und gesellig, so das Resultat einer Studie aus dem Jahr 2006. Das deckt sich mit dem, was vier Enkelkinder aus zwei Riehener Familien über ihre Beziehung zu ihren Grosseltern berichten.

ELIZA WÜTHRICH, 13 JAHRE ALT

Das beste Verhältnis habe ich zu Nonnina. Ich nenne sie so, weil sie italienische Wurzeln hat. Meine anderen Grosseltern wohnen in Zürich, meine Omi ist vor einem Jahr gestorben. Um die Grossväter zu unterscheiden, nenne ich sie den Opa vom Rhein, der wohnt in Basel, und den Opa von Zürich. Ich besuche sie auch hin und wieder, aber immer zusammen mit meiner Familie.
Nonnina hat mich schon gehütet, als ich noch klein war. Als ich geboren wurde, haben wir zwei Jahre bei ihr gewohnt, bevor wir unsere eigene Wohnung hatten. Auch später haben wir uns regelmässig gesehen und etwas zusammen unternommen. Als ich neun war, sind wir für zwei Jahre nach Hamburg gezogen. Es ist mir schwergefallen, in Riehen alles zurückzulassen, und ich habe Nonnina sehr vermisst. Wir haben uns ständig Briefe geschrieben und zum Glück ist sie alle fünf Wochen zu Besuch gekommen, das war immer sehr schön und intensiv. Jetzt sind wir zurück in Riehen, aber vom neuen Zuhause aus habe ich einen weiten Schulweg. Zu Nonnina ist es viel näher. Wenn ich am Nachmittag Schule habe, gehe ich immer bei ihr Mittagessen. Manchmal gehe ich auch nach der Schule noch vorbei. Es ist wie ein zweites Zuhause. Natürlich habe ich auch das Zuhause bei meinen Eltern und meinen drei kleineren Geschwistern, aber da ist immer sehr viel los. Das ist schön und lustig, aber manchmal braucht man halt etwas Ruhe und die finde ich bei Nonnina. Ich zeichne und male sehr gern; bei ihr habe ich alles, was ich dafür brauche.
Ich kann mit Nonnina über fast alles reden. Sie kann sehr gut zuhören und gibt auch gute Ratschläge. Zum Beispiel, wenn ich Streit mit meinem Bruder habe. Das kann ich auch mit meiner Mutter besprechen, aber Nonnina hat etwas mehr Distanz, sie steht nicht so mittendrin.

Gertrud Pollheimer-Däpp und ihre Enkelkinder Luisa, Noë und Timea Pollheimer.

Ich finde es sehr cool, dass sie mit mir auch mal lädelen geht, sie kauft mir immer wieder mal was Schönes, vor allem Kleider. Früher machten wir auch oft Ausflüge, zum Beispiel in den Zoo oder in den Zirkus. Mit den Kleineren macht sie das immer noch, aber ich gehe nicht mehr ständig mit. Dafür geht sie manchmal allein mit mir ins Theater.

Es gibt hier nicht so strenge Regeln wie zu Hause. Aber es ist auch nicht so locker, dass ich mich jetzt einfach danebenbenehmen könnte. Bitte und Danke sagen, das muss ich auch hier. Ich helfe auch gern, beim Tischdecken oder wenn es sonst etwas gibt. Aber meistens sind das kleine Sachen. Ich habe jetzt auch angefangen, Nonnina mal zu einem Kaffee einzuladen, wenn sie mit mir lädelen geht. Zum Abmachen telefonieren wir oder schreiben SMS. Manchmal schicke ich auch einfach einen kleinen Gruss oder sage Danke für irgendetwas. Manchmal sage ich ihr auch per SMS gute Nacht.

LUISA POLLHEIMER, 18 JAHRE ALT

Zu den Eltern meiner Mutter habe ich eine sehr nahe Beziehung, obwohl sie in Aeschi im Berner Oberland wohnen. Als ich klein war, hat mich meine Omi ab und zu gehütet. Jetzt kommt sie fast jede Woche am Freitag vorbei und kocht für mich Zmittag. Mit ihr kann ich über fast alles reden, auch über Kleider und Mode. Das geht sogar noch besser als mit meiner Mutter, die sich dafür nicht so interessiert. Omi kürzt zum Beispiel meine Hosen und fragt mich dann immer, ob es so gut passt. Sie versteht es, dass diese kleinen Dinge wichtig sind. Zu meiner Konfirmation hat sie mir eine Reise nach London geschenkt, da sind wir zusammen shoppen gegangen. Natürlich haben wir auch etwas angeschaut, ich durfte das Programm wünschen. Diese Reise hat uns beiden sehr gefallen.

Zu Grossätti habe ich auch ein gutes Verhältnis. Er ist eher ein ruhiger Typ, aber sehr witzig. Früher haben wir mit ihm oft am Töggelikasten gespielt. Nach London ist

er natürlich nicht mitgekommen, da sind nur Omi und ich hingegangen.
Die anderen Grosseltern sehe ich auch hin und wieder. Aber ich glaube, sie sind mit uns besser klargekommen, als wir noch klein waren. Jetzt habe ich manchmal das Gefühl, dass sie gar nicht recht wissen, was sie mit mir reden sollen. Trotzdem fragen sie bei jedem Besuch, wann wir wieder kommen. Da fühle ich mich ein bisschen gedrängt. Ich sehe sie schon gern, aber sie sind irgendwie ein bisschen – konservativer. Ich habe das Gefühl, ich muss immer ein bisschen aufpassen, was ich sage, und kann nicht alles genau so sagen, wie ich es denke.
Was ich bei meiner Omi in Aeschi sehr schätze: Sie hat ihr eigenes Leben. Sie wartet nicht darauf, dass ich komme. Ich muss mich anmelden, sonst hat sie vielleicht etwas anderes zu tun. Sie ist sehr aktiv, jetzt ist sie gerade daran, das Haus zu renovieren. Manchmal sage ich, sie ist fitter und aktiver als ich. Wenn ich bei ihr bin, sagt sie immer, ich könne ausschlafen, aber für sie heisst das, um 8 Uhr aufstehen, denn sie selber steht jeden Tag um 6 Uhr auf. Wenn ich dann um 10 Uhr aufstehe, hat sie das Gefühl, ich hätte den ganzen Tag verschwendet. Aber sie lässt uns viele Freiheiten. Wir dürfen dort auch fernsehen, zu Hause haben wir keinen Fernseher. Meine Mutter hat mir erzählt, dass ihre Mutter früher sehr streng war. Sie habe sich sehr verändert, als ich zur Welt gekommen bin. Das kann ich mir gar nicht vorstellen. Ich erlebe sie als sehr locker.

NOÉ POLLHEIMER, 15 JAHRE ALT

Früher bin ich oft in den Ferien zu den Grosseltern nach Aeschi gegangen. Aber diesen Sommer habe ich nun gearbeitet und hatte keine Zeit mehr. Doch an Weihnachten sehen wir uns immer bei ihnen, auch die Schwester von meiner Mutter kommt mit ihrer Familie. Am besten kann ich mich an die Ausflüge und das Wandern erinnern. Mit Grossätti bin ich gern nach Bern an die Fussballspiele von YB gegangen.

TIMEA POLLHEIMER, 12 JAHRE ALT

Ich gehe von uns drei Geschwistern noch am häufigsten zu den Grosseltern nach Aeschi in die Ferien. Jetzt komme ich gerade von dort. Leider haben wir nicht so viel unternehmen können, weil so schlechtes Wetter war. Manchmal gehen wir wandern oder ins Verkehrshaus. Wir haben es immer sehr lustig.
Ich bin sehr gern dort. Es gibt so schöne Berge da. Und es gibt diesen grossen Garten. Da helfe ich manchmal auch ein bisschen mit. In der Nähe gibt es ein kleines Pferd, das ich reiten darf. Am schönsten finde ich das Wandern. Aber das kann schon anstrengend sein, meine Grossmutter hat einen richtigen Laufschritt, einmal haben mir am Abend richtig die Beine wehgetan.
Manchmal helfe ich auch beim Kochen. Meine Omi überlegt immer sehr genau, was und wie sie kocht. Das besprechen wir dann zusammen und ich darf etwas wünschen. Manchmal helfe ich auch beim Einkaufen, aber oft bin ich zu spät, weil sie schon eingekauft hat, wenn ich aufstehe. Ich habe auch viele Freiheiten, wenn ich dort bin, aber ein paar Regeln gibt es schon. Zum Beispiel durfte ich bei der WM auch die Spiele spät am Abend schauen. Aber ich musste dann eine Stunde vorschlafen.

1 Vgl. François Höpflinger et. al.: Enkelkinder und ihre Grosseltern: intergenerationelle Beziehungen im Wandel, Zürich 2006.

Alterssiedlung Oberdorfstrasse 15: Zwei Zimmer und privater Aussenraum bieten Platz für selbstbestimmtes Wohnen im Alter.

Architektur fürs Alter

MARTINA DESAX

Wohnen im Alter – eine spannende Geschichte. Nicht nur, weil es jeden von uns irgendwann betrifft. Sondern weil Fragen zu Architektur, individueller Lebensgeschichte und Gesundheit in einem sensiblen Bereich ineinandergreifen. Gute, hindernisfreie Architektur berücksichtigt nicht nur die Bedürfnisse von Menschen im Pensionsalter. Sie ist ein Gewinn für jeden Lebensabschnitt.

‹Altersgerechtes Wohnen› wird häufig mit ‹rollstuhlgängig› gleichgesetzt – aber die meisten Pensionierten sind weder gehbehindert noch auf den Rollstuhl angewiesen. Im Alter steigen allerdings die Anforderungen an die Wohnqualität und an den Wohnstandort – ein barrierefreies Zuhause und die Einbindung in gesellschaftliche Strukturen steigern die Lebensqualität massgeblich und beeinflussen so auch, wie ein Mensch altert. Auf die Architektur bezogen, helfen dabei kleine, überschaubare Wohneinheiten innerhalb von dörflichen oder städtischen Strukturen sowie kurze Wege zu Infrastrukturangeboten und öffentlichen Begegnungszonen.[1]

NORMEN UND PLANUNGSMERKMALE FÜR BARRIEREFREIHEIT

Für altersgerechtes Wohnen gibt es verschiedene Formen – von der selbstbestimmten Alters-WG bis hin zum Service-Wohnen. Für altersgerechtes Bauen gibt es Richtlinien. In Deutschland beschreibt die Norm DIN 18024 – respektive mit Anpassungen die DIN 18040 – Anforderungen für das barrierefreie Bauen öffentlicher Verkehrswege und Gebäude für ältere Menschen und Behinderte. Der Schweizerische Ingenieur- und Architektenverein (SIA) formulierte 2009 in seiner Norm SIA 500 entsprechende Massnahmen und die Schweizerische Fachstelle für behindertengerechtes Bauen publizierte 2010 die ‹Planungsrichtlinien für altersgerechte Wohnbauten›. Überall finden sich ausserdem konkrete Beispiele, wie Wohnungen für die Bedürfnisse im Alter umgerüstet oder neu gebaut werden können.

Hindernis- oder barrierefreies Bauen ist jedoch nicht nur eine Massnahme für Alter und Behinderung: Fachleute propagieren es für alle Neubauten, vor allem seit bekannt ist, dass daraus weder ein erhöhter Flächenbedarf resultiert, noch neuartige Grundrisse entwickelt werden müssen. Mehrkosten generiert Barrierefreiheit erst dann, wenn die Wohnanlage rollstuhlgängig sein muss. Dann ist beispielsweise aufgrund der Wenderadien von Rollstühlen mit einer Zunahme des Flächenbedarfs zwischen 8 bis 10 Prozent zu rechnen. Ansonsten liegen die Mehrkosten etwa bei 2 Prozent der Gesamtsumme. Der Mehrwert ist jedoch ungleich höher: Barrierefreie Wohnungen können länger von denselben Menschen bewohnt werden, die Unfallgefahr ist geringer als in konventionellen Wohnungen und die Investitionen für nachträgliche Infrastrukturanpassungen sinken.

Konkret müssen hindernisfreie Wohnungen oder Wohnanlagen eine einfache Struktur aufweisen und sind möglichst nutzungsneutral gestaltet. Übersichtlichkeit und architektonische Fixpunkte – etwa ein Innenhof – sind für Bewohner und Besucherinnen Orientierungshilfen. Die möglichst stufenlose Vertikal-Erschliessung – als Alternative zu Schwellen und Treppen können Rampen oder Lifte eingesetzt werden – hat per Definition oberste Priorität. Dazu gehört auch die farbige Markierung der Kanten von (Treppen-)Stufen und generell die Verwendung von optisch ruhigen und rutschfesten Materialien.

Im Wohnungsgrundriss bewähren sich Blickverbindungen zwischen Schlafen und Wohnen, kurze Wege zwischen Schlafen und Badezimmer und ein – schwellenlos zugänglicher – privater Aussenbereich. Ergonomische Überlegungen bestimmen in der Küche die Höhe von Kochherd, Kühlschrank und dergleichen; die Reihung der Elemente Spüle–Arbeitsfläche–Kochherd bietet gerade älteren Personen maximale Bedienungsautonomie. Diese manifestiert sich im Badezimmer in einer schwellenlosen Dusche und einer Toilette mit normaler Sitzhöhe, von der man problemlos wieder aufstehen kann. Eine Süd- oder Westorientierung der Wohnung stellt die optimale natürliche Beleuchtungsart dar; im Innern muss eine helle Ausleuchtung wie auch eine punktuelle, intime Lichtführung möglich sein.

Hindernisfreie Wohnungen berücksichtigen also mehrere Faktoren, die nicht nur im Alter von unschätzbarem Wert sind. Auch für junge Familien sind Bewegungsfreiheit, eine sinnvolle Anordnung der Räume und Stauraum – egal ob zum Verstauen eines Rollators oder Kinderwagens – zentral. Generell sind nachhaltige Wohnungen solche, die sich wegen ihrer Nutzungsneutralität den Lebensumständen anpassen können.[2]

STAND DER DINGE – IN RIEHEN

Das Konzept der Barrierefreiheit respektive des hindernisfreien Wohnens ist also für alle Generationen und alle Mitglieder der Gesellschaft interessant – die Pole ‹Kinderwagen› und ‹Rollator› nähern sich einander an. Was ‹altersgerechtes Wohnen› bedeutet, ist jedoch sehr individuell.

Die Forschung zeigt auf, dass Zweieinhalb-Zimmer-Grundrisse heute den Bedürfnissen älterer Paare nicht mehr entsprechen. Die Grösse entsprechender Alterswohnungen liegt aktuell im Bereich von drei bis fünf Zimmern. Befragungen weisen zudem eine positive Haltung gegenüber gemeinschaftlichen Wohnformen nach. Allerdings wird darunter nicht primär die Alters-Wohngemeinschaft verstanden, sondern die eigene Wohnung in Anbindung an gemeinschaftliche Strukturen – wie Gemeinschaftsräume, Mittagstisch oder vernetztes Haushalten. Ein gut funktionierendes soziales Netz wird vor allem dann wichtig, wenn die Mobilität abnimmt.

Besonders dringend stellt sich die Frage nach geeigneten Alterswohnangeboten in den stadtnahen Gemeinden, wo es viele Einfamilienhäuser und Reiheneinfamilienhäuser-Zeilen gibt, die ‹gemeinsam altern›. Gerade hier gibt es tendenziell zu wenig hindernisfreie Wohnungen, was dazu führt, dass sich der Generationenwechsel in diesen Gebieten verzögert. So sind ganze Siedlungen unternutzt und schlechter unterhalten, weil ältere Menschen ihr soziales Umfeld nicht verlassen möchten und folglich allein in zu grossen und nicht mehr handhabbaren Häusern leben.[3]

Die Gemeinde Riehen hat zwei Dinge erkannt und gehandelt: Die 2010 begonnene Zonenplanrevision sieht vor, die Landreserven im Moostal oder bei den Freizeitgärten nicht durch Neubauten weiter zu verringern, sondern anderweitig Erneuerungsraum zu finden. Riehen möchte langfristig das ‹Grosse Grüne Dorf› bleiben.[4] Und das neue Seniorenkonzept der Gemeinde sieht vor, dass Genossenschaften und Hauseigentümer von der Gemeinde bezüglich altersgerechter Wohnanpassung sensibilisiert und beraten werden.[5] Bauherrschaften erhalten Empfehlungen für den hindernisfreien Wohnungsbau und private Initiativen für alternative, generationenübergreifende Wohnmodelle werden unterstützt und angeregt. Das Vermitteln von Wohnpartnerschaften gehört ebenso dazu wie die Realisierung von zusätzlichen 20 bis 40 Alterswohnungen mit Serviceleistungen und die Optimierung der bestehenden Alterssiedlungen in den kommenden Jahren.[6]

1
Alters- und Pflegeheim zum Wendelin

2
Alterszentrum Im Oberdorf

3
Alterssiedlung Oberdorfstrasse 15

4
Alterssiedlung Drei Brunnen, Oberdorfstrasse 21 und 25

5
Adullam Geriatriezentrum Riehen (zurzeit im Bau)

6
Feierabendhaus Diakonissenhaus Riehen

BAUEN FÜRS ALTER: IM OBERDORF

Die Gemeinde Riehen setzt sich sehr für eine lebendige, altersgemischte Bewohnerschaft ein. Um attraktiven Wohnraum für Familien zu schaffen, ist sie auf die Nutzung der Wohnressourcen der älteren Bevölkerung angewiesen. Ein grosses Angebot an unterschiedlichen Wohnformen soll die Durchmischung fördern.
Exemplarisch für die vielfältigen Wohnformen im Alter ist das Areal des ehemaligen Landwirtschaftsbetriebs des Landpfrundhauses zwischen den Strassenzügen Oberdorfstrasse–Spittlerwegli–Inzlingerstrasse–Schützengasse. Hier besteht ein regelrechtes Zentrum aus Alterswohnungen, Alterssiedlung, Alters- und Pflegeheim. Auf dem Areal wohnen nur ältere Menschen – den Mehrgenerationenansatz gibt es hier nicht.
2002 fiel der Entscheid, das Areal für ein Neubauprojekt mit Alterswohnungen zu nutzen und das Tagesheim des Alters- und Pflegeheims Zum Wendelin dorthin auszugliedern. Der Studienauftrag und das Projekt ging an die Basler Architekten Stump & Schibli. Sie platzierten ihren Neubau mit Abstand zu den bestehenden Bauten nahe bei der S-Bahn-Linie, was den Grünraum des Gevierts vergrösserte. Der Bau wurde unterirdisch mit dem Haus Zum

Alterswohnen im Oberdorf

Oberdorfstrasse 15: Alterssiedlung Oberdorf Die ersten Wohneinheiten wurden 1960 vom Landpfrundhaus Riehen initiiert. Nach der Sanierung 1985 entstanden auf vier Etagen 30 Zweizimmer-Wohnungen und ein Gemeinschaftsraum. Tagsüber gibt es eine Betreuung durch die Siedlungsleitung, seit 1988 kann der Mittagstisch im Wendelin genutzt werden. Die Zimmer sind nur bedingt rollstuhlgängig.

Oberdorfstrasse 21 und 25: Alterssiedlung Drei Brunnen Die tagsüber betreute Siedlung wurde 1972 von der Gemeinde erbaut. Die zwei Liegenschaften umfassen 18 Einzimmer-, 18 Zweizimmer- und 21 Dreizimmer-Wohnungen, einen Gemeinschaftsraum und eine Cafeteria; der Mittagstisch im Wendelin kann genutzt werden. Die Wohnungen sind nur bedingt rollstuhlgängig. Ende der 1990er-Jahre wurde über den Zuschnitt der Wohnungen debattiert, weil der Bedarf an Einzimmer-Wohnungen nachliess. Nach drei Vorlagen im Einwohnerrat wurde die Zusammenlegung zu altersgerechten Dreizimmer-Wohnungen forciert.[7]

Inzlingerstrasse 50: Alters- und Pflegeheim Haus Zum Wendelin Das Alters- und Pflegeheim verfügt über 60 Zimmer mit je 21 Quadratmetern und einem Balkon. Es wurde 1988 eröffnet, seit 1989 ist ein Tagesheim angegliedert.[8]

Inzlingerstrasse 46: Alterszentrum Im Oberdorf Der Neubau wurde 2002 mit 12 Alterswohnungen (Drei- und Vierzimmer-Wohnungen) sowie dem neuen Tagesheim des Wendelin eröffnet.

Wendelin verbunden. Durch den Auszug des Tagesheims stand dem Wendelin wieder mehr Raum für die Betreuung seiner Bewohnerinnen und Bewohner zur Verfügung. Das neue Tagesheim verfügt über 400 Quadratmeter, 100 mehr als zuvor. Die Wohnungen des neuen Alterszentrums Im Oberdorf sind selbsttragend, sie müssen keine Rendite abwerfen – und wie bereits in den 50 Jahren zuvor, hoffte die Gemeinde Riehen, damit Anreize für ältere Menschen zu schaffen, aus ihren zu gross gewordenen Einfamilienhäusern auszuziehen und dadurch Platz für junge Familien zu schaffen.[9]

Das neue Alterszentrum von Stump & Schibli wurde 2008 mit der Auszeichnung guter Bauten honoriert. Es ergänzt das Geviert mit dem Wendelin und den verschiedenen Alterswohnungen und -siedlungen um einen Neubau. Das viergeschossige Gebäude umfasst zwölf Drei- und Vierzimmer-Wohnungen. Sie alle sind mit durchgängigen Fensterflächen über Eck nach zwei Seiten orientiert und über eine Halle erschlossen, die als Begegnungsort dient. Die Wohnungen lassen sich bei Bedarf zu Wohngemeinschaften oder Pflegeeinheiten zusammenschliessen. Der Gebäudesolitär macht die Loggien und Laubengänge der umliegenden Häuser zum eigenen Thema: Umlaufende Veranda-Bänder strukturieren die zweischichtige und in der

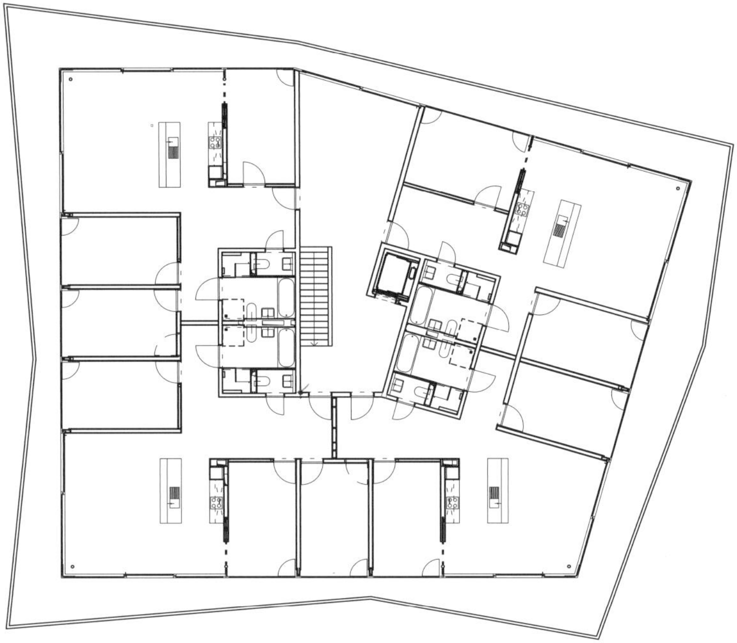

Alterswohnungen mit flexiblem Grundriss in den Obergeschossen des Alterszentrums Im Oberdorf von Stump & Schibli.

Tiefe variierende, geknickte Fassade. Dadurch entsteht für jede Wohnung ein grosszügiger Aussenraum. Das Erdgeschoss ist dem Tagesheim vorbehalten – vom Entrée aus bietet sich ein Einblick. Auch dieses Geschoss ist grosszügig verglast und steht so in direktem Bezug zu seiner Umgebung.[10]

RAUMPLANUNG FÜRS ALTER UND DIE ZUKUNFT: HUMANITAS UND DAS PROJEKT ‹BLUME›

Im Niederholzquartier wird zurzeit mit einem Mehrgenerationenprojekt ein anderer Ansatz verfolgt. Das Basler Architekturbüro Bachelard Wagner reichte 2004 einen Projektentwurf für das neue Alters- und Pflegeheim Humanitas ein – das ursprüngliche Gebäude liegt an der Inzlingerstrasse und muss dringend erweitert werden. Aufgrund von dessen Nähe zum Areal mit den Alterswohnungen im Oberdorf bevorzugte die Gemeinde für den Neubau einen Standort im Süden Riehens.[11]

Die Verdichtung des Niederholzquartiers um die S-Bahn-Station soll aber nicht nur mit dem Neubau des Humanitas erreicht werden. In einer grosszügigen neuen Parkanlage sollen 2016 acht Wohnhäuser mit 96 Wohnungen bezugsbereit sein: Wohnungen für Gross- und

Kleinfamilien, für Alleinstehende und Seniorinnen und Senioren sind im Projekt ‹Blume› des Wohnbaugenossenschafts-Verbands Nordwest geplant. Ein ganzer Wohnblock ist für Alterswohnungen mit Betreuung reserviert. In einem Quartier, wo es bereits viele günstige Genossenschaftswohnungen gibt, bestimmt ein Anreiz, die zu grosse Wohnung einer jüngeren Familie zu überlassen, die sozialen Kontakte aber nicht zu verlieren. Dass alle Wohnungen der ‹Blume› barrierefrei gestaltet werden, versteht sich von selber.[12]

1 Vgl. Brigit Wehrli-Schindler: Wohnen im Alter: Zwischen Zuhause und Heim, Zürich 1997.

2 Vgl. dazu Rühm, Wohnen im Alter, S. 9f.; Dietmar Eberle: Vorsorge in der Grundrissplanung, in: Eckhard Feddersen, Insa Lüdtke: Entwurfsatlas Wohnen im Alter, Basel 2009, S. 42–45, hier S. 42; Felix Bohn, age stiftung: Hinweise für die Planung von altersgerechten Wohnungen, Zürich 2006; Felix Bohn, Schweizerische Fachstelle für behindertengerechtes Bauen: Planungsrichtlinien für altersgerechte Wohnbauten, Zürich 2010; Schweizerischer Ingenieur- und Architektenverein (Hg.): Hindernisfreie Bauten – Auslegungen zur Norm 500-2009, Zürich 2013.

3 Vgl. dazu Bettina Rühm: Unbeschwert Wohnen im Alter. Neue Lebensformen und Architekturkonzepte, München 2003, S. 8f.; François Höpflinger: Wohnformen im dritten und vierten Lebensalter – heute und morgen. Vortrag im ETH Forum Wohnungsbau, Zürich 2014.

4 Vgl. Zonenplanrevision der Gemeinde Riehen, www.riehen.ch/zonenplanrevision, Zugriff: 13.8.2014.

5 Vgl. Leben in Riehen – 60plus, www.riehen.ch/60plus, Zugriff: 13.8.2014.

6 Vgl. ebenda, Kurzbericht Alterskonzept / Leitbild, www.riehen.ch/sites/default/files/documents/kurzbericht_leben_in_riehen_-_60plus.pdf, S. 6, Zugriff: 13.8.2014.

7 Rolf Spriessler: Maisonnette-Wohnung gescheitert, in: Riehener Zeitung, 5.2.1999.

8 Katharina Steib, Wilfrid Steib: Haus Zum Wendelin, in: Werk, Jg. 76, 1989, Heft 12, S. 55.

9 Urs Rist: Alterswohnungen an Stelle eines Bauernhofs, in: Basler Zeitung, 19.8.2004.

10 Vgl. Stump & Schibli Architekten, www.stumpschibliarch.ch/index.php?c=projekte&cc=bauten&p=101, Zugriff: 13.8.2014.

11 Bachelard Wagner Architekten, www.bachelard-wagner.ch/work/u/Wohnen_und_Pflege__R; Immobilien Basel-Stadt, www.immobilien.bs.ch/print/projekte/aktuelle_projekte/niederholz.htm; Gemeinde Riehen, Planung für ein neues Alters- und Pflegeheim Humanitas sowie Wohnungen auf dem Rüchligareal, www.riehen.ch/wohnen-und-arbeiten/planen-und-bauen/planungen-der-gemeinde-riehen/planung-fuer-ein-neues-aph, Zugriffe: 13.8.2014.

12 Informationen von Ariel Dunkel, Projektleiter ‹Blume›, Rapp Architekten, Juli 2014; Rapp Architekten, www.rapp.ch/de/leistungen/gebaeude/architektur-generalplanung/Referenzen/ac-331_Kohlistieg.php; Wohnportal Region Basel, www.wohnportal-basel.net/de/projekte/riehen_ruechligweg.htm, Zugriffe: 13.8.2014.

Freude erleben – bei einem Besuch oder einem Spaziergang im Garten.

Leben im Alterspflegeheim

BARBARA IMOBERSTEG

Nicht nur alte Menschen leben im Pflegeheim. Eine Vielzahl von Mitarbeitenden teilen ihren Alltag – und damit die schönen und die schweren Momente – mit ihnen bis zum Schluss.

Langsam öffnet sich die Balkontüre. Eine kleine Giesskanne, ein Arm, ein grauer Haarschopf, eine rote Bluse – nach und nach kommt die alte Dame zum Vorschein. Sie ist über ihren Gehstock gebeugt und bewegt sich vorsichtig durch den Türspalt auf die Geranien zu. Sonst bewegt sich nichts an der Aussenseite des Alterspflegeheims. Vielleicht liegen alle anderen noch in ihren Betten oder sitzen beim Frühstück. Doch jetzt öffnet sich eine zweite Türe. Ein alter Mann tritt auf den Balkon, er wirft einen prüfenden Blick in den Garten. Es scheint alles in Ordnung zu sein, er geht zurück in sein Zimmer. Jetzt ist wieder alles ruhig.

MANCHE SITZEN AUCH NUR

Durch den Hintereingang gelangt man ins Treppenhaus. Auf allen Stockwerken sind alte Menschen unterwegs, im Rollstuhl, mit dem Rollator oder an ein bis zwei Gehstöcken. Manche sitzen auch nur und schauen zu oder träumen vor sich hin – vielleicht denken sie über ihr langes Leben nach, vielleicht sind sie schon in einer anderen Welt. Im Gemeinschaftsraum werden sie erwartet. Damit die Bewohnerinnen und Bewohner nicht tatenlos vor dem Speisesaal aufs Essen warten, wird ihnen ein kleines Fitness-Programm angeboten. «Herr Peter*, es dauert noch 20 Minuten», sagt die Aktivierungstherapeutin. Keine Reaktion. Falls er es gehört und verstanden hat, scheint es ihm recht zu sein. Er stellt sich mit dem Rollstuhl in den Kreis. Nach und nach kommen die Leute. Eine geschäftige alte Dame geht zielstrebig zu ihrem Platz. Zweifellos sitzt sie immer genau dort. «Wer sucht, der findet», sagt sie zufrieden. Sonst spricht niemand. Zwei junge Zivildienstleistende helfen mit, bieten allen ihre starken

* Alle Namen geändert.

Dem Leben zuschauen oder in Erinnerungen versinken.

Arme an. Für viele ist jeder Schritt und fast schon jede Bewegung mühsam. «Es ist noch nicht besser geworden», erzählt Frau Bertel, der Arzt meine, es sei das Alter. Sie ist 99 Jahre alt. Sie lächelt verschmitzt – vielleicht über sich, vielleicht auch über den jungen Arzt.

«ALLES GEHT VORÜBER»

«Lauter!», ruft eine Teilnehmerin, kaum hat die Therapeutin die Runde begrüsst. Laut und deutlich fragt die Therapeutin nach dem Tag, dem Datum, dem Monat und dem Jahr. Die Gymnastik beginnt im Kopf. Alle machen mit. Dann kommen die Füsse und Beine dran. «Übung macht den Meister», sagt die geschäftige Dame. Vor der offenen Türe rattern jetzt die Essenswagen vorbei. Die Warmhalteboxen werden auf die verschiedenen Abteilungen gebracht. «Welche Farbe hat der Ball?», fragt die Therapeutin, sobald es wieder ruhig ist. Inzwischen sind Arme, Hände und der ganze Rumpf gelockert und bewegt worden, die bunten Bälle sind im Umlauf. «Rot ist die Liebe», sagt die Dame mit den Sprüchen und rollt den Ball wie alle anderen vorsichtig über ihren ganzen Körper. Die Runde ist trotz Anstrengung und Konzentration gesprächig geworden. Plötzlich wird gelacht. Blicke, Worte und Spässe gehen hin und her. Die Therapeutin verabschiedet sich. «Alles geht vorüber», sagt die Sprüche-Kennerin.

VIELLEICHT IST DIE TRAURIGKEIT ANSTECKEND

Am Mittagstisch ist es still, wie wenn man beim Essen nicht sprechen dürfte. Die Töpfe gehen reihum, wer kann, schöpft sich selber. Eine Betreuerin und zwei Zivildienstleistende bieten ihre Hilfe an – sie wird kaum in Anspruch genommen. Bedächtig und geduldig widmen sich die Anwesenden ihrem Essen, dem Geschirr, dem Besteck, der Trinkflasche. Essen ist wie Gymnastik, ein komplexer Vorgang, der alle Sinne beansprucht, der Koordination, Kraft und Geschicklichkeit erfordert. Ein Jammern durchbricht die konzentrierte Stille. Herr Manger hat versehentlich sein Wasserglas umgestossen. «Kein Problem», sagt die Betreuerin. Sie trocknet den Tisch ab und holt eine neue Unterlage. In der Küche herrscht Hochbetrieb. Die Köche übertönen die Maschinen und das Klappern der Töpfe. 130 Essen müssen jetzt raus, der Hauptgang kommt gleich. Die Betreuerin geht schnell zurück an ihren stillen Tisch. Herr Manger weint. Nein, nicht wegen dem Glas. Er vermisst seine Frau. «Ich habe ihr doch nichts getan, weshalb kommt sie nicht mehr?» Die Betreuerin legt ihm den Arm um die Schulter: «Sie kommt immer am Nachmittag – Ihre Frau wird auch heute kommen.» Herr Manger wird wieder ruhig, aber essen möchte er nicht mehr. Auch seine Tischnachbarin schiebt den Teller weg: «Ich hatte doch Lust auf Essen und jetzt mag ich nichts.» Vielleicht ist die Traurigkeit ansteckend. Die Betreuerin legt auch ihr den Arm um die Schulter. Dann wird es wieder lebhaft. Eine neue Pflegerin betritt den Raum. Block und Bleistift in der Hand, fragt sie nach den Menüwünschen für den nächsten Tag. Abwechselnd werden Schweinspiccata und Cipollata bestellt, zugleich kommt eine rege Unterhaltung über Lieblingsessen in Gang. Kutteln stehen an erster Stelle, dicht gefolgt von Kartoffelstock. «Und wer mag jetzt noch ein Dessert?», fragen die Helfer. «Lieber einen Schnaps», ruft jemand.

DIE JUNGEN UND DIE ALTEN

«Am Anfang war ich schockiert», erzählt der 19-jährige Zivildienstleistende. Die alten Menschen wirkten auf den ersten Blick orientierungslos und abgelöscht. «Aber das täuscht, sie bekommen viel mehr mit, als man meint.» Es sind die kleinen Dinge: Begegnungen, ein Spaziergang im Garten, ein Besuch beim Entenweiher – er habe inzwischen viel Freude erlebt im Alterspflegeheim. Und die schönen Momente verbinden: «Sie sind mir ans Herz gewachsen, meine Leute.» Der junge Mann stellt sich mit dem Rollstuhl hinten an. Vor dem Lift, wie immer nach dem Essen, ein langer Stau. Aber, anders als im Strassenverkehr, haben alle ihren Spass daran. Man trifft sich, man unterhält sich, man schäkert – die Jungen und die Alten.

Träumen oder über ein langes Leben nachdenken.

DIE ALTE DAME SINGT SICH LEISE IN DEN SCHLAF

Die Sonne blendet noch, als die ersten zu Bett gehen möchten. Sich für die Nacht vorbereiten ist die letzte Anstrengung für heute. Frau König singt. Sie hat ein Beistelltischchen vor sich mit einem kleinen Waschbecken. Als Alena, die junge Pflegerin, mit dem Waschlappen kommt, lacht sie schallend. Weshalb? Wohl einfach so. Sie hält den Waschlappen in den Händen, scheint sich aber nicht daran zu erinnern, was sie damit tun soll. «Darf ich?», fragt Alena. Frau König zuckt augenblicklich zusammen, verzieht das Gesicht und wehrt sich auch gegen die sanfteste Berührung. Jetzt beginnt Alena zu singen und die alte Dame fällt ein. So lässt sich das Gesicht waschen. «Frau König, darf ich Ihnen die Zähne putzen?» Wieder verdüstert sich das Gesicht, wieder Abwehr, vehemente Abwehr. Alena sucht den Blickkontakt und die Patientin entspannt sich, strahlt, streckt die Hände aus: «Mein Püppchen!» Die beiden schauen sich in die Augen und lächeln sich an, die Zahnbürste kommt wieder näher. Ein Schrei, und Frau König wirft den Kopf zurück. Die Pflegerin stimmt wieder ein Lied an. Ein Hin und Her, ein Spiel ums Zähneputzen, vor und zurück, lachen, schreien, schäkern, schimpfen und immer wieder singen. Alena kennt die Choreografie, die beiden bewegen sich in ihrem eigenen Rhythmus – und plötzlich geht das mit dem Zähneputzen. Alena hat Schweissperlen auf der Stirn. Sie weiss, Frau König hat den Krieg erlebt, hat Schlimmes durchgemacht. Körperpflege weckt die Erinnerungen an traumatische Erlebnisse. Alena ruft nun die Kollegin. Zu zweit helfen sie Frau König ins Nachthemd und ins Bett. Aus den Kissen sind unzusammenhängende Sätze zu vernehmen. Die alte Dame spricht mit melodiöser Stimme, klingend wie ein Bühnenstück. Man möchte die Geschichte hören, selbst wenn man den Sinn nicht versteht. Alena hat aufgeräumt. «Gute Nacht, Frau König!» Die alte Dame singt sich leise in den Schlaf.

«WIR VERMISSEN DIE MENSCHEN, WENN SIE GEHEN»

Alena will schnell weiter, jetzt braucht die Kollegin Hilfe. Sie ist bei Frau Tanner, die völlig zusammengekrümmt im Rollstuhl sitzt. Es geht ihr nicht gut, sie ist bleich und geistesabwesend. Die Pflegerinnen legen sie zu zweit vorsichtig ins Bett. «Frau Tanner, wir ziehen Ihnen die Kleider aus.» Keine Reaktion. «Wir stellen Ihre Beine auf, geht das?» Frau Tanner stöhnt. «Nein», sagt Alena, «alles tut ihr weh, wir entkleiden sie liegend.» Jede Bewegung, jede Berührung scheint zu schmerzen. Die Pflegerinnen streichen ihr leicht über das Gesicht zum Abschied. «Das Sterben ist schwer», sagt Alena, «auch wenn es eine Erlösung ist. Wir vermissen die Menschen, wenn sie gehen.» Jetzt ist Zeit für eine kleine Pause. Frau Meier sitzt im Lehnstuhl, sie möchte noch nicht schlafen gehen. Alena fährt fort: «Wir bleiben bei ihnen bis zum Schluss, ja, Sterbende haben wir alle schon begleitet.» Die Glocke schellt, eine Lampe blinkt, die Kollegin läuft los. Es komme vor, dass jemand siebenmal hintereinander klingle, immer mit derselben Frage, erzählt Alena. Das seien die schwierigen Momente. Und die Beschimpfungen und die Unruhe. Gut zusammenarbeiten müsse man da, sich ablösen können und gegenseitig unterstützen. Und sich dann wieder an den vielen schönen Momenten erfreuen. Bald kommt die Nachtwache, um halb zehn geht Alena nach Hause. Morgens um sieben wird sie wieder da sein. Nein, heute reiche es nicht zum Abschalten. Selbst an ihren freien Tagen denke sie oft ans Heim, an seine Bewohnerinnen und Bewohner, an die Kolleginnen und was sie gerade machen. Und daran, dass sie nichts vergessen dürfe.

Die Verantwortung ist gross. Vor dem Rapport möchte sie noch einmal bei Frau Tanner vorbeischauen. Sie wird unruhig sein, vielleicht Hilfe brauchen.

Die Gänge sind leer inzwischen. Nur die Pflegerinnen sind unterwegs, die Glocke geht ständig. Vielleicht sind es immer dieselben, vielleicht immer neue Fragen.

Auf dem Balkon mit den Geranien werden die Läden geschlossen – sonst bewegt sich nun nichts mehr an der Aussenseite des Alterspflegeheims.

Liebe und Zärtlichkeit existieren bis ins hohe Alter.

Liebe heisst Leben

DOMINIK HEITZ

Unsere Welt ist übersexualisiert. Und doch spricht man wenig über die Liebe im Alter. Für viele ist sie noch immer ein Tabu – für die alten Menschen selber, für deren Söhne und Töchter, aber auch für Pflegende. Verschweigen lässt sie sich trotzdem nicht.

Liebesfähigkeit – sie ist eine der Grundvoraussetzungen für das menschliche Zusammenleben. Und im Normalfall ist diese Liebesfähigkeit auch eine Konstante in jedem Menschenleben. Zwar ist nicht jeder in gleichem Masse und in gleicher Art fähig zu lieben – und das macht ja auch gerade die Individualität des Menschen aus –, doch zu lieben und geliebt zu werden heisst: leben.

Also existiert Liebe bis ins hohe Alter, bis zuletzt. Damit muss nicht immer genitale Sexualität verbunden sein. Doch weil gerade diese eben auch einer ihrer Bestandteile sein kann, ist es für viele auch heute noch ein Tabu, über Liebe im Alter zu sprechen – obwohl die Gesellschaft unter einer Übersexualisierung leidet, die eine ernsthafte Auseinandersetzung mit Problemen im Liebesbereich zu unterlaufen droht.

PLÖTZLICH STEHT MAN ALLEIN DA

Für jene, die bis ins hohe Alter verheiratet sind oder in einer Partnerschaft leben, ist das möglicherweise weniger ein Thema. Für Witwen, Witwer und Unverheiratete aber schon. Menschen, die plötzlich allein dastehen, niemanden mehr haben – wie ist dann mit dem Bedürfnis nach Liebe umzugehen? Kann man sich in der Öffentlichkeit plötzlich mit einem neuen Freund oder einer neuen Freundin zeigen? Darf man überhaupt noch Bedürfnisse haben?

«Natürlich habe ich kein Patentrezept», sagte die 86-jährige, deutsch-amerikanische Sexthe-rapeutin Ruth Westheimer in einem Interview. «Was ich sagen kann, ist dies: Man soll alles dazu tun, andere Menschen zu treffen. Hobbys sind zum Beispiel eine sehr gute Methode, andere Menschen kennenzulernen.» Zum Beispiel tanzen. Im Landgasthof in Riehen findet

einmal im Monat ein Tanznachmittag für Seniorinnen und Senioren statt – mit Livemusik. Die Nachfrage ist gross. Manchmal erscheinen gegen 100 Tanzfreudige, die meisten über 65. «Sie sollten die strahlenden Gesichter nach einem solchen Tanznachmittag sehen», sagt die 76-jährige Organisatorin Erika Marquardt.
Auch Tätigkeiten, die sich allein tun lassen, kann man gemeinsam machen: Ausgehen, Musikhören. Dabei kommt es auf klare, verständliche, laute Worte an. Ruth Westheimer: «Je besser man verstanden wird, desto eher finden andere das, was man zu sagen hat, interessant. Und wer weiss – vielleicht denkt sich jemand: Diese Person möchte ich näher kennenlernen. Und wer weiss – vielleicht entwickelt sich etwas Tieferes daraus.»

EIGENE UNERFÜLLTE SEHNSUCHT

Liebe, Sex im Alter – Marlise Santiago ist der Meinung, dass dieses Thema nach wie vor tabuisiert wird. Die Leiterin einer Praxis für Körper, Beziehung und Sexualität schreibt: «Zu dieser Tabuisierung gehört auch, dass Liebesbeziehungen zwischen alten Menschen verniedlicht oder ins Lächerliche gezogen werden.» Die Schweizer Sexualberaterin warf im Buch zur Ausstellung ‹Ganz schön alt› des Museum.BL die Frage auf: «Stellen Sie sich zwei vom Leben gezeichnete Menschen vor. Keines dieser dynamischen Paare aus der Werbung, sondern zwei Alte mit weissen Haaren, mit Falten, mit dem veränderten Körper des Alters. Aber die Gesichter strahlend, die Blicke genauso innig wie bei einem jungen Paar. Wie kommt dieses Bild bei Ihnen an? Spüren Sie Widerstand? Macht es Sie ruhig? Freuen Sie sich am Glück dieses Paares?»
Nicht bei allen kommt dieses Bild gut an. Als Reaktion auf ihre Beiträge ‹Sexualität im Alter› im Schweizer Radio DRS 1 bekam sie Zuschriften von älteren Paaren, die ein erfülltes Liebesleben erfahren, mit der Bitte zum Schluss: «Nennen Sie um Himmels Willen meinen Namen nicht, sonst kann ich mich im Dorf nicht mehr zeigen», oder: «Wir dürfen schon bald keine Bekannten mehr einladen, denn sie sind neidisch auf uns.»
Was die Tabuisierung angeht, sind es aber auch gerne die allernächsten Verwandten – die Söhne und Töchter –, die ein Problem damit haben, wenn sich ihr alleinstehender Vater oder ihre verwitwete Mutter wieder verliebt. «Spiegelt sich da deren eigene Bedürftigkeit und unerfüllte Sehnsucht?», fragt Marlise Santiago. Für Stefanie Bollag, Leiterin des Alterspflegeheims Humanitas in Riehen, ist das keine Frage mehr: «Wenn sich Kinder schwertun mit einer neuen Liebesbeziehung ihres Vaters oder ihrer Mutter, dann hat das mit unterschiedlichsten Themen der Beziehungen untereinander zu tun.»

‹MÉNAGE À TROIS›

In Gesprächen mit Heimleitungen wird deutlich, wie vielfältig Beziehungen in einem Alters- und Pflegeheim sein und wie unterschiedlich die in eine solche Beziehung Eingebundenen reagieren können. Da trat ein Ehepaar in ein Heim ein. Als die Frau starb, lernte der Witwer eine Mitbewohnerin kennen. Aus Freundschaft wurde Liebe, worauf das Paar ein Apartment im Heim beziehen konnte. Die Familien des Paares akzeptierten das. Für Teile des Pflegepersonals hingegen war das neue Liebespaar anfänglich ein Problem: Es waren junge Pflegende mit Migrationshintergrund, die zunächst überfordert waren von der Tatsache, dass hier zwei alte Leute, die ihre Grosseltern hätten sein können, eine Liebesbeziehung eingegangen waren. Auch eine ‹Ménage à trois› kann vorkommen: Ein Mann, dessen Frau im Pflegeheim ist, lernt eine andere Frau kennen. Die Ehefrau akzeptiert dieses Dreiecksverhältnis, was dazu führt, dass am Ende die Partnerin mehr zur Ehefrau schaut als der Mann selber. Umworbene Männer sind auch nicht unbedingt eine Seltenheit: Weil die Männer in der Regel früher sterben als die Frauen, sind die Herren – auch in Heimen – in der Minderheit. Und Männer mit Ausstrahlung sind bei den Frauen deshalb schnell einmal begehrt und können als Hahn im Korb auftreten. Und es kann geschehen, dass sich Bewohnerinnen nicht nur in Bewohner, sondern auch in junge Männer verlieben, die als Zivildienstleistende für eineinhalb Jahre in einem Heim arbeiten. «Da gibt es schon mal Liebeserklärungen und Tränen, wenn einer seinen Zivildienst beendet und sich verabschiedet», sagt Stefanie Bollag.

GEPLANTE LIEBESNÄCHTE

Liebesbeziehungen in Alters- und Pflegeheimen sind grundsätzlich kein Problem. Sie müssen sich jedoch der Organisationsstruktur des Heimes anpassen. Denn es gehört unter anderem zur Aufgabe eines Alterspflegeheims, mindestens zweimal nachts Zimmerkontrollen durchzuführen, um zu wissen, wie es den Bewohnerinnen und Bewohnern geht. Nächtlicher Herren- oder Damenbesuch ist möglich – keine Frage. Aber diese Liebesnächte sind zu planen und müssen mitgeteilt werden, damit die Pflegenden nicht plötzlich ins Zimmer platzen oder vor einer verschlossenen Türe stehen und allenfalls Alarm schlagen.
Liebe und Sinnlichkeit im Alter – sie werden mehr und mehr zum Nennwert für ein erfülltes Leben im Alter. Das zeigt sich nicht nur in einer zunehmenden Zahl von Menschen, die nach der Pensionierung gemeinsam ein Haus bewohnen. Auch in Heimen hat man erkannt, dass Wohngemeinschaften das Leben zu bereichern vermögen – in jeder Beziehung.

Helena Gašparová, 2014.

Von Žilina nach Riehen

DOMINIK HEITZ

Eigentlich hatte Helena Gašparová gar nicht daran gedacht, die slowenische Stadt Žilina zu verlassen und ins Ausland zu gehen. Doch eine Jugendfreundin, die selber in der Schweiz lebt, empfahl ihr eines Tages, hier eine Stelle als Pflegerin anzunehmen.

Sie liegt nahe der tschechischen und polnischen Grenze, die Stadt Žilina, und ist ganz hübsch – mit Altstadt, einem Schloss, weiteren historischen Gebäuden und einem Fluss, der Waag, die später in die Donau fliesst. Der südkoreanische Autohersteller Kia hat hier vor zehn Jahren sein erstes europäisches Werk errichtet. Bloss 15 Kilometer ausserhalb liegt die Thermalbadestadt Rajecké Teplice. Sennereien produzieren Schafskäse. Und nur zwei Autostunden von Žilina entfernt, erhebt sich das hohe Tatra-Gebirge. Mit ihren 155 000 Einwohnerinnen und Einwohnern ist die Stadt Žilina eine der grösseren in der Slowakei.

DANKBAR UND GLÜCKLICH

In dieser Stadt und in dieser der Schweiz sehr ähnlichen Gegend ist Helena Gašparová geboren und zusammen mit sechs Geschwistern aufgewachsen. Der Vater starb, als Helena elf Jahre alt war, was ihre Mutter zwang, in einer Kugellagerfabrik zu arbeiten.
Helena Gašparová selber arbeitete nach der Schule in der Gastronomie, bis sie mit 23 Jahren heiratete. Dann gebar sie einen Sohn und eine Tochter. Und damit die Familie finanziell einigermassen gesichert leben konnte, nahm sie eine Stelle im Labor eines Wasserwerks an. 21 Jahre lang war Helena Gašparová verheiratet – am Ende nicht mehr glücklich. Sie liess sich scheiden und war danach erst recht auf Arbeit angewiesen, weil sie von ihrem Ex-Mann keine Unterhaltszahlungen erhielt. Eine Jugendfreundin, die selber in der Schweiz lebt, empfahl ihr hier eines Tages eine Stelle als Pflegerin.

Helena Gašparová geniesst ihre Freizeit im Wenkenpark.

Helena Gašparová hatte zuvor nie daran gedacht, im Ausland zu arbeiten, doch heute betreut sie in Riehen eine alte Dame in deren eigenem Haus, wohnt dort auch, ist rund um die Uhr abrufbar und hat ihre geregelte freie Zeit.

«Ich mache die Arbeit gerne», sagt Helena Gašparová. «Wenn die Leute zufrieden sind, ist das für mich ein grosses Geschenk.»

In der Slowakei ist diese Art der privaten Altersbetreuung ein Luxus, den man sich dort nicht leisten kann. «Staatliche Einrichtungen sind vorhanden, aber private sind äusserst rar.»

Für Helena Gašparová selber ist es nicht nur ein Geschenk, wenn sie anderen helfen kann. Sie ist auch dankbar für ihre jetzige Arbeitssituation. Denn sie ist rechtlich und sozial von ihrer privaten Arbeitgeberin abgesichert und gehört nicht zu jenen illegalen Pflegerinnen, die über ausländische Agenturen in die Schweiz kommen und monatlich bloss 1500 Franken erhalten, während die Vermittlungsagenturen bis zu 2000 weitere Franken einstreichen, welche die Pflegebedürftigen bezahlen.

Am Anfang war es für Helena Gašparová schwierig, in der Schweiz zu arbeiten – ohne ein Wort Deutsch zu können. Inzwischen hat sie sich die Sprache selbstständig beigebracht und kann sich recht gut verständigen. Sie fühlt sich in Riehen wohl und schätzt in der Schweiz die Disziplin, die Sicherheit, aber auch die Sorge zur Umwelt. Um ihre Kinder braucht sie sich keine Sorgen zu machen. Der Sohn, mittlerweile 37, arbeitet heute im Bankenbereich und die 27-jährige Tochter ist angehende Ärztin.

Wenn es geht und ihre Gesundheit es weiterhin zulässt, möchte Helena Gašparová bis 65 arbeiten. In der Slowakei wäre die 60-Jährige schon jetzt pensioniert, stünde finanziell aber schlecht da; die Sozialleistungen sind mit jenen in der Schweiz nicht vergleichbar.

Private Pflege

Immer mehr betagte Menschen möchten möglichst lange in ihren eigenen vier Wänden leben. Das zeigt sich nicht zuletzt darin, dass der Bau von Wohnungen zunimmt, die direkt an Alterspflegeheime angegliedert sind. So können die Bewohnerinnen und Bewohner auch im hohen Alter in ihren Wohnungen bleiben und – falls nötig – Pflege vom Altersheim nebenan in Anspruch nehmen.

Doch viele alte Menschen wohnen nicht in der Nähe von Pflegeheimen. Und vielleicht können sie auch nicht mit der Unterstützung ihrer eigenen Familie rechnen, wenn sie irgendwann auf eine Kraft angewiesen sind, die ihnen den Haushalt besorgt, sie betreut – jeden Tag, möglicherweise rund um die Uhr.

Nun gibt es Pflegerinnen und Pfleger aus dem Ausland, die individuell über Freunde oder über ein Vermittlungsinstitut eine Stelle in der Schweiz finden. Doch nicht alle Vermittlungsinstitute sind gleich seriös. Eines, das versucht, ein gutes Verhältnis mit den Betagten wie den Pflegenden anzustreben, ist die Caritas Schweiz. Sie sorgt mit ihrem 2012 gestarteten Projekt ‹In Guten Händen. Von Caritas zu Hause betreut› dafür, dass – was eigentlich selbstverständlich sein sollte – die Pflegehelferinnen und Pflegehelfer nach Schweizer Arbeitsrecht angestellt sind und einen fairen Lohn erhalten.

Die Caritas setzt sich mit ihrem Projekt aber auch zum Ziel, dass die ausländischen Pflegenden ihrem Herkunftsland treu bleiben und nicht auswandern. Rumänien zum Beispiel hat in den letzten Jahren über zwei Millionen Menschen – vor allem Ärzte, Pflegepersonal, Ingenieure – durch Abwanderung verloren, weil sie in den westlichen Ländern Europas bedeutend mehr verdienen.

Die Caritas arbeitet mit der Caritas Alba Iulia in Siebenbürgen zusammen. Diese führt mit ihren mobilen Diensten eine Spitex, deren Betreuerinnen und Betreuer als ausgebildete Helfer auch in Miercurea Ciuc, der Partnergemeinde von Riehen, arbeiten. Sie sind rumänisch-ungarische Doppelbürger und erhalten im Heimatland eine mehrwöchige Vorbereitung und Ausbildung in deutscher Sprache, Pflege und Kultur. Drei Monate arbeiten die Helfer und Helferinnen in der Schweiz, dann sollen sie für den Rest des Jahres wieder in ihre Heimat zurückkehren.

Die Caritas-Betreuung kostet die Pflegebedürftigen monatlich 6490 Franken. Davon sind 990 Franken Naturalleistungen für Kost und Logis. Diese werden dem Auftraggeber rückerstattet, da Kost und Logis im selben Haushalt zur Verfügung gestellt werden. Demnach beträgt die Betreuungspauschale 5500 Franken pro Monat. Drei Viertel der Kosten sind sozialversicherungspflichtige Lohnkosten. Der Aufwand der Caritas für Auswahl und Vorbereitung der Betreuerinnen und Betreuer, die Einsatzleitung in der Schweiz, die Qualitätskontrolle und die Projektentwicklung beträgt rund ein Viertel der Gesamtkosten.

Bis jetzt hat die Caritas mit ihrem Projekt einzig Anfragen in der Region um Luzern abgedeckt. Ab Oktober 2014 möchte sie jedoch auch die Region Basel ins Auge fassen. Riehen mit seinen Kontakten zu Rumänien prüft nun eine allfällige ideelle Unterstützung des Caritas-Projekts.

Auf einem Ausflug des Tagesheims für Betagte von Csikszereda, 2014: Wenn wir uns gegenseitig stützen, kommen wir weiter.

Alt sein in Csikszereda, Rumänien

ROLF KUNZ

Einsamkeit und Armut waren bis in die erste Hälfte des 20. Jahrhunderts eng mit dem Alter verbunden. In Rumänien ist dies noch heute so. Eine Riehener Reisegruppe hat bei einem Besuch der rumänischen Partnerstadt Csikszereda und des dortigen Tagesheims für Betagte Eindrücke gesammelt.

Im Mai dieses Jahres unternahmen wir, elf Mitglieder des Vereins PRO CSIK (Riehen hilft Rumänien), alle über 60 Jahre alt, eine achttägige Rundreise durch Siebenbürgen. Neben der Besichtigung vieler Kulturdenkmäler, die wir sehr genossen, besuchten wir selbstverständlich auch unsere Partnerstadt Csikszereda. Das ist der ungarische Name von Riehens zweisprachiger Partnerstadt in Rumänien, die auf rumänisch Miercurea Ciuc heisst. Dabei lernten wir auch die sozialen Einrichtungen des unterstützten lokalen Vereins ‹Asociatia Riehen› kennen. Besonders gespannt waren wir auf das Tagesheim für Betagte. Denn dort trafen wir Menschen, die nur wenig älter sind als wir selbst. Die Frage, wie man im Alter in Csikszereda lebt, interessierte uns besonders.

Das Tagesheim der ‹Asociatia Riehen› ist das einzige Tagesheim für Betagte in der Stadt mit einem vollständigen Angebot: Transport, Aktivitäten, Betreuung, Mahlzeiten. Dabei hat Csikszereda doppelt so viele Einwohnerinnen und Einwohner wie Riehen! Damit mehr Betagte dieses Angebot nutzen können, wechseln sich zwei Gruppen wochenweise ab.

Bei unserer Ankunft im ‹Seniorenclub Providentia› wurden wir herzlich mit Gesang und Rezitationen begrüsst. Die beiden Sozialarbeiterinnen übersetzten das anschliessende Gespräch, bei dem wir uns über die Lebensumstände im Pensionsalter austauschten. Sie fassten die Antworten der Betagten auch für das ‹Riehener Jahrbuch› zusammen. Zudem führten sie mit einem typischen Vertreter dieser Altersgruppe ein Interview mit unseren Fragen.

In den Augen der Betagten im Tagesheim in Csikszereda nimmt die Gesellschaft viel zu wenig Rücksicht auf die ältere Generation. Ihr Einkommen deckt meistens nur die Grundkosten. Es liegt bei den meisten zwischen 550 und 600 Lei pro Monat (152 bis 166 Franken). Dies entspricht dem Existenzminimum in Rumänien und ist kaum genug zum Überleben.

Sich bewegen und basteln, Spiele und Gespräche gehören zum Aktivierungsangebot im Tagesheim.

Deshalb gibt es nur wenige Betagte, die den Tag geniessen, Reisen machen oder etwas Gutes einkaufen können. Ein schlechter Gesundheitszustand stellt ein weiteres Problem dar. Die Krankenversicherung deckt längst nicht alle Behandlungskosten und Medikamente. Deshalb leiden die Betagten oft. Und sie sind oft allein, selbst wenn sie Kinder und Grosskinder haben. Die Jungen haben ebenfalls Probleme und finden selten Zeit für ihre älteren Angehörigen. Entsprechend dankbar sind die Betagten, die im Tagesheim aufgenommen wurden und dieses Angebot nutzen dürfen. «Wir fühlen uns besser und vergessen hier unsere Probleme. Es ist schön, Teil einer Gemeinschaft zu sein, mit anderen zu sprechen und eine gute Zeit miteinander zu verbringen», drücken sie es im Gespräch mit uns aus.
Nach diesen Erkenntnissen und Begegnungen kehrten wir wohlbehalten in die Schweiz zurück. Wir sind zutiefst dankbar, hier leben zu dürfen. Für die alten Menschen in Csikszereda hoffen wir, dass die rumänische Gesellschaft in naher Zukunft fähig sein wird, den Betagten die Unterstützung, Hilfe und Betreuung zu gewähren, die sie dringend brauchen.

INTERVIEW MIT ZOLTAN*

76 Jahre alt, ledig, keine Kinder, ein Bruder, der in der Stadt lebt.

PRO CSIK: Gibt es Dinge, die Ihnen Sorgen bereiten?

Zoltan: Ich sorge mich wegen meiner angeschlagenen Gesundheit. Ich störe die anderen im Tagesheim dauernd. Ich fühle mich schwach und kann keine aktive Rolle im Programm wahrnehmen. Gott sei's gedankt: Ich habe gute Kollegen im Tagesheim, sie sind sehr sympathisch, wir sind wie Brüder.

Gibt es Dinge, die Ihnen besonders Freude machen?

Ich bin glücklich, wenn ich aufwache und wenn ich hier bin.

Was haben Sie gearbeitet?

Zuerst war ich Magaziner in einer Baufirma und dann arbeitete ich in einer Schlosserwerkstatt. Nach der Pensionierung bekam ich Probleme mit der Beweglichkeit [Rückenprobleme].

Welche Kontakte pflegen Sie?

Mein Bruder besucht mich einmal wöchentlich, aber mit den Nachbarn habe ich keinen Kontakt. Ich bin sehr glücklich, wenn jemand zu Besuch kommt. Aber das ist leider selten der Fall.

Gehen Sie oft aus dem Haus und wenn ja, wohin?

Wenn ich nicht vom Transportdienst des Tagesheims abgeholt werde, kann ich keinen Schritt vor die Türe machen.

Haben Sie genug Geld zum Leben?

Es ist nicht genug. Zum Glück hilft mir mein Bruder. Er bezahlt meine Stromkosten.

Wie gross ist Ihre Rente?

Meine monatliche Rente beträgt 612 Lei. Das ist alles.

Was bedeutet Ihnen das Tagesheim?

Ich fühle mich hier besser. Die Zeit vergeht schneller zusammen mit den Kollegen. Am besten gefallen mir die Spaziergänge in der Natur und die gemeinsamen Ausflüge.

Was gefällt Ihnen nicht oder was möchten Sie ändern?

Ich möchte mich gern öfter mit meinen Kollegen treffen, auch wenn wir nicht ins Tagesheim kommen. Ich möchte sehr gern auch in der freien Woche und in den Ferien hier essen, weil ich nicht kochen kann und das Essen von den Kantinen sehr teuer ist.

* Name geändert.

Zoltans Monatsbudget
(Zusammenstellung der Sozialarbeiterinnen)

	Lei	Franken
Einnahmen:		
Rente	**612**	**170**
Ausgaben:		
Wohnen**	250	69
Essen	255	71
Medikamente	90	25
Total	**595**	**165**

** Die Stromrechnungen bezahlt der Bruder direkt.

‹Mutzli›, um 1950, hergestellt von der Firma M.C.Z. (Marcel Csuka, Zürich). Sammlung Spielzeugmuseum Riehen.

Vom Weiterleben der alten Dinge

BERNHARD GRAF

«Wie bitte – diesen Teddybären wollen Sie fürs Museum? Er ist aber nicht von Steiff!» «Eben deswegen passt ‹Mutzli› in die Sammlung.» «Aber alt ist er auch nicht, höchstens vielleicht siebzig Jahre.» «Kein Problem – Alter ist relativ und im Übrigen kein Kriterium für das Museum.»

Dialoge wie dieser gehören zum Alltag von Sammlungsverantwortlichen in Museen. Sie ergeben sich in Wohnzimmern voller persönlicher Altertümer oder in leergeräumten Wohnungen vor dem Eintreffen der Entsorgungsfirma. Und sie entstehen zwischen zwei Personen, die sich in aller Regel vorher nie gesehen haben und die einen unterschiedlichen Zugang zu Dingen und Geschichten haben, was ihre Gesprächsmotivation prägt. Der Verlauf solcher Begegnungen ist nicht vorhersehbar, auch wenn es dafür natürlich Muster gibt. So kann der Konservator nach fünf Minuten das Gespräch mit den Worten beenden: «Den Anker-Steinbaukasten Nr. 7A haben wir bereits dreimal – danke dennoch für das Angebot!» Oder der Noch-Besitzer des Teddybären kann zwei Tage später im Museum stehen und das Lieblingstier seiner Kindheit in die Obhut des Konservators übergeben, auch wenn er sich beim Besuch des Konservators noch nicht dazu entschliessen konnte.

VOM ÜBERDAUERN, ...

Bär ‹Mutzli› wird nun also in die Sammlung des Spielzeugmuseums Riehen integriert. Sein einstiger Besitzer erzählt dem Konservator, unter welchen Umständen er ihn geschenkt bekam und wie sehr er ihn liebte, weil er ihn nachts beschützte. Der Konservator verspricht, ‹Mutzli› gut zu behandeln, gibt aber zu bedenken, dass er zunächst magaziniert und erst bei passender Gelegenheit ausgestellt werde. Und er erklärt dem Schenkenden auch, dass die emotionale Bindung des Kindes an den Bären im Museum leider – ausser bestenfalls mit Worten in der Sammlungsdatenbank – nicht für die Nachwelt konserviert werden könne.

So lebt der 70-jährige Teddybär weiter als Ding – eigentlich eine unwürdige Bezeichnung für den Beschützer eines schlafenden Jungen! –, während sein einstiger Besitzer unterdessen schon gestorben ist und der Konservator nicht mehr im Museum arbeitet. ‹Mutzli› überlebt voraussichtlich auch die beiden Menschen, durch deren Hände er ging. Eines Tages wird er 100 Jahre alt sein und irgendwann vielleicht 200. Da ‹Mutzli› eher bärenhaft wortkarg ist, wird er jemanden brauchen, der dem künftigen Publikum seine Geschichte erzählt. Aber zumindest seinen guten Charakter erkennt man schon auf den ersten Blick!

… VOM VERSCHWINDEN …

Eine weitere Bärengeschichte, die sich ebenso zugetragen hat wie die eingangs beschriebene, endete ganz anders. Dem Museumskonservator wurde telefonisch ein Teddybär angeboten, der altershalber allerdings etwas lädiert sei. Nicht, dass Dinge mit Gebrauchsspuren uninteressant wären – im Gegenteil, sie haben viel zu erzählen! –, aber der Konservator nahm den Bären vorsichtshalber bei seiner Besitzerin in Augenschein, um ihn bei ihr lassen zu können, falls er für die Sammlung nicht taugen sollte. Der Bär befand sich tatsächlich in einem bedauernswerten Zustand, den er aber mit einem gewissen Stolz vorführte. Es war unübersehbar, dass der Bär dem kleinen Mädchen in längst vergangener Kindheitszeit sehr lieb gewesen war. Ihn deshalb in die Sammlung aufzunehmen, wäre ein naheliegender Akt des Mitleids gewesen. Der Konservator aber ging einen anderen Weg: Nach einem kurzen Blick auf die Besitzerin fragte er sie, ob er einen unkonventionellen Vorschlag machen dürfe. Da sie bejahte, sagte er: «Holen Sie im Keller eine gute Flasche Rotwein. Setzen Sie Ihren Bären an den Tisch, schenken Sie Wein in zwei Gläser und verabschieden Sie sich feierlich von Ihrem Bären, indem Sie ihm sagen, dass dies jetzt ein Abschied für immer sein werde. Betten Sie ihn dann in einen Müllsack, den Sie am anderen Morgen von den Müllmännern holen lassen.» Die Frau stutzte einen Moment, bedankte sich dann aber für den Vorschlag. Drei Wochen später erhielt der Konservator eine Karte, mit der ihm die Frau mitteilte, dass sie seine Idee in die Tat umgesetzt habe und wie wunderbar das gewesen sei.
Dieser Bär erreichte sein ‹Lebensende› also vor seiner Besitzerin. Die mit ihm verbundenen Geschichten blieben der Nachwelt nicht erhalten, weil sie keinem Museumskonservator erzählt wurden, sodass sie Eingang in eine Sammlungsdatenbank hätten finden können.

… UND VOM LOSLASSEN

Die beiden Bärenschicksale verbindet, dass ihr Besitzer und ihre Besitzerin sich zu Lebzeiten darum kümmerten, was mit ihren Lieblingen geschehen soll. Das ist der einzig richtige Weg, um sich Sorgen über das Weiterleben der Dinge nach dem eigenen Tod vom Hals zu halten.

Man kann so nämlich auch allfälligen Zuwiderhandlungen der Erben gegen den eigenen Willen vorbeugen, die an den alten Dingen, die man ihnen hinterliess, kein Interesse haben. Das Ent-Sorgen von Dingen und damit das Fernhalten von Illusionen oder Enttäuschungen ist generell wohltuend, aber nicht einfach zu bewerkstelligen. Wer ein Leben lang Dinge um sich versammelte (brauchbare ebenso wie nicht wirklich nützliche), wird damit Mühe haben. Vielleicht übt man das deshalb am besten zuerst mit Dingen, die einem nicht so sehr am Herzen liegen wie ein Teddybär. Die Wirkung ist sofort spürbar!

Im Museumsjargon heisst die sehr gut zu überlegende und unter Berücksichtigung aller juristischen Aspekte zu erfolgende Ent-Sorgung eines Gegenstands ‹De-Akzess›. Entlassungen aus dem Inventar sind in den Museen aber tabu, und das mit gutem Grund: Sobald sich der persönliche Geschmack eines Sammlungsverantwortlichen nicht nur beim Objekterwerb, sondern eben auch in der Entlassung aus dem Inventar bemerkbar macht, wird die Sammlung instabil. Zwar hält der Internationale Museumsrat ICOM fest, dass De-Akzess dann möglich sei, wenn durch diesen Vorgang die Qualität der Sammlung nicht ab-, sondern zunehme. Aber alltäglich sind solche Vorgänge in den Museen richtigerweise nicht. Sie müssen übrigens nicht zwingend in der Vernichtung des betreffenden Gegenstands enden: Man kann ihn auch verschenken oder dauerhaft ausleihen.

Am einfachsten ist es aber, ein Ding gar nicht erst in die Sammlung aufzunehmen, das schlecht oder gar nicht passt. Der Entscheid, einen Gegenstand in eine Sammlung zu integrieren oder nicht, ist jedoch immer subjektiv – und deshalb schwierig für denjenigen, der ihn fällt, wie auch für diejenige, die er betrifft. In einer Zeit, in der Dinge mehr zu gelten scheinen als Immaterielles – beispielsweise das Gespräch, das Zusammensein, der Gedanke, das Gefühl –, besteht die Gefahr, das Weiterleben der Dinge zu sehr in den Vordergrund zu stellen. Was aber umgekehrt nicht heisst, dass man mit Dingen achtlos umgehen und ihre Lebenszeit vorsätzlich einschränken soll. Wenn nämlich die Dinge, die uns im Alltag umgeben, jene sind, die wir wirklich brauchen, ist ihre Zahl begrenzt. Und so hat auch noch ein Ding in unserem Alltag Platz, das wir nicht mehr brauchen.

Das tönt nun alles einfach und kompliziert gleichzeitig. Und tatsächlich ist es einfach und kompliziert – und wenn derjenige, der diese Zeilen schreibt, als Privatmann den Museumskonservator, der er einmal war, fragt, was denn nun dereinst aus seinem Lieblingsbären werden soll, findet er die Antwort darauf nicht ohne Weiteres ...

z'Rieche

Das Webergässchen, wie es sich heute präsentiert. Nach der Neugestaltung soll das Dorfzentrum für Fussgänger noch attraktiver sein.

Ein erster Schritt nach langem Stillstand

TOPRAK YERGUZ

Riehens Dorfzentrum wird ein neues Gesicht kriegen: Die Stimmbevölkerung hat einer Neugestaltung zugestimmt. Das Dorfzentrum soll damit für Einheimische und Auswärtige attraktiver werden – und den Dorfgeschäften mehr Umsatz bringen. Zur Abstimmung kam es, weil die SVP das Referendum ergriffen hatte.

Eigentlich deutet alles auf ein Missverständnis hin. Die Riehener Stimmbevölkerung stimmte 2002 und 2014 über eine Aufwertung des Dorfzentrums ab. Aber wo sich in anderen Gemeinden die Opposition gegen solche Projekte vornehmlich aus Gründen des Denkmalschutzes und des intakten Ortsbilds formt, stritt Riehen zweimal über: Parkplätze. Was ist da bloss schiefgelaufen?

Am 13. April dieses Jahres hat die Riehener Stimmbevölkerung mit 4137 Ja (56,8 Prozent) zu 3147 Nein (43,2 Prozent) bei einer Stimmbeteiligung von 54,5 Prozent den Investitionskredit zur Neugestaltung des Dorfzentrums genehmigt. Das Projekt für die Neugestaltung wurde in einem Wettbewerb erkoren und im März 2012 der Bevölkerung vorgestellt. Der Einwohnerrat sprach im November 2013 den Investitionskredit über 3,3 Millionen Franken. Die SVP, im Einwohnerrat unterlegen, ergriff das Referendum und hatte die dafür benötigten Unterschriften schnell zusammen. Die Nervosität unter den Befürwortern der Vorlage stieg daraufhin merklich, denn sie erinnerten sich daran, was zwölf Jahre zuvor geschehen war.

DER LANGE SCHATTEN VON ‹JULIA›

Wir erinnern uns: Am 5. Mai 2002 lehnte die Riehener Stimmbevölkerung einen Projektierungskredit für das Projekt ‹Julia› ab, was dessen Ende bedeutete. Hinter dem Namen verbarg sich ein Paket von zwölf Einzelprojekten, die eine fussgängerfreundliche Aufwertung des Dorfzentrums zum Ziel hatten. Auch ‹Julia› war das Resultat eines Wettbewerbs gewesen, den der Gemeinderat Ende der 1990er-Jahre initiiert hatte.

Der Projektierungskredit über 624 000 Franken für ‹Julia› wurde damals im Einwohnerrat mit 33 zu 1 Stimmen bei einer Enthaltung genehmigt. Die SVP, zu dieser Zeit noch ganz am Anfang ihres steilen Aufstiegs in der Riehener Lokalpolitik, ergriff als einzige Partei das Referendum. Damals allerdings mit mehr Erfolg: Zum Entsetzen des Gemeinderats und aller etablierten Parteien folgten an der Urne 55,4 Prozent der Abstimmenden der SVP. ‹Julia› war gescheitert. Die Parallelen in der Entstehungsgeschichte der beiden Abstimmungen sind augenfällig. Und dennoch nahm die Stimmbevölkerung dieses Jahr das Projekt an, während es zwölf Jahre zuvor nicht einmal einen Projektierungskredit sprechen mochte. Der offensichtlichste Unterschied zwischen damals und heute: Es ist nicht dieselbe Vorlage. Das klingt trivial, ist aber bei genauerem Hinsehen das Resultat eines Lernprozesses: Der zuständige Gemeinderat Daniel Albietz erinnerte sich beim Ausarbeiten der neuen Vorlage daran, wie seinen Vorgängern im Gemeinderat seinerzeit vorgeworfen worden war, mit ‹Julia› ein überladenes Paket zu präsentieren. Das vereinfachte der SVP damals den Abstimmungskampf: Je mehr Teilprojekte in einem Paket enthalten sind, umso einfacher ist es, Gegner zu finden.
Diesmal präsentierte der Gemeinderat ein schlankes Projekt, über das sich die Bevölkerung an Informationsveranstaltungen ein klares Bild machen konnte. Der SVP blieb als letzter Trumpf im Kampf gegen die Umgestaltung die Rückbesinnung auf ein Argument, das schon 2002 gewirkt hatte: die Parkplätze.

OPPOSITION IM NAMEN DER DORFGESCHÄFTE

Aber ganz so einfach war es diesmal nicht, denn der Gemeinderat hat – trotz neuer Zusammensetzung nach Gesamterneuerungswahlen – aus der Wahlschlappe von 2002 dazugelernt. Die SVP hatte damals erfolgreich argumentiert, dass das Dorfzentrum mit ‹Julia› wegen Verkehrsbehinderungen und weniger Parkplätzen schlechter erreichbar sein werde. Im Abstimmungskampf zur Vorlage vom April 2014 betonten nun Daniel Albietz und seine Mitarbeitenden bei jeder sich bietenden Gelegenheit, dass kein einziger Parkplatz aufgehoben werde. Was die Gegner der Vorlage allerdings nicht davon abhielt, trotzdem das Gegenteil zu behaupten. Die Parkplätze sind ein schlagendes Argument: Viele Riehener Haushalte tätigen ihre Einkäufe mit dem Auto. Sind die Dorfgeschäfte nicht gut erreichbar, bleibt die potenzielle Kundschaft ein paar Minuten länger im Auto sitzen und fährt bis Basel oder Lörrach durch. Wie gross auch die Gemeinde diese Gefahr für die Zukunft des Dorfzentrums einschätzt, zeigen zwei Sätze aus dem Abstimmungsbüchlein: «Das Riehener Dorfzentrum ist oft auch samstags wenig bevölkert, während in den Nachbarstädten der Handel floriert. Die Gäste der Fondation Beyeler finden den Weg ins Dorf nicht und können den hiesigen Detailhandel nicht berücksichtigen.» Dieselben Argumente wurden schon vor der Abstimmung im Jahr 2002 ins Feld geführt.

Aber damals war der Leidensdruck noch nicht so gross wie heute. Die Situation für die Dorfgeschäfte ist mittlerweile prekär. Die Eurokrise hat einen grossen Teil der Kundschaft nach Deutschland gelockt. Und gerade in dieser Zeit, in der Gegensteuer hätte gegeben werden müssen, war die Entwicklung von Riehens Dorfzentrum von Stillstand geprägt. Die letzten grossen Veränderungen waren einerseits das Webergässchen, das Mitte der 1970er-Jahre von einer Strasse zu einer Fussgängerzone umgestaltet worden war – ein Eingriff, der das Dorfzentrum prägte und heute von niemandem als Fehler bezeichnet wird. Andererseits war und ist die Errichtung des Singeisenhofs als letzte erwähnenswerte Veränderung im Dorfzentrum von sehr begrenzter Strahlkraft und dürfte im Vorfeld der ‹Julia›-Abstimmung das Vertrauen in die Projekte des Gemeinderats nicht gerade gesteigert haben.
In Riehen ist es wie überall, wo Rücksicht genommen werden muss auf historische Bausubstanz: Grosse Pläne sind politisch sehr schwierig durchzubringen. Vielmehr muss die Entwicklung in vielen kleinen Schritten vorwärtsgetrieben werden. Ein solcher Schritt war im Dorfzentrum längst überfällig, wenn man den Ausführungen der Vereinigung Riehener Dorfgeschäfte (VRD) Glauben schenkt. Die VRD wies seit Jahren darauf hin, dass der Leidensdruck für ihre Mitglieder zunehme und etwas getan werden müsse, um die Attraktivität Riehens zu steigern. Das sahen eigentlich auch alle politischen Parteien so. Nur: Was genau getan werden sollte, darüber herrschte zwei Jahrzehnte lang Uneinigkeit. Und deshalb wurde gar nichts getan. Stattdessen wurden ideologische Grabenkämpfe geführt – Fussgänger und Velofahrer gegen Autofahrer und ihre Parkplätze ausgespielt.
Als das neue Umgestaltungsprojekt vorgestellt wurde, schien endlich ein Ende der Blockade gekommen. Die VRD stellte sich hinter die Vorlage. Daraufhin musste sich deren Vertreterin und langjährige Präsidentin Rosmarie Mayer-Hirt von den beiden SVP-Einwohnerräten Karl Schweizer und Felix Wehrli an einer Podiumsveranstaltung sagen lassen, dass die Mehrheit der VRD-Mitglieder gegen das Projekt seien. Einen Beweis blieben die beiden aber schuldig – mit der Begründung, dass sich die Geschäftsinhaber vor Repressalien der Gemeinde fürchteten.

WAS BRINGT DIE ZUKUNFT?

Als am 13. April 2014 die Stimmbevölkerung Ja zur Umgestaltung sagte, konnte man fast hören, wie viele Steine im Gemeindehaus von den Herzen fielen. Das Projekt des im Wettbewerb siegreichen Gestaltungsbüros Staufenegger + Stutz richtet die bestehende Anlage zwischen Gemeindehaus und Schweizerhaus neu aus und wandelt sie zu einer Begegnungszone. Grosse bauliche Veränderungen soll es nicht geben, vielmehr geht es um einen Paradigmenwechsel: Das Webergässchen wird zur Hauptachse im Dorfzentrum. Künftig soll der Strassenverkehr

Paradigmenwechsel: Wo heute die Fussgänger die Strasse kreuzen müssen (im Bild die Schmiedgasse), soll künftig der Autoverkehr die Begegnungszone queren dürfen.

auf der Schmiedgasse und der Rössligasse nicht mehr den Vortritt geniessen. Autos und Velos werden stattdessen auf diesen beiden Strassen die Begegnungszone queren. Trotz dieser Veränderungen sollen alle Verkehrswege und dieselbe Anzahl Parkplätze bestehen bleiben. Die Bäume in dieser Begegnungszone werden mit ovalen Gestaltungselementen eingefasst und sollen einen Verbindungsweg zwischen Bahnhof und Fondation Beyeler bilden.

Seit es die Fondation Beyeler gibt, zerbricht man sich in Riehen den Kopf, wie man das durch Baselstrasse und Häuserzeilen abgeschnittene Museum am besten ans Dorfzentrum anbindet. Die Fondation Beyeler ist mit rund 350 000 Besucherinnen und Besuchern pro Jahr das bestfrequentierte Kunsthaus der Schweiz – diesen Strom an potenziellen Kundinnen und Kunden möchte Riehen besser nutzen. Es bleibt abzuwarten, ob das mit den vorliegenden Ideen klappt. Fast interessanter als die Umsetzung des Projekts wird jedoch sein, was danach kommt. Über den Erfolg der Umgestaltung des Dorfzentrums wird letztlich auch dessen Entwicklung an den Rändern entscheiden. Hinter den beiden Abgrenzungen Schweizerhof und Gemeindehaus schlummern zwei Platzanlagen, die sich für eine Ausdehnung der Begegnungszone geradezu aufdrängen: Der Singeisenhof und der Parkplatz an der Wettsteinstrasse.

Das Los des Singeisenhofs scheint untrennbar mit dem Schweizerhaus verknüpft zu sein. Solange das Schweizerhaus den Singeisenhof vom Webergässchen abgrenzt, wird es schwierig

Das Projekt sieht vor, die Bäume auf dem Vorplatz des Gemeindehauses zu erhalten und in Rondellen zu fassen.

sein, den Platz zu beleben. Am anderen Ende der künftigen Begegnungszone befinden sich das Gemeindehaus und der Parkplatz an der Wettsteinstrasse. Was geschieht mit dem in die Jahre gekommenen Gemeindehaus? Wenn der Vorplatz gesenkt wird, wie es das Umgestaltungsprojekt vorsieht, wird noch offensichtlicher, wie sehr jener Flügel des Gemeindehauses mit Bürgersaal und Einwohnerratssaal einer Öffnung zur Wettsteinanlage hin im Weg steht. Vor wenigen Jahren wurde der Parkplatz geräumt, um ihn zur Durchführung der Fernsehsendung ‹Donnschtig-Jass› zu nutzen. Seither träumen in Riehen nicht wenige davon, dass hier irgendwann eine mediterran angehauchte Piazza entsteht. Das wiederum ist nur dann politisch durchführbar, wenn es für die verlorenen Parkplätze einen geeigneten Ersatz gibt. Womit wir dann wieder bei den Parkplätzen wären.

Frischer Wind im Gemeinderat: Vier von sieben
Exekutivmitgliedern wurden neu gewählt.

Der grosse Umbruch

RALPH SCHINDEL

Nach einer langen Phase der Kontinuität im Gemeindepräsidium ist es bei den Wahlen in diesem Jahr zum grossen Wechsel gekommen. Die Ausgangslage vor den Wahlen war so spannend wie schon lange nicht mehr.

Gleich drei Gemeinderäte und der Gemeindepräsident gaben 2013 ihren Abschied aus der Exekutive bekannt. Damit war mehr als die Hälfte der sieben Sitze neu zu besetzen.

Gemeindepräsident Willi Fischer (EVP) machte seine Absicht rund sieben Monate vor der Wahl öffentlich. Der Politiker war insgesamt acht Jahre Gemeindepräsident gewesen, davor acht Jahre Gemeinderat und 19 Jahre Einwohnerrat. Mit Fischer traten auch Maria Iselin-Löffler (LDP, nach 20 Jahren), Irène Fischer-Burri (SP, nach zwölf Jahren) und Thomas Meyer (FDP, nach vier Jahren) nicht mehr an. Iselin-Löffler war für Kultur und Bildung zuständig, Fischer-Burri leitete die Ressorts Freizeit und Sport sowie Umwelt, Thomas Meyer betreute die Ressorts Mobilität und Versorgung.

VIELE KANDIDATUREN

Die EVP hatte das Gemeindepräsidium insgesamt 44 Jahre inne und wollte es mit Christine Kaufmann verteidigen. Ebenso klar war, dass mindestens von bürgerlicher Seite ein Angriff kommen würde. Die präsidiale Kontinuität wurde von den Gegnern als EVP-Herrschaft kritisiert. Die Bürgerlichen schafften es in der Folge aber nicht, sich auf einen Kandidaten zu einigen. Dies lag am Alleingang der LDP, die ihre bürgerlichen Partner vor vollendete Tatsachen stellte: Sie liess ohne Absprache Thomas Strahm gegen Kaufmann antreten. SVP, FDP und CVP einigten sich auf die Unterstützung von Hansjörg Wilde (parteilos). Er hatte Fischer bereits 2010 in den zweiten Wahlgang gezwungen, war dort aber unterlegen. Nun wollte er es noch einmal versuchen. Die Wahlchancen waren aus zwei Gründen besser als vier Jahre zuvor: Wilde musste nicht gegen einen Kandidaten antreten, der den Bisherigen-Bonus für sich nutzen konnten, und er konnte von seiner Bekanntheit aus der ersten Kandidatur zehren.

Gegen einen Sieg Wildes sprach, dass mit Strahm ein zweiter bürgerlicher Kandidat antrat. Politbeobachter räumten Strahm jedoch wegen des Alleingangs keinerlei Chancen ein. Die Frage war deshalb nur, wie viele Stimmen Strahm Wilde wegnehmen und ob Wilde deshalb im ersten Wahlgang nicht gewählt werden würde. Da die SP Guido Vogel portierte und sich Mitte-links-grün damit auch nicht auf eine Kandidatur einigen konnte, war das Rennen sehr offen.

Kollegialer Gemeinderat

Im Riehener Gemeinderat hat mit den Gesamterneuerungswahlen 2014 ein grosser personeller Umbruch stattgefunden. Dieser Umbruch stand mit den Rücktritten von Gemeindepräsident Willi Fischer (EVP), den Gemeinderätinnen Maria Iselin-Löffler (LDP) und Irène Fischer-Burri (SP) sowie Gemeinderat Thomas Meyer (FDP) bereits vor den Wahlen fest. Damit ging aber auch eine lange Phase der personellen Kontinuität zu Ende.

Willi Fischer war 35 Jahre in der Riehener Politik aktiv gewesen: 19 Jahre im Einwohnerrat und 16 Jahre im Gemeinderat, davon acht Jahre als dessen Präsident. Schwierige Phasen waren die Auswechslung der Verwaltungsspitze, der Tod von Gemeindepräsident Michael Raith, die Spitalschliessung oder die Brandstiftungsserie. Positiv fielen der Kauf einer grossen Fläche im Moostal aus und die gute Zusammenarbeit mit den Nachbargemeinden und insbesondere mit Basel.

Auf 20 Jahre im Gemeinderat kann Maria Iselin-Löffler zurückblicken. Im Verfassungsrat wirkte sie als Präsidentin der Kommission

LDP BÜSST FÜR ALLEINGANG

Der erste Wahlgang am 26. Januar 2014 brachte wie erwartet noch keine Entscheidung für das Gemeindepräsidium und eine Ohrfeige für Strahm: Er erhielt nur 852 Stimmen. Obenaus schwang Wilde, der aber mit 2673 Stimmen das absolute Mehr (3296 Stimmen) ebenfalls ziemlich deutlich verpasste. Mit Strahms Stimmen wäre er jedoch bereits im ersten Wahlgang gewählt gewesen. Kaufmann (1599) und Vogel (1087) lagen abgeschlagen dazwischen.

Den Alleingang büsste die LDP ausserdem mit einem miserablen Resultat bei den Gemeinderatswahlen. Strahm, der hier ebenfalls kandidierte, erzielte lediglich 1991 Stimmen und war damit über 1100 Stimmen unter dem absoluten Mehr (3142). Aber nicht nur das: Der amtierende Gemeindevizepräsident Christoph Bürgenmeier wurde ebenfalls abgestraft und erzielte mit 2262 Stimmen das zweitschlechteste Resultat in den Gemeinderatswahlen.

WEITERE STIMMEN FÜR DEN GEMEINDERAT (ABSOLUTES MEHR 3142 STIMMEN), ERSTER WAHLGANG:

Daniel Albietz (CVP) 3510 Stimmen (gewählt)
Christine Kaufmann (EVP) 3050 Stimmen
Annemarie Pfeifer-Eggenberger (EVP) 2948 Stimmen
Silvia Schweizer (FDP) 2877 Stimmen
Guido Vogel (SP) 2669 Stimmen
Eduard Rutschmann (SVP) 2632 Stimmen
Franziska Roth-Bräm (SP) 2382 Stimmen
Andreas Tereh (Grüne) 2314 Stimmen
Vereinzelte 1365 Stimmen

Gemeinden und Regionale Zusammenarbeit auf die Stärkung der Gemeindeautonomie hin. In ihre Amtszeit fiel denn auch als wichtigstes politisches Projekt die Kommunalisierung der Primarschulen und Kindergärten in Riehen im Rahmen der Neuordnung des Verhältnisses Kanton/Einwohnergemeinden (NOKE). Als Gemeinderätin setzte sie sich für ein vielseitiges Kulturangebot in Riehen ein, das in ihrer Amtszeit entscheidend erneuert und erweitert wurde.

Irène Fischer-Burri gehörte dem Gemeinderat zwölf Jahre an. Zuvor politisierte sie neun Jahre im Einwohnerrat und war von 2000 bis 2002 Parlamentspräsidentin. Sie konnte das Naturbad von der Planungsphase über die Referendumsabstimmung bis fast zur Eröffnung begleiten. Weitere Projekte waren die Spielplatzsanierungen oder die Erlangung des UNICEF-Labels als kinderfreundliche Gemeinde.

Thomas Meyer gehörte dem Gemeinderat lediglich vier Jahre an. Er bearbeitete in dieser Zeit die Themen Kommunikationsnetz, Parkraumbewirtschaftung, Buskonzept und den Abbau bei der Postfiliale Rauracher.

Alle vier abtretenden Exekutivmitglieder beschreiben die Arbeit im Gemeinderat unabhängig voneinander, aber übereinstimmend, als sehr gut und kollegial. «Ich fand eindrücklich, wie man in der Exekutive miteinander umgeht, dass man in der Exekutive nicht Parteipolitik macht», sagte Irène Fischer-Burri.[1] Für Thomas Meyer waren die Sitzungen des Gemeinderats sogar die Höhepunkte: «Es ist einzigartig, erleben zu dürfen, wie man nach kontroversen und teils sehr heftigen Diskussionen schliesslich zu einem Konsens findet und dann auch geeint auftritt.»[2] Gleichzeitig sei die Arbeit mit dem Einwohnerrat schwieriger geworden, finden alle vier. «Früher duellierten sich die Leitfiguren der verschiedenen Fraktionen auf sprachlich und rhetorisch hohem Niveau», sagte Willi Fischer. «Während man damals die feine Klinge führte, packt man heute lieber den Zweihänder aus.»[3] Auch Maria Iselin-Löffler findet, die Politik sei insgesamt aggressiver geworden. «Die politische Auseinandersetzung als solche, aus der politisches Kapital geschlagen werden soll, ist wichtiger geworden als das Suchen nach Lösungen.»[4]

Im Einwohnerrat kam es zu leichten Sitzverschiebungen nach rechts. Die SVP gewann einen Sitz auf Kosten der GLP, die SP nahm den Grünen einen Sitz ab.

SITZVERTEILUNG IM EINWOHNERRAT IN DER LEGISLATURPERIODE 2014–2018:

SVP 9 (+ 1 Sitz)
FDP 6 (unverändert)
LDP 5 (unverändert)
CVP 3 (unverändert)
GLP 1 (– 1 Sitz)
EVP 6 (unverändert)
SP 8 (+ 1 Sitz)
Grüne 2 (– 1 Sitz)

KONZENTRATION DER KRÄFTE

Für den zweiten Wahlgang war allen Parteien klar, dass die Kräfte gebündelt werden mussten. Insbesondere für die LDP ging es auch darum, wieder Bündnispartner zu finden, um zumindest den Sitz von Christoph Bürgenmeier im Gemeinderat zu retten. Ein erneuter Alleingang hätte wohl das Ende der LDP in der Exekutive bedeutet.

Vor diesem Hintergrund wurden noch am Wahlsonntag Verhandlungen aufgenommen. Die SP entschied sich rasch, Guido Vogel aus dem Rennen um das Gemeindepräsidium zu nehmen und stattdessen Christine Kaufmann zu unterstützen. Ins Rennen um einen Gemeinderatssitz schickte die SP noch einmal Vogel und Franziska Roth-Bräm. Die Grünen setzten für das Präsidium ebenfalls auf

Kaufmann und für den Gemeinderat erneut auf Andreas Tereh. Ziel von EVP, SP und Grünen war die Mehrheit im Gemeinderat.
Etwas komplizierter gestalteten sich die Verhandlungen auf bürgerlicher Seite. Einerseits nahm vor allem die SVP der LDP den Alleingang übel, andererseits schätzten die Parteistrategen die Lage so ein, dass es die Stimmen der LDP brauche, um die Mehrheit im Gemeinderat zu halten oder gar noch auszubauen. Deshalb biss die SVP in den sauren Apfel und stimmte der Zusammenarbeit zu. CVP, LDP, FDP und SVP unterstützten Wilde für das Gemeindepräsidium und traten mit Silvia Schweizer (FDP), Eduard Rutschmann (SVP) und Christoph Bürgenmeier (LDP) für den Gemeinderat an. Die Strategie, noch einmal mit vier Kandidierenden anzutreten, obwohl Daniel Albietz (CVP) bereits gewählt war, barg aber auch das hohe Risiko, dass eine Kandidatur aus dieser Allianz scheitern würde.

WILDE MUSS ZITTERN

Hansjörg Wilde konnte zuversichtlich in den zweiten Wahlgang am 23. Februar 2014 gehen. Er hatte im ersten Durchgang einen grossen Vorsprung errungen und konnte dank der bürgerlichen Allianz mit den Stimmen Strahms rechnen. Auf der anderen Seite würde Christine Kaufmann mit den Wählern Vogels nur auf wenig mehr Stimmen kommen, als Wilde allein im ersten Wahlgang erreicht hatte.
Diese Rechnung wurde aber ohne die Wählerinnen und Wähler gemacht: Aus dem vermeintlich komfortablen Vorsprung Wildes wurde eine Zitterpartie. Am Schluss konnte er lediglich 132 Stimmen mehr auf sich vereinen als Kaufmann.

GEMEINDEPRÄSIDIUM, ZWEITER WAHLGANG:

Hansjörg Wilde (parteilos) 3342 Stimmen (gewählt)
Christine Kaufmann (EVP) 3210 Stimmen

Wilde war nach seiner Wahl entsprechend erleichtert, Kaufmann dagegen enttäuscht. Im ersten Moment konnte sie nicht einmal ihre Wahl in den Gemeinderat trösten, wo sie das Spitzenresultat vor ihrer Parteikollegin und bisherigen Gemeinderätin Annemarie Pfeifer-Eggenberger erzielte. Dahinter folgten Guido Vogel, Silvia Schweizer und Christoph Bürgenmeier als Letztgewählter. Eduard Rutschmann, Andreas Tereh und Franziska Roth-Bräm scheiterten dagegen.

GEMEINDERAT, ZWEITER WAHLGANG:

Christine Kaufmann (EVP) 3718 Stimmen (gewählt)
Annemarie Pfeifer-Eggenberger (EVP) 3549 Stimmen (gewählt)
Guido Vogel (SP) 3295 Stimmen (gewählt)
Silvia Schweizer (FDP) 3280 Stimmen (gewählt)
Christoph Bürgenmeier (LDP) 3175 Stimmen (gewählt)
Eduard Rutschmann (SVP) 2989 Stimmen
Andreas Tereh (Grüne) 2858 Stimmen
Franziska Roth-Bräm (SP) 2820 Stimmen

Damit zahlte sich das Risiko, das die Allianz der Bürgerlichen eingegangen war, nicht aus. Eduard Rutschmann hatte das Nachsehen. Er zeigte sich als schlechter Verlierer und kündete umgehend fundamentale Oppositionspolitik an, obwohl der SVP-nahe Wilde soeben neuer Gemeindepräsident geworden war. Bereits zweimal (2010 und 2014) hatte Rutschmann versucht, in den Gemeinderat gewählt zu werden, und beide Male scheiterte er dabei. Die Oppositionsankündigung trifft vor allem Wilde. Er wurde von der SVP portiert, die ihm nun das Leben schwer machen will. Kein Wunder, sprach er nach seiner Wahl davon, die SVP einbinden zu wollen.

POWERPLAY DER BÜRGERLICHEN

Bei der Verteilung der Geschäftskreise im Gemeinderat Ende April gab es keine Überraschungen. Die Bisherigen Daniel Albietz, Annemarie Pfeifer-Eggenberger und Christoph Bürgenmeier behielten ihre Aufgaben.

RESSORTVERANTWORTUNGEN DES GEMEINDERATS 2014–2018:

- Hansjörg Wilde (parteilos): Publikums- und Behördendienste sowie Ressourcen
- Daniel Albietz (CVP): Siedlungsentwicklung
- Christoph Bürgenmeier (LDP): Finanzen und Steuern
- Christine Kaufmann (EVP): Kultur, Freizeit und Sport sowie Umwelt
- Annemarie Pfeifer-Eggenberger (EVP): Gesundheit und Soziales
- Silvia Schweizer (FDP): Bildung und Familie
- Guido Vogel (SP): Mobilität und Versorgung

Für eine Überraschung sorgte dagegen die Vergabe des Vizepräsidiums. In Riehen ist es Tradition, dass der Vizepräsident aus dem jeweils anderen Lager kommt als der Gemeindepräsident. So war Bürgenmeier der Vize von Fischer. Der neue Gemeinderat setzte sich über diese auf Ausgleich zielende Regel hinweg und installierte den CVP-Mann Daniel Albietz als Vizepräsidenten. Damit ist das Präsidium fest in konservativer Hand.

Das Powerplay der Bürgerlichen setzte sich im Einwohnerrat fort. Auch dort gibt es die ungeschriebene Regel, dass die Kommissionspräsidien jeweils vom anderen politischen Block besetzt werden als dem, welchem der zuständige Gemeinderat angehört. Die bürgerliche Mehrheit schanzte aber das Präsidium der Sachkommission Bildung und Familie (SBF) Claudia Schultheiss (LDP) zu, im Gemeinderat wird der Geschäftskreis von Silvia Schweizer (FDP) vertreten. In der letzten Legislatur hatte die SP das SBF-Präsidium inne.

Innert kürzester Zeit hatten die Bürgerlichen damit viel Geschirr zerschlagen. Die SP weigerte sich in der Folge, aus ihrer Sicht minderwertige Kommissionspräsidien zu übernehmen. Sie wollte das als Zeichen für eine Politik der Zusammenarbeit und gegen eine Politik des Machtanspruchs verstanden wissen. Die Bürgerlichen wiesen die Kritik als unzulässig zurück. Es bestehe kein Anspruch auf Kommissionspräsidien, weder für Personen noch für Parteien.

Der Start in die neue Legislatur war also von viel Parteiengezänk und wenig Sachpolitik geprägt. Riehen wird besser gedient sein, wenn die Sachpolitik wieder in den Vordergrund rückt.

1 Rolf Spriessler-Brander: Eine schöne Lebensphase als Gemeinderätin, in: Riehener Zeitung, 4.4.2014.
2 Rolf Spriessler-Brander: «Zwölf Jahre Gemeindepolitik sind genug», in: Riehener Zeitung, 11.4.2014.
3 Loris Vernarelli: «Der Präsident trägt Verantwortung für seine Gemeinde», in: Riehener Zeitung, 25.4.2014.
4 Michèle Faller: «Politische Arbeit ist eine Leidenschaft», in: Riehener Zeitung, 25.4.2014.

Die Wände des Naturbads werden regelmässig gereinigt. Für die tiefen Stellen braucht es einen Taucheranzug.

Eine Perle für Riehen

RALPH SCHINDEL

Im Juni konnte die Gemeinde das lang ersehnte Naturbad eröffnen. Damit hat Riehen eine neue Attraktion, das dem Leitbild des grossen, grünen Dorfs entspricht. Bis es soweit war, brauchten alle Beteiligten viel Geduld und Ausdauer.

Die Gemeinde zog die Eröffnung vor. Das Naturbad war der Öffentlichkeit bereits an Pfingsten zum ersten Mal zugänglich, erst am folgenden Wochenende wurde das Bad dann offiziell eingeweiht. Das Pfingstwochenende gab den Verantwortlichen Recht: Temperaturen über 30 Grad Celsius führten zum ersten Härtetest – oder «Elch-Test», wie es Gemeindepräsident Hansjörg Wilde eine Woche später nennen sollte – für das Naturbad. An der Kasse wurden 4500 Gäste über die drei Tage gezählt. Der Betrieb lief reibungslos und die Wasserproben nach dem Wochenende zeigten, dass auch das Konzept der natürlichen Wasseraufbereitung funktioniert.

NATÜRLICHE REINIGUNG

Das Wasser der «Perle für Riehen» (Wilde an der offiziellen Einweihung) wird auf natürlichem Weg ohne Zusatz von Chemikalien gereinigt. Dafür braucht es sogenannte Regenerationszonen rund um das Schwimmbecken sowie Trocken- und Nassfilter. Die Wasseraufbereitung wurde von der Firma Wasserwerkstatt im deutschen Bamberg konzipiert. Das Büro hat sich auf Badegewässer und Freiraumplanung spezialisiert und schon einige Naturbäder mitprojektiert.

Und so funktioniert die Wasseraufbereitung: Das sogenannte ‹abgebadete› Wasser gelangt in die Regenerationszonen, die mit Wasserpflanzen bestückt sind. Beim Versickern filtern Mikroorganismen Keime heraus. Die Pflanzen nehmen die Nährstoffe auf, die sie für ihr Wachstum brauchen. Schwebstoffe wie Haare, Fette oder Pollen saugen wie in konventionellen Bädern Skimmer ab, Pumpen mit eingebautem Filter. Damit ist das Wasser geklärt und vom

Das Naturbad hat bereits am Eröffnungswochenende den Härtetest bestanden.

Gröbsten gereinigt. Nun gelangt es in den Trockenfilter, der zusammen mit dem Nassfilter auf der gegenüberliegenden Seite der Weilstrasse liegt. Dort wird das Wasser weiter gereinigt, sodass es hygienisch und klar zurück in das Becken gepumpt werden kann. Diese Art der Wasseraufbereitung können die Badegäste unterstützen, indem sie sich vor dem Gang ins Becken gründlich duschen. Das aufbereitete Wasser ist weich, trocknet die Schleimhäute nicht aus und brennt nicht in den Augen. Nicht nur Personen mit Hautproblemen profitieren von diesem Wasser und seiner Reinigung.

WEITE UND GRÖSSE

Bestens ergänzt wird die natürliche Wasseraufbereitung durch die Architektur von Herzog & de Meuron. Das Bad bildet ein Halbrund aus Lärchenholz, das Geborgenheit vermittelt. Wer das Bad betritt, hat zunächst das Gefühl einer gewissen Kleinheit. Geht man dann aber bis zur gegenüberliegenden Seite des Bades, erfährt man dessen Weite und Grösse. Immerhin umfasst das Badgelände über 6000 Quadratmeter. Das Schwimmbecken hat eine runde Form, Holzstege führen zum Wasser, von Holztürmen kann ins Wasser gerutscht und gesprungen werden und der Boden des Nichtschwimmerbeckens ist mit kleinen Rundkieseln bedeckt. Dies alles vermittelt ein sehr naturverbundenes Badevergnügen. Und wenn die verschiedenen Bäume, Sträucher und Gräser weiter gewachsen sein werden, wird das Bad noch natürlicher wirken. Zu dieser Wirkung trägt auch die Lage des Naturbads bei. Es schmiegt sich an die Hangkante des Schlipfs und die Holzwand lässt die direkt am Bad vorbeiführende Weilstrasse vergessen. Es öffnet sich zur Wiese-Ebene und man sieht bis zur Fondation Beyeler.

Das Naturbad Riehen in Zahlen

Gesamtwasserfläche 2075 m^2 (mit einem Gesamtwasservolumen von 2095 m^3)

Nutzbare Wasserfläche 1035 m^2 (mit einem Wasservolumen von 1480 m^3)

Nichtschwimmerbecken 615 m^2, Wassertiefe bis 1,30 m

25-Meter-Schwimmerbecken 275 m^2, Wassertiefe 1,80 bis 2,20 m

Sprungbecken 85 m^2, Wassertiefe bis 3,70 m

Kleinkinderplanschbecken 60 m^2, Wassertiefe bis 0,25 m

Regenerationsflächen 1040 m^2 (mit einem Wasservolumen von 615 m^3)

Pflanzenfilter und Regeneration 496 m^2

Externer Trockenfilter 390 m^2

Externer Nassfilter 154 m^2

Besucherfrequenz ausgelegt auf zirka 33 000 Gäste pro Saison

Spitzenbelastung 2000 Tagesgäste

DEUTLICHES JA

Bis zur Eröffnung mussten alle Beteiligten einen langen Schnauf beweisen. Bereits 1979 hatte das damals noch junge Architekturbüro Herzog & de Meuron einen Wettbewerb für ein konventionelles Bad gewonnen, das aber nie realisiert wurde. Doch das neue Riehener Bad blieb ein Thema bei den Architekten und bei der Gemeinde. «Wir fühlen uns wie frisch gebackene Eltern, die nach 35 Jahren endlich das lang ersehnte Kind in den Armen halten können», sagte Pierre de Meuron an der offiziellen Einweihung.

Ins Bewusstsein der Bevölkerung rückte das nun realisierte Bad wieder mit dem Baubeginn der Zollfreistrasse und dem damit verbundenen Abriss des alten ‹Beedli› im Herbst 2007. Die Pläne für ein Naturbad lösten aber nicht überall Freude aus. Ein Komitee reichte das Referendum gegen die notwendige Zonenplanänderung ein. Es argumentierte damit, dass das Wasser nicht ausreichend gereinigt werden könne und eine «Glungge» entstehe. Hinter dem Referendum wurden aber mehrheitlich Partikularinteressen vermutet. Im April 2010 nahm die Riehener Stimmbevölkerung mit 68 Prozent die Zonenplanänderung an – die Stimmbeteiligung lag bei hohen 54,2 Prozent – und machte damit den Weg frei für das heutige Bijou der Gemeinde.

Im Vorfeld umstritten, wurde die Zollfreistrasse 2014 schliesslich mit Festlichkeiten auf beiden Seiten des Tunnels eingeweiht.

Die Zollfreistrasse ist provisorisch eröffnet

PETER SCHENK

Seit Anfang Oktober 2013 ist die viele Jahre umstrittene Verbindung zwischen Lörrach und Weil am Rhein in Betrieb. Die in Riehen erhoffte Verkehrsentlastung des Dorfkerns hält sich bisher in Grenzen. Der noch ausstehende Anschluss in Lörrach und Arbeiten in Riehen selbst sollen den Durchgangsverkehr weiter reduzieren.

Für viele war es ein ‹historischer Tag›: Am 4. Oktober 2013 wurde die Zollfreistrasse, die über Riehener Boden führt und Weil am Rhein und Lörrach verbindet, feierlich eröffnet. Obwohl es genau genommen eine provisorische Inbetriebnahme war, da in Lörrach eine wichtige Anbindung fehlt, sparten die Politikerinnen und Politiker nicht mit grossen Worten.

EIN SYMBOLTRÄCHTIGER ANLASS

Für die Freiburger Regierungspräsidentin Bärbel Schäfer war die viele Jahre höchst umstrittene Strasse, deren Vorgeschichte bis ins Jahr 1852 zurückgeht, ein Symbol für das gute grenzübergreifende Miteinander. Lörrachs Oberbürgermeisterin Gudrun Heute-Bluhm und der Weiler Oberbürgermeister Wolfgang Dietz lobten das Stück Strassengeschichte fast euphorisch, berichtete die ‹Basellandschaftliche Zeitung›. Symbolträchtig war der Anlass auch für den Basler Regierungsrat Baschi Dürr. Riehens Gemeindepräsident Willi Fischer zog, bei allem Verständnis für den langjährigen Widerstand gegen die Strasse, im Ganzen gesehen eine positive Bilanz. Zufrieden äusserte er sich auch zu den Naturausgleichsflächen, die im Gegenzug zur Strasse angelegt wurden.
Die Bevölkerung hatte schon am Vortag, am 3. Oktober, Gelegenheit, die Strasse zu besichtigen und den Tunnel zu durchqueren. An beiden Tunnelenden gab es einen Festwirtschaftsbetrieb. Zur Einweihung am 4. Oktober waren, zum Leidwesen insbesondere der deutschen Politiker, weder Vertreter des Bundes aus Berlin noch aus der baden-württembergischen Landeshauptstadt Stuttgart gekommen. Grund dafür war, dass der Bau der Strasse noch nicht vollkommen fertig ist. Für den Abschluss der Bauarbeiten, der Ende 2015 sein dürfte, ist dann aber eine grosse Feier geplant; ein genauer Termin ist dafür noch nicht bekannt. Die Gesamtkosten

Anspruchsvoller Tunnelbau

Der Bau des 388 Meter langen Tunnels stellte eine Herausforderung dar. Ein Grund dafür war, dass am Fuss des Tüllinger Bergs, am Schlipf, gebaut wurde, der als rutschig gilt. Um ein Abrutschen zu verhindern, wurden die bis zu 14 Meter langen Spundwände an der Bergseite mit 350 Ankern, die bis zu 35 Meter lang sein konnten, im Berg befestigt. Spundwände sind aus Stahl und werden zur Sicherung der Baustelle in die Tiefe gerüttelt. Der Tunnel wurde in der sogenannten offenen Bauweise erstellt. Nachdem weitere Spundwände auch auf der Seite der Wiese parallel zum Fluss in den Boden getrieben worden waren, wurde das Erdreich ausgebaggert. Dann wurde der Betonboden des künftigen Tunnels gegossen, gefolgt von den Wänden und schliesslich der Decke. Diese wurde nach der Fertigstellung mit bis zu zwei Metern Erde bedeckt. Hier befindet sich heute die Liegewiese des neuen Riehener Naturbads, das im Juni 2014 eingeweiht wurde.

Die Zollfreistrasse mit dem neu eingeweihten Tunnel von oben, im Hintergrund Lörrach.

des Projekts belaufen sich auf 59 Millionen Euro, umgerechnet rund 72 Millionen Franken. In Weil am Rhein war bereits 1998 ein erstes, 2,9 Kilometer langes Teilstück der Zollfreistrasse in Betrieb genommen worden. Der fehlende, 735 Meter lange Teil, der über Schweizer Territorium führt, war der bautechnisch schwierigste Abschnitt. So gestalteten sich die Arbeiten, die 2007 begonnen hatten, wegen der Lage im Grundwasserschutzgebiet komplizierter als angenommen, was zu Verzögerungen bei der Inbetriebnahme führte, die ursprünglich schon für Oktober 2010 geplant war. Höchst anspruchsvoll war der Bau des 388 Meter langen Tunnels (siehe Kasten).

RIEHEN HOFFT WEITER AUF STÄRKERE VERKEHRSENTLASTUNG IM DORFKERN

Wie die deutschen Nachbarstädte Weil am Rhein und Lörrach erhofft sich Riehen durch die Eröffnung der Zollfreistrasse eine spürbare Verkehrsentlastung. So fuhren bis zum Oktober 2013 im Durchschnitt täglich 18 000 Fahrzeuge durch das Dorfzentrum. Der Gemeinderat rechnete mit einer Reduzierung von bis zu 50 Prozent. In den ersten sieben Monaten nach der Eröffnung der Zollfreistrasse machte sich die Entlastung allerdings vorerst hauptsächlich in der Lörracherstrasse vor dem Zoll nach Lörrach bemerkbar. So fahren laut Basler Tiefbauamt statt 18 500 Autos vor der Eröffnung der Zollfreistrasse derzeit noch 12 500 Fahrzeuge über den Riehener Zoll nach Lörrach.

Die Zahlen stammen von der Dauerzählstelle am Riehener Zoll. Der Rückgang um 6000 Fahrzeuge ist auf zwei Gründe zurückzuführen. Erstens benutzen die Verkehrsteilnehmenden zwischen Lörrach und Weil am Rhein, die bisher via Lörrachstrasse und Weilstrasse fuhren, also über den alten Weiler Zollübergang, neu die Zollfreistrasse. Zweitens fliesst der Verkehr zwischen Lörrach und Basel nicht mehr längs durch Riehen, sondern neu via Zollfreistrasse und Freiburgerstrasse.

Die Verkehrsabnahme ist vor allem auf den ersten Grund zurückzuführen. Wie viele von den 6000 Autos weniger durch den Dorfkern fahren, ist unklar. Es könnten 2000, aber auch wesentlich weniger sein. Der Riehener Gemeindepräsident Hansjörg Wilde kommentiert das so: «Dass die Zollfreistrasse auch zu einer – wenn auch kleineren – Entlastung im Dorf geführt hat, ist trotzdem erfreulich.» Grundsätzlich wünsche er sich aber mehr Verkehrsentlastung auf der Achse Baselstrasse – Lörracherstrasse.

Erreicht werden soll das auch durch die Umgestaltung dieser Achse, für die immerhin 31,24 Millionen Franken zur Verfügung stehen. Sie soll als flankierende Massnahme zur Eröffnung der Zollfreistrasse die Verkehrsreduktion in Riehen dauerhaft sichern. Dazu gehören auch verkehrshemmende Massnahmen. Der Beginn der Hauptarbeiten in der Baselstrasse ist für Mitte 2015 geplant.

Eine weitere Entlastung wird die auf Ende 2015 geplante Fertigstellung des neuen Kreisels an der Dammstrasse in Lörrach bringen. Der Kreisel wird den Anschluss an die Zollfreistrasse erheblich verbessern. Verbesserungen sind auch in der Freiburgerstrasse in Basel nötig. Hier staut sich zwischen Zoll Otterbach und Wiesekreisel der Verkehr, der von der Zollfreistrasse kommt, was deren Attraktivität mindert. Geplante Kapazitätssteigerungen in der Freiburgerstrasse sollen deshalb zu einer weiteren Abnahme des Durchgangsverkehrs durch Riehen führen. Die Problematik des Rückstaus bei der Lichtsignalanlage am Wiesekreisel soll sich durch die Fertigstellung des Hafenanschlusses an die Autobahn ändern, die für August 2015 geplant ist.

Der neue Pächter Thomas Jost und der scheidende Rebmeister Jakob Kurz
im Rebberg hoch über Riehen im November 2013.

Abschied und Neubeginn im Schlipf

MICHÈLE FALLER

Der Rebmeister hat sich vom gemeindeeigenen Rebberg verabschiedet und ist zu neuen Ufern aufgebrochen, der neue Pächter hat die traditionsreiche Arbeit im Schlipf aufgenommen. Ein Blick zurück und in die Zukunft.

Die Rebstöcke im Schlipf sind kahl, es ist Spätherbst. Drinnen im Rebhäuschen sitzen zwei Männer am Tisch. «Doch, ich habe in den letzten 34 Jahren etwas aufgebaut und von allen Seiten Lob dafür erhalten, wie schön die Reben gepflegt sind», sagt der ältere auf die Frage, ob er stolz auf das Geleistete sei. Sein jüngeres Gegenüber präzisiert mit Nachdruck: «Du hast ein Kulturgut mit einer 1200-jährigen Tradition wieder nach Riehen gebracht!»

VOM BLÜHENDEN ZUM SERBELNDEN WEINDORF

Doch der Reihe nach: Die Geschichte des gemeindeeigenen Weinbergs im Schlipf, der mit 3,5 Hektaren gut zwei Drittel der gesamten Rebfläche in Riehen ausmacht, beginnt tatsächlich viel früher. Bereits um 750 wurde in Riehen Weinbau betrieben. Um 1770, als viele wohlhabende Basler Familien im stadtnahen Dorf einen Sommersitz mit Rebland besassen, wies Riehen eine Rebfläche von rund 70 Hektaren auf. 200 Jahre später war es noch eine knappe halbe Hektare. Gründe waren die Reblaus, das Aufkommen der Eisenbahn und mit ihr der Import ausländischer Weine, die Industrie mit besseren Verdienstmöglichkeiten und die Nachfrage nach Bauland. «Heute sind die einstigen Rebflächen auf wenige Parzellen im Schlipf zusammengeschmolzen, und es ist zu befürchten, dass bei gleichbleibender Entwicklung auch die Tage dieser letzten Zeugen einer einst blühenden Kultur gezählt sind», hiess es in einem parlamentarischen Vorstoss 1961.[1]

Der serbelnde Weinbau bewog den Einwohnerrat 1979 schliesslich zum Beschluss, im Schlipf einen gemeindeeigenen Rebberg anzulegen, worauf die Gemeinde Riehen den damals 27-jährigen Jakob Kurz als Rebmeister anstellte. Damit tat sie offenbar einen Glücksgriff, denn 33 Jahre später heisst es in einer Medienmitteilung der Gemeinde Riehen: «Köbi Kurz ist seit 1979 Rebmeister. Es ist sein grosses Verdienst, dass die Rebkultur in Riehen eine Renaissance erfahren hat.»[2]

Ein Jahr nach der Neubepflanzung des Gemeinderebbergs: der junge Rebmeister Köbi Kurz 1980 im Schlipf.

Neubepflanzung 2014: Beim ‹Füttern› der Rebenpflanzmaschine sind Konzentration und Präzision gefragt.

EIN GLÜCKLICHES HÄNDCHEN

Nicht nur von Kurz' mehrfach ausgezeichneten Weinen war im Herbst 2012 in diesem Communiqué die Rede, sondern auch von einer neuen Ära im Gemeinderebberg: Im Zusammenhang mit der ein Jahr später anstehenden Pensionierung des Rebmeisters und der Konsolidierung der Gemeindefinanzen habe der Gemeinderat beschlossen, den gemeindeeigenen Rebbaubetrieb zu verpachten. Mit sichtlicher Freude stellte Gemeindepräsident Willi Fischer an diesem Medienanlass vor zwei Jahren das neue Pächterduo vor: den heute 26-jährigen Thomas Jost aus Möhlin und – in der Funktion eines ‹Göttis› – seinen damaligen Arbeitgeber Hanspeter Ziereisen von Efringen-Kirchen, dessen Weine in der gehobenen Schweizer Gastronomie keine unbekannten Grössen sind. Es scheint, als sei der Gemeinde Riehen ein weiterer Glücksgriff gelungen.

Ein Jahr später findet das erwähnte Gespräch im Rebhäuschen statt. Die Pensionierung des Rebmeisters steht kurz bevor und die Übergabe hat stattgefunden. «Es ging darum, die neuen Rebflächen, aber auch die Nachbarn rundum kennenzulernen», sagt Thomas Jost. Dann berichtet Köbi Kurz von der Neubepflanzung im Schlipf 1979 und der ersten Ernte 1981, wie auf Riesling-Sylvaner und Pinot noir Sauvignon blanc, Pinot blanc und Merlot folgten, ein Schaumwein dazukam und ab den 1990er-Jahren auch ‹Marc de Schlipf› und Hefebranntwein. Ob der neue Pächter auch 34 Jahre bleibt, ist keine abwegige Frage: «Die erste Pachtdauer ist 18 Jahre. Ich möchte hier etwas aufbauen und sesshaft werden. So ein Betrieb ist auch eine

Existenz.» Dass sich mit dem Winzerwechsel einiges ändern wird, hat auch mit der Art des Betriebs zu tun. So keltert der neue Pächter den Wein selber, während vorher die Coop-Kellerei den Jungwein und Most von der Gemeinde übernahm und den Wein fertigstellte. Wenn sich das Angebot auch teilweise verändern wird, ist für Jost klar: «Der Pinot noir darf in Würde altern.» Weine aus dem Burgund seien für ihn das Grösste, sagt er strahlend, und im Schlipf seien die Böden und das Klima ähnlich.
Der junge Pächter denkt darüber nach, ob auch eine Schaumwein- oder Weinbrand-Produktion sinnvoll wäre. «Brände werden zwar nicht in Riesenmengen getrunken. Sonst ist es auch nicht mehr gut!» Und der Rebmeister: «Ich habe viel Weinbrand verkauft.» Die beiden plaudern wie alte Bekannte und so erstaunt es nicht, dass Kurz zufrieden mit seinem Nachfolger ist: «Es tut nicht weh, den Rebberg zu übergeben. Ich weiss, dass er es gut machen wird.»

RÜCKKEHR IN DIE ALTE HEIMAT

In der Zwischenzeit ist mehr als ein halbes Jahr vergangen. Der einstige Rebmeister hat sich nach seiner Pensionierung im Dezember 2013 keineswegs zur Ruhe gesetzt, sondern quasi nur den Weinberg gewechselt. Von diesem aus blickt man direkt auf den Bodensee; darüber thront das heute als Napoleonmuseum zugängliche Schloss des einstigen Besitzers der kaiserlichen Reben Louis Napoléon, dem Neffen des berühmteren Feldherrn. Die neue Umgebung im thurgauischen Salenstein, in der sich Köbi Kurz niedergelassen hat, ist ihm nicht unbekannt, denn seine Eltern, die im ‹Tschäpperli› in Aesch einen landwirtschaftlichen Betrieb mit Weinbau führten, stammen aus dem Thurgau. «Die Ferien habe ich immer hier verbracht und der grösste Teil der Verwandtschaft lebt hier», erklärt Kurz seine Verbundenheit. Und wegen seiner Partnerin Christine pendelte er sowieso die letzten sechs Jahre zwischen Riehen und Salenstein.
Der neue Arbeitgeber des sogenannten Pensionärs ist das Bildungs- und Beratungszentrum Arenenberg. Die Domäne Arenenberg mit Schloss und Rebberg ging 1906 als Geschenk der Kaiserin Eugénie an den Kanton Thurgau. Dort macht Kurz Rebberg-Führungen, hilft mit, «wo immer Not am Mann ist», führt Degustationen durch oder wirkt bei Weinseminaren mit. Und Riehen vermisst der ehemalige Rebmeister gar nicht? «Es war eine Umstellung», sagt Kurz, meint aber weniger den Umzug als den dritten Lebensabschnitt, dessen neue Freiheiten es auch zu geniessen gelte. Der prächtige Seeblick von seinem ehemaligen Elternhaus und jetzigen Daheim tröstet sicherlich über fehlende Riehener Aussichten hinweg, und doch denkt Kurz gerne zurück: «Es war eine tolle Zeit.» Auch pflege er noch Kontakte, vor allem mit dem neuen Pächter Thomas Jost. Und er bringt sogar den Riehenern die Schönheiten des Thurgaus näher, etwa anlässlich von Besuchen der Vereinigung Pro Schlipf oder der Obst-

Thomas Jost im Frühling 2014 unterwegs auf dem neu mit Chardonnay-Reben bepflanzten Stück Land.

In der neuen Heimat: Köbi Kurz hoch über dem Bodensee in der Domäne Arenenberg.

und Gartenbaugesellschaft Riehen, deren Präsident er immer noch ist. Natürlich reist der Winzer aber auch ab und zu nach Riehen. «Letzthin war ich schnell für ein Geburtstagsfest dort – und um Wein zu kaufen.»

Dies dürfte ein guter Grund sein, um auch inskünftig in die alte Heimat zurückzukehren, denn seit Anfang Jahr hat sich im Schlipf unter dem neuen Pächter einiges getan. Ende April pflanzte er auf einem im Winter vorbereiteten Stück Land knapp 4000 neue Reben. Wo vorher Riesling-Sylvaner-Trauben wuchsen, gedeiht nun Chardonnay. Üblicherweise setze man die Reben im Abstand von 80 Zentimetern bis zu einem Meter, erklärt der junge Winzer. Er habe sie aber in 60-Zentimeter-Abständen gesetzt, denn: «Es muss Konkurrenz zwischen den Reben entstehen.» So müssten sie tiefer wurzeln und könnten auch Phasen mit wenig Wasser aushalten. Wichtig sei aber vor allem der kleinere Ertrag: «Im Vergleich zur anderen Methode, mit der eine Rebe 500 Gramm Trauben bringt, bringen nun zwei Reben zusammen die gleiche Menge», erklärt Jost. «So haben die Trauben mehr Inhaltsstoffe und eine höhere Qualität.»

WICHTIGER FAKTOR ZEIT

Geniessen kann man den Chardonnay frühestens 2019, denn obwohl sich einzelne Trauben bereits in zwei Jahren zeigen werden, sei die erste Ernte wohl erst in drei Jahren zu erwarten. Danach bleibe der Wein zwei Jahre im Fass. «Es darf etwas länger dauern, denn Zeit ist ein wichtiger Faktor im Weinausbau», erklärt Jost. Die Trauben der drei weiteren Hektaren seines Pachtlands keltert er diesen Herbst und füllt auch schon die ersten Weissweine in Flaschen ab, denn vor einem Jahr hat der Winzer eine kleine Versuchsreihe von Blauburgunder, Weissburgunder und Sauvignon blanc gekeltert. Die beiden Letztgenannten sind – nach einem Jahr im Fass – trinkreif.

Die Korken sind da, die Abfüllmaschine und das Glas bestellt. Die Etiketten fehlen noch. «An denen habe ich lange herumstudiert, doch nun gehen sie in den Druck», freut sich der junge Pächter. Über eine Freundin habe er einen Künstler kennengelernt, der Ziereisens und seine Idee umgesetzt habe. «Er hat es genau getroffen!», freut sich Jost. Vorfreude auf die erste Flasche herrscht sowieso: «Für jeden Winzer ist das speziell, denn auf der Etikette steht der eigene Name drauf. Es ist ein Produkt, das man selber erschaffen hat.» Er hält kurz inne. «Und darauf ist man schon ein bisschen stolz.»

Thomas Jost lebt etwa gleich lange in Riehen wie Köbi Kurz in Salenstein. Doch während dieser sich ans Weniger-Arbeiten gewöhnen muss, ist es bei jenem eher umgekehrt. «Ich arbeite und wohne momentan nur», bestätigt Jost, der bis anhin noch keine Zeit fand, sich in Riehen einzuleben oder sich gar nach einem passenden Verein umzusehen. «Mein Ziel ist es, mich hier zu verwurzeln, aber im ersten Jahr soll der Betrieb an erster Stelle stehen.» Bereits klar ist aber, dass es dem Fricktaler in Riehen gefällt. «Die Lage in der Dreiländerregion und die Stadtnähe sind toll. Ausserdem ist Riehen ein schönes Dorf mit einer interessanten Geschichte», erklärt der junge Mann. Eine Geschichte, die eng mit der 1200-jährigen Tradition des Kulturguts Wein zusammenhängt – und von welcher der Winzer nun selber ein Teil geworden ist.

1 Anzug Fritz Bachmann und Kons. vom 18.10.1961.

2 Gemeinde Riehen: Neuverpachtung Gemeinderebberg ‹Schlipf› – Thomas Jost und Hanspeter Ziereisen sind ab dem 1.1.2014 die neuen Pächter des Gemeinderebbergs, Medienmitteilung vom 2.10.2012.

Lukrezia Seiler beschenkte ein begeistertes Publikum mit ihrem grossen Wissen, hier bei einer Führung durch die Wettsteinhäuser 1994.

Lukrezia Seilers Geschenk an Riehen

DAISY RECK

Eine Würdigung der Publizistin Lukrezia Seiler (1934–2013), die mit ihrer Arbeit ein wichtiges Stück Regionalgeschichte festhielt, ergreifende Schicksale aus der Zeit des Zweiten Weltkriegs hinterfragte und das ‹Riehener Jahrbuch› als Vorsitzende der Redaktionskommission über viele Jahre mit grossem Einsatz prägte.

Der Tag, an dem das ‹Riehener Jahrbuch› ausgeliefert wurde, war zwischen 1979 und 1994 für die Redaktorin Lukrezia Seiler ein zwar festlicher, aber auch ein hektischer. Die ersten Exemplare wurden jeweils bereits in den frühen Morgenstunden zu ihr in ihr Heim am Leimgrubenweg geliefert. Dort erwartete man sie mit Spannung und verteilte sie beinahe generalstabsmässig auf die Bündel von bereitliegenden Briefen. Diese enthielten den Dank für die direkte oder indirekte Mitwirkung bei der neusten Ausgabe sowie die Einladung zur bevorstehenden Präsentation und wurden nun von Herbert Seiler, dem hilfsbereiten Ehemann, mit dem Auto ausgetragen: zuerst bei den Gemeinderäten, dann bei Persönlichkeiten, die den Fortbestand des ‹Jahrbuchs› ermöglichten, hernach bei den Autorinnen und Autoren und schliesslich bei den Beraterinnen und Beratern. Es war Ehrensache, dass noch vor Mittag oder spätestens am frühen Nachmittag alle, die man erreichen wollte, ihren eigenen Band in Händen hielten.

BERUF UND FAMILIE IM EINKLANG

Dieses alljährliche Austragungszeremoniell im Spätherbst, das Lukrezia Seiler aufgebaut hatte, war typisch für ihre persönliche Bindung an das ‹Jahrbuch›. Es war aber auch typisch, dass es im Privathaus oberhalb von Riehen seinen Ausgangspunkt hatte. Denn hier war das Konzept des Buches entstanden, hatten Redaktionssitzungen stattgefunden, hatte man mit Werner Piram, dem begnadeten Gestalter, getüftelt und hatten sich im Laufe der Monate Berge von Manuskripten und Umbrüchen angehäuft.
Hier war Lukrezia Seiler aber auch eine einfühlsame Mutter gewesen. Sie hatte ihren Töchtern Barbara und Marianne immer zu verstehen gegeben, dass die Bindung an ihre Arbeit zwar stark sei und dass sie darin eine grosse Erfüllung finde, für ihre Kinder jedoch stets Zeit habe.

Mit ungebrochener Freude und weitgehend ehrenamtlich widmete sich Lukrezia Seiler zwischen 1971 und 1979 in der Redaktionskommission und zwischen 1979 und 1994 als deren Vorsitzende dem Jahrbuch ‹z'Rieche›.

Auch Benjamin, Elio, Joya und Vincent durften das später erleben, als ihnen die Grossmutter mit unermüdlichem Erzählen das Reich der alten Geschichten erschloss und für sie neue erfand. Ganz nah verbunden war Lukrezia Seiler indessen vor allem ihrem Ehemann. Er war der erste, der ihre Texte las und sie mit ihr besprach. Mit ihm plante sie die Reisen nach Frankreich. Mit ihm konnte sie alles teilen. Ganz besonders die Leidenschaft für romanische Kirchen, die sie während vieler Jahre aufsuchten und sich in ihre Schönheit vertieften.
Diese Reisen fanden jeweils im Spätsommer statt: wenn das ‹Riehener Jahrbuch› schon seine inhaltliche Form gefunden hatte und nur noch ausreifen musste. War das geschehen, wurde es bei einer Vernissage vorgestellt. Sie gehörte zu den gesellschaftlichen Ereignissen des Dorfes und war zum vorweihnächtlichen Brauchtum geworden. Was Lukrezia Seiler und das mit ihr eng verbundene Team dabei aus den Händen gaben, hatte ein Journalist in seiner Besprechung einmal treffsicher benannt: «Man schenkte der regionalen Geschichte ein persönliches Gesicht.» Der verantwortlichen Redaktorin kam es dabei zugute, dass sie keine Riehenerin war. Die zugezogene St. Gallerin, die zeitlebens ihrem eigenen Dialekt treu blieb, sah schärfer als die Einheimischen, was bisher noch unentdeckt geblieben war. Sie verstand es, eine mit Neugierde vermischte Einfühlung einzusetzen und damit Leute zum Sprechen zu bringen, die bisher geschwiegen hatten, sowie nach vergangenen Dingen zu graben, die als verloren galten. Dabei war sie beharrlich und pragmatisch, aber auch voller Charme.

Riehen verlieh ihr für dieses jahrelange Engagement 1988 den Kulturpreis. Gerhard Kaufmann, damals Gemeindepräsident, sagte bei dessen Verleihung in seiner Laudatio: «Lukrezia Seiler hat es verstanden, durch ihre Leistung zuerst Anerkennung und dann Vertrauen zu finden. Dadurch sind ihr Türen geöffnet worden. Auch von alteingesessenen Riehenern, die instinktiv gespürt haben, dass ihnen hier echtes Interesse an der Gemeinde, seiner Geschichte, seiner Gegenwart und seiner Zukunft entgegentritt.»

DAS BEEINDRUCKENDE ALTERSWERK

Das ‹Riehener Jahrbuch› blieb indessen nicht Lukrezia Seilers einziges Betätigungsfeld. Sie, die sich schon als junge, unverheiratete Frau in Olten beim Walter-Verlag und dann in Zürich bei der Zeitschrift ‹Die Woche› mit literarischen Texten beschäftigt hatte, war Zeit ihres Lebens mit dem Kulturellen verbunden. Sie beteiligte sich an der Neueinrichtung des Dorf- und Rebbaumuseums, verfasste unter dem Titel ‹Zeichen der Hoffnung› einen Grossteil der Festschrift, als das Diakonissenhaus 150 Jahre alt wurde, und fesselte ihr Publikum bei den Führungen, welche die Dokumentationsstelle mit ‹Riehen à point› organisierte.
Wenn sich andere längst zur Ruhe gesetzt hätten, ging sie schliesslich an jene grosse Aufgabe heran, die ihre letzten Lebensjahre ausfüllte und der sie sich auch dann nicht entzog, als sie schon von einer schweren Krankheit gezeichnet war. Mit ihrem Alterswerk ‹Fast täglich kamen Flüchtlinge – Riehen und Bettingen, zwei Grenzdörfer 1933 bis 1948› hielt sie gemeinsam mit dem Historiker Jean-Claude Wacker ein Stück Geschichte fest, das nicht vergessen werden darf.
Lukrezia Seiler konnte das, was sie begeisterte oder umtrieb, klug in sich verschliessen, bis es durchdacht und reif genug war, um an die Öffentlichkeit zu gelangen. Doch wer sich zu ihrem Freundeskreis zählen durfte, erlebte sie nun in den Monaten, in denen sie den Quellen für ihre Fluchtdokumentation nachging und die Gespräche mit Zeitzeugen führte, in einer seltenen Offenheit. Denn die Schicksale, die vor ihr ausgebreitet wurden, die Geständnisse, die man ihr dank ihrer feinfühligen Begabung zum geduldigen Zuhören machte, bewegten sie tief. Als das Buch 1996 herauskam, ergriff es auch einen grossen Leserkreis. Denn bisher war es noch niemandem sonst gelungen, die Folgen der schweizerischen Flüchtlingspolitik im Gespräch mit Betroffenen auf diese persönliche Weise aufzuzeigen. Drei Auflagen waren rasch vergriffen. Eine vierte, beeindruckend erweiterte, forderte nochmal grossen Einsatz und kostete Kraft. Sie erschien im Frühling 2013. Bei der Präsentation im Haus der Vereine erlebte man eine stille, gefasste Lukrezia Seiler: dankbar dafür, dass sich ihr Wunsch erfüllt hatte und sie ihr Werk noch hatte vollenden dürfen.

Ansicht der Kornfeldkirche von der Kreuzung Kornfeldstrasse/ Vierjuchartenweg, 1964.

Wohnstube der Gläubigen statt Sakralraum

STEFAN HESS

Vor 50 Jahren, am 13. September 1964, wurde die Kornfeldkirche eingeweiht. Damit erhielt der damals immer stärker besiedelte südliche Teil der Gemeinde Riehen ein Gemeindezentrum. Die architektonisch bedeutende Anlage, die neben dem eigentlichen Kirchenraum und dem Pfarrhaus einen Gemeindesaal, ein Unterrichtszimmer und einen Jugendraum umfasst, wird bis heute intensiv genutzt.

In der Zwischenkriegszeit entstanden südlich des Riehener Dorfkerns laufend neue Wohnüberbauungen. 1937 erhielt die Kirchgemeinde Riehen-Bettingen zur Betreuung dieses Gemeindegebiets einen zweiten Pfarrer. Die Gottesdienste fanden zunächst im 1934 erbauten Vereinshaus des Christlichen Vereins junger Männer (CVJM) an der Kornfeldstrasse, später auch im 1957 eingeweihten Andreashaus am Keltenweg statt, das dem 1956 bewilligten dritten Gemeindepfarrer als Domizil diente.

BAUGESCHICHTE

Bereits 1935 hatte die Evangelisch-reformierte Kirche Basel-Stadt (ERK BS) an der Ecke Kornfeldstrasse/Vierjuchartenweg ein Grundstück erworben.[1] 1952 konstituierte sich ein Bauverein mit dem Ziel, Geld für den Bau eines Kirchgemeindehauses zu sammeln. Ende November 1958 erteilte die ERK BS den Architekten Werner Max Moser (1896–1970), Benedikt Huber (*1928), Walter Senn (1906–1983) sowie Walter Wurster (*1927) und Hans-Ulrich Huggel (*1925) den Auftrag, Vorprojekte auszuarbeiten. Das Raumprogramm sah neben dem Gottesdienstraum mit 350 Plätzen einen Gemeindesaal mit 120 Plätzen, ein Unterrichtszimmer für 40 bis 50 Schüler, eine Sakristei, eine Teeküche, einen Turm mit drei Glocken und ein Pfarrhaus vor.[2]

Die Jury, die Anfang Juni 1959 tagte, empfahl das Projekt des Zürcher Architekten Werner Max Moser aus der Zürcher Bürogemeinschaft Haefeli, Moser, Steiger zur Ausführung. Im Lauf der Weiterbearbeitung der Pläne wurde das Raumprogramm mehrfach verändert: Im Untergeschoss kamen ein Jugendraum und – aufgrund neuer Vorschriften – eine Luftschutzanlage hinzu. Aus Kostengründen mussten das Volumen des Pfarrhauses reduziert und bei der Einrichtung des Kirchenraums Abstriche gemacht werden.

Im Mai 1961 bewilligte die Synode den Baukredit, sodass am 4. April 1962 mit den Bauarbeiten begonnen werden konnte. Nach dem Aufrichtfest am 30. August 1963 zogen sich die Arbeiten nochmals über ein Jahr hin, bis die Kirche am 13. September 1964 eingeweiht werden konnte.

Kornfeldkirche, Blick von der Gartenseite, 1964.

Die Bauabrechnung des Architekturbüros vom 31. März 1965 wies Gesamtkosten in der Höhe von Fr. 2 402 689.80 aus. Die Kirchgemeinde Riehen-Bettingen steuerte einen Betrag von Fr. 127 531.– für Orgel, Glocken und Turmuhr bei, während die ERK BS die restlichen Kosten übernahm.

DIE GESAMTANLAGE – «EIN ORGANISCHER BESTANDTEIL DES QUARTIERS»

Wie die Tituskirche und die Gellertkirche in Basel, die im gleichen Jahr eingeweiht wurden, ist die Kornfeldkirche ein Gemeindezentrum, dem neben dem Abhalten von Gottesdiensten noch weitere Aufgaben zugedacht sind. Den Mittelpunkt der Anlage bildet nicht der eigentliche Kirchenraum, sondern ein zur Strasse hin offener Hof, um den sich alle Baukörper gruppieren. Vorbild für diese Grunddisposition war vermutlich der 1905–1908 erbaute Unity Temple in Oak Park bei Chicago von Frank Lloyd Wright (1867–1959), in dessen Büro Werner Max Moser während seines USA-Aufenthalts 1923–1926 gearbeitet hatte. Bereits 1924 bezeichnete Moser in einem Brief an seinen Vater Karl Moser (1860–1936), in dem er dessen Entwurf für die Antoniuskirche in Basel kritisierte, Wrights kirchlichen Mehrzweckbau als mustergültig.[3] Auch die von ihm entworfene Neuapostolische Kirche in Genf (1947–1950) und sein nicht ausgeführter Entwurf für eine Kirche im Suteracher (1967) in Zürich-Altstetten zeigen deutliche Anklänge an den Unity Temple.[4]
Anders als Wright in Oak Park setzte Moser – als «Zeichen einer in die Gemeinde ausstrahlenden christlichen Ideenwelt»[5] – mit dem freistehenden, 36 Meter hohen Turm in Sichtbeton, der die offene Hofseite gegen die Strasse markiert, einen weithin sichtbaren Akzent. Die Krone besteht aus senkrecht in den schlanken Korpus eingelassenen Betonscheiben. Mit dieser plastischen Turmgestaltung, die von Zeitgenossen auch als Kornähre gedeutet wurde, erwies Moser einem anderen berühmten Architekten die Reverenz, nämlich Alvar Aalto (1898–1976) beziehungsweise der von diesem entworfenen Vuoksenniska Kirche in Imatra, Finnland, die 1958 eingeweiht und im August 1959 in einer Schweizer Architekturzeitschrift vorgestellt

wurde.[6] Mit der Freistellung des Turms knüpfte Moser gleichzeitig an die in den 1930er-Jahren zuerst im katholischen Kirchenbau wiederbelebte Tradition des ‹Campanile› an, der in Riehen mit dem Turm der 1950 geweihten St. Franziskuskirche von Fritz Metzger (1898–1973) eine für viele nachfolgende Bauten vorbildhafte Ausformung erfahren hatte.[7]

Moser beabsichtigte jedoch keineswegs, mit dem Neubau die umgebende lockere Wohnbebauung zu dominieren; für ihn war die Kornfeldkirche vielmehr «ein organischer Bestandteil des Quartiers, dem sie dient»[8]; sie «soll zwar eine Heimstätte intensiven kirchlichen Lebens werden, jedoch ohne sich damit nach aussen brüsten zu wollen».[9] Tatsächlich fügt sich der aus unterschiedlich hohen Baukörpern bestehende Komplex, dem ein Modul von 3 Metern zugrunde liegt, auch massstäblich gut in die umliegende Bebauung ein. Vier grosse, asymmetrisch gestaffelte Satteldächer mit gleicher Neigung geben dem Ensemble ein einheitliches Gepräge. Das zur Strasse hin weit herunter reichende Eternitdach, dessen Neigung beim Gottesdienstraum mittels Betonsparren bis zum Boden fortgesetzt wird, evoziert die im Kirchenbau der Nachkriegszeit beliebte Zeltmetapher.[10] Die im Moser-Nachlass erhaltenen Skizzenbestände zeigen, dass das äussere Erscheinungsbild des Ensembles nicht von Werner Max Moser selbst, sondern von seinem Büromitarbeiter André M. Studer (1926–2007) entwickelt worden war.[11] Dies beweist «das übergeordnete und später ausschliessliche Interesse Mosers am reformierten Kirchen*raum*», während die Aussengestaltung für ihn zweitrangig war.[12]

DER INNENRAUM – EINE «WOHNSTUBE DER GLÄUBIGEN»

Wie auch bei den meisten Kirchen Hermann Baurs (1894–1980) durchschreitet der Besucher der Kornfeldkirche einen längeren, mit mehreren Richtungswechseln verbundenen Vorbereitungsweg. Zuerst erreicht er, von der Kreuzung Kornfeldstrasse / Vierjuchartenweg kommend, über wenige Stufen den Vorhof, über den er in eine gedeckte Halle gelangt. Rechts vom Eingang ins Foyer befindet sich ein Betonrelief von Johannes Burla (*1922), das in abstrahierender Form Ähren darstellt – es ist das einzige Bildwerk überhaupt an einer von Werner Max Moser entworfenen Kirche. Vom geräumigen Foyer aus erschliessen sich mit Ausnahme des Pfarrhauses alle übrigen Räume des Komplexes: der Kirchenraum, der Gemeindesaal, das Unterrichtszimmer und der Jugendraum im Untergeschoss. Betritt der Besucher den Gottesdienstraum, so muss er sich zuerst um 90 Grad nach links wenden, um entlang einer Brüstung in die Seitenmitte und nach einer weiteren 90-Grad-Drehung auf die mittlere Verteilerebene im eigentlichen Kirchenraum zu gelangen. In der schräg gegenüberliegenden Raumecke befindet sich die Kanzel, gegen die auf zwei Seiten ansteigende Sitzreihen ausgerichtet sind.

Diese auf das liturgische Zentrum hin ausgerichtete Organisation ist ein traditionelles Konzept des reformierten Kirchenbaus, das im späten 19. Jahrhundert erneuert und seit den 1950er-Jahren namentlich von Otto H. Senn (1902–1993) in Schriften und nicht ausgeführten Projekten auch für moderne evangelische Kirchen propagiert wurde.[13] Wie folgende Aussagen anlässlich der Einweihung der Kornfeldkirche zeigen, hatte sich Moser Senns Auffassung zu eigen gemacht: «Der Kirchenraum umfasst den Kreis der Gemeinde. Der Pfarrer schliesst ihn; er ordnet sich ihr ein; er ist ihr Lehrer und Berater, nicht mehr der absolute Diktator».[14] Die klar ausgedrückte Absage an jeglichen Machtanspruch der Kirche war für Moser ein zentrales Anliegen; er verstand folglich den Kirchenraum «eher als Wohnstube der Gläubigen oder

Blick von der Empore in Richtung des geöffneten Gemeindesaals, 1964.

derjenigen, die den Glauben suchen».[15] Zur ‹Verwohnlichung› des Kirchenraums trägt vor allem die ausgiebige Verwendung von Tannenholz bei, doch ging Moser nicht so weit wie Walter Wurster und Hans-Ulrich Huggel in der 1958 eingeweihten reformierten Kirche in Bottmingen, die ursprünglich ganz mit Holz ausgekleidet war.[16]
Ein traditionelles Element des reformierten Kirchenbaus ist dagegen die in Sichtbeton gehaltene Empore an der Rückwand, die dazu bestimmt ist, zusätzliche Sitzplätze in möglichst geringer Entfernung zur Kanzel und zum Abendmahlstisch anzubieten.
Über den Kirchenraum spannt sich das offene Satteldach, das oberhalb der Empore bis auf eine Höhe von 9 Metern ansteigt und dann in steilerem Winkel wieder abfällt. Über einem verputzten Mauersockel befinden sich an den beiden Giebelseiten durch vertikale Holzlamellen gegliederte, bis zur Decke reichende Fenster, durch die viel Tageslicht ins Kircheninnere strömt. Durch eine Deckenöffnung fällt zusätzliches Licht in den vorderen Teil des Raumes. Hier befindet sich gegenüber der Kanzel die von der Firma Orgelbau Th. Kuhn in Männedorf erbaute Orgel mit 21 Registern.[17]
Die besondere Sorgfalt, die der Architekt auf die Gestaltung des Innenraums verwendet hat, zeigt sich nicht nur an der geschickten Materialisierung, sondern auch im Mobiliar. Auf diesem Gebiet hatte Moser, der 1931 zu den Gründern der Einrichtungsfirma Wohnbedarf AG gehörte, vor allem in jüngeren Jahren Erfahrung gesammelt. Das zeigt sich etwa an den aus Betonsockeln mit integrierter Heizung, Metallträgern und Holzbrettern zusammengesetzten Bänken oder den aus drei ineinandergefügten Metallzylindern gebildeten Deckenlampen, die möglicherweise durch die 1953 lancierte ‹Wall Lamp A910› von Alvar Aalto angeregt sind.
Die Ostseite lässt sich mittels einer hölzernen Schiebewand zum anschliessenden Gemeindesaal hin öffnen. Ursprünglich sah Moser hier eine versenkbare Wand vor, die aber aus Kostengründen nicht realisiert wurde. Eine solche Erweiterungsmöglichkeit des Kirchenraums kennen seit den 1930er-Jahren viele reformierte und katho-

lische Kirchen.[18] Die von Moser gewählte Lösung ist aber insofern aussergewöhnlich, als der Kirchenraum nicht nach hinten oder zur Seite, sondern nach vorne erweitert werden kann. Auf diese Weise ist die Kanzel bei gemeinsamer Benutzung der beiden Räume auf drei Seiten von Sitzreihen umgeben, womit das von Moser verwendete Bild des von der Gemeinde gebildeten Kreises erst richtig zum Tragen kommt.

Der Gemeindesaal, der von Anfang an nicht nur für kirchliche Zusammenkünfte im engeren Sinne, sondern auch für kulturelle und soziale Aktivitäten konzipiert war, ist wie der Kirchenraum bis zum First offen. An der Ostseite öffnen ihn niedrige Fenster zum anschliessenden Garten. Zusätzliche Beleuchtung erfährt er durch eine Fensterreihe, die in die steilere Dachschräge eingelassen ist. Dieses Motiv, das sich auch in anderen Räumen der Kornfeldkirche findet, war wohl durch eine ähnliche Lösung im 1937 fertiggestellten Wohn- und Atelierhaus Taliesin West in Scottsdale angeregt, das der von Moser zeitlebens verehrte Frank Lloyd Wright für sich selbst entworfen hatte.[19]

Auch der Gemeindesaal zeichnet sich durch ein geschicktes Arrangement verschiedener Materialien aus. Der Charakter einer Wohnstube wird hier und im Unterrichtszimmer zusätzlich unterstrichen durch einen Parkettboden, weshalb Pfarrer Theophil Hanhart in seiner Einladung zur Einweihung der Kirche die Damen dazu aufforderte, «der neuen Mode zu folgen und Schuhe ohne Bleistiftabsätze zu tragen».[20]

WÜRDIGUNG

Die Kornfeldkirche vertritt innerhalb der Schweizer Kirchenarchitektur der Nachkriegszeit eine gemässigte Moderne, bei der nur bedingt aktuelle Strömungen aufgegriffen wurden. Vom mächtigen, irritierenden Einfluss der 1950–1955 nach Plänen von Le Corbusier (1887–1965) entworfenen Wallfahrtskapelle in Ronchamp, der zum Teil auch den reformierten Kirchenbau erfasste, ist im ganzen Baukomplex nichts zu spüren. Nur in der von André M. Studer als Vertreter einer jüngeren Architektengeneration geprägten Aussengestaltung fand mit dem Motiv des Zeltdachs auch der zeitgenössische Architekturdiskurs seinen Niederschlag. Ansonsten greift der Bau auf Lösungen zurück, die Moser bereits in früheren Projekten erprobt hatte. In einem Manuskript vom 8. März 1961 bezeichnet Moser die von ihm entworfene, 1941 fertiggestellte reformierte Kirche Altstetten als «die Kirche im Hintergrund» für die Anlage in Riehen.[21] In der inneren Organisation des Kirchenraums griff er Lösungen auf, die er bei der Neuapostolischen Kirche in Genf und im nicht ausgeführten Wettbewerbsentwurf für die reformierte Kirche in Zürich-Witikon (1950) entwickelt hatte.

Obwohl Mosers Entwurf somit alles andere als progressiv modern war, begegneten ihm manche Gemeindemitglieder anfänglich mit Skepsis. Am 16. Februar 1963 reagierte ein Einsender in der ‹Riehener Zeitung› auf den Vorwurf, dass sich «gewisse Kreise der Intelligenz» nicht an der Sammlung für das neue Gotteshaus beteiligten, mit der Erklärung: «Die neue Kornfeldkirche (nach den Plänen) in ihrer nüchternen, kalten, nichtssagenden Bauart scheint zu einer [...] feierlichen Stimmung sehr wenig beizutragen. Hier liegt wohl ein Grund der Zurückhaltung anlässlich der Sammlung für diese Kirche.» Daneben wurden auch Vorbehalte gegenüber dem freistehenden Turm geäussert. Noch zur Eröffnung schrieb Pfarrer Gottlieb Wieser, der 1937–1954 das südliche Gemeindegebiet betreut hatte: «Vielen ist ein solcher Bau noch fremd; für sie ist die rechte Kirche immer noch *ein* feierlicher Raum mit einem Turm, wie es früher war.»[22]

Bei der Mehrheit der Gemeindemitglieder scheint aber der neue Kirchenbau – will man den Stellungnahmen des zuständigen Pfarrers Hanhart Glauben schenken – grossen Anklang gefunden zu haben. Dazu beigetragen haben dürften neben dem auf verschiedene Nutzungen ausgelegten Raumprogramm und den sorgfältig durchgearbeiteten Details auch die starke Berücksichtigung des Riehener Gewerbes bei den Bauarbeiten und vor allem Hanharts persönlicher Einfluss. Der Pfarrer stand als Jurymitglied Mosers Entwurf von Anfang an sehr positiv gegenüber und pflegte mit dem Architekten in der Planungs- und Bauphase einen intensiven Kontakt, der – wie er sich später an Mosers Abdankung äusserte – «oft enger und besser war, als es der sehr zentralistischen Kirchenobrigkeit von Basel gefiel».[23]

Im Lauf der Zeit haben sich die Bedürfnisse der Gemeindemitglieder stetig gewandelt: Die in den Anfangsjahren starke Nutzung durch Jugendgruppen ging zurück, während Angebote für Betagte und Familien immer wichtiger wurden.[24] Dank einem differenzierten Raumangebot kann aber die Kornfeldkirche ihre Funktion als multifunktionales Zentrum des Gemeindekreises auch 50 Jahre nach ihrer Fertigstellung vollumfänglich erfüllen. An baulichen Anpassungen ist einzig die Vergrösserung der Teeküche auf Kosten der Garderobe zu erwähnen. Überdies mussten 1999 der Glockenturm saniert und 2004 Schäden durch ein Unwetter behoben werden.

Bereits einen Monat nach der Einweihung der Kirche äusserte Moser seine Befriedigung darüber, dass die Kirche «von dem ausübenden Pfarrer und der Gemeinde als ihr Haus so in Besitz genommen» worden sei, «wie sich der Architekt die Auswirkung des kirchlichen Lebens vorgestellt hat».[25] An Gottesdiensten verhalten sich indes die Besucherinnen und Besucher nicht ganz so, wie es von Moser intendiert war: Ausser bei Grossanlässen bleiben die vor der Orgel angeordneten Bankreihen meist unbesetzt. Durch diese einseitige Benutzung der Bänke erhält die Kirche eine Längsorientierung, die der Architekt durch seine Raumdisposition eigentlich verhindern wollte. In der ihr vom Bauherrn und vom Architekten gleichermassen zugedachten Rolle als Ort der Gemeinschaft und der Begegnung hat sich die Kornfeldkirche, die 2002 ins kantonale Inventar der schützenswerten Bauten aufgenommen wurde, aber bis heute bewährt.

Blick aus dem Gemeindesaal in den Kirchenraum bei halb geöffneter Schiebetür, 1964.

1 Für das Folgende vgl. vor allem Johannes Stückelberger: Die Kornfeldkirche in Riehen, Bern 2004 (Schweizerische Kunstführer GSK, Serie 76, Nr. 760).
2 Archiv der ERK BS, J 15.101.
3 Ernst Strebel: Entscheide im Entwurfsprozess. Betrachtungen mit Skizzen und Plänen aus dem Nachlass von Karl Moser, in: Die Antoniuskirche in Basel. Ein Hauptwerk von Karl Moser, Basel 1991, S. 53–77, hier S. 56.
4 Peter Omahen: Werner M. Moser. Sein Beitrag zum reformierten Kirchenbau in der Schweiz, Abschlussarbeit im Nachdiplomkurs ‹Geschichte und Theorie der Architektur›, Typoskript, Zürich 1994.
5 Antworten von Werner Max Moser auf Fragen eines Reporters zum Bau der Kornfeldkirche, 22.10.1964, Archiv des Instituts für Geschichte und Theorie der Architektur, ETH Zürich (gta Archiv), 100-0303 (5) (Nachlass Haefeli Moser Steiger).
6 Walter Moser: Lutherische Kirche in Imatra, Finnland, in: Werk, Jg. 46, 1959, Heft 8, S. 289–293.
7 Fabrizio Brentini: Bauen für die Kirche. Katholischer Kirchenbau des 20. Jahrhunderts in der Schweiz, Diss. Zürich, Luzern 1994, S. 118.
8 Werner Moser: Wandlungen im reformierten Kirchenbau in den letzten hundert Jahren, in: z'Rieche 1965, S. 45–50, hier S. 49.
9 Manuskript eines Vortrags zur Einweihung der Kornfeldkirche am 13. September 1964, gta Archiv, 100-0303 (27); abgedruckt in: Evangelische Woche, 18.9.1964.
10 Vgl. François Maurer: Baugeschichte, in: Riehen. Geschichte eines Dorfes, Riehen 1972, S. 215–266, hier S. 259; Heinz Horat: Der Kirchenbau in der Schweiz zwischen dem ersten und dem zweiten Vatikanischen Konzil, in: Zeitschrift für schweizerische Kirchengeschichte, Jg. 84, 1990, S. 95–107, hier S. 102; Brentini, Bauen für die Kirche, S. 54.
11 Vgl. Michael Hanak: André M. Studer – Auf der Suche nach Harmonie, in: archithese, Jg. 37, 2007, Heft 4, S. 86–90, hier S. 88.
12 Omahen, Werner M. Moser, S. 42; Hervorhebung im Original.
13 Vgl. Otto H. Senn: Der reformierte Kirchenbau gestern und heute, in: Schweizerische Bauzeitung, Jg. 72, 1954, Heft 16, S. 215–223; ders.: Evangelischer Kirchenbau im ökumenischen Kontext. Identität und Variabilität – Tradition und Freiheit, Basel 1983.
14 Riehener Zeitung, 18.9.1964.
15 Moser, Wandlungen, S. 49.
16 Vgl. Werk, Jg. 46, 1959, Heft 8, S. 287f.; Johannes Stückelberger: Wie nehmen Kunstschaffende Kirche wahr? Aktuelle künstlerische Neugestaltungen von reformierten Kirchen in der Schweiz, in: Christoph Sigrist (Hg.): Kirchen Macht Raum. Beiträge zu einer kontroversen Debatte, Zürich 2010, S. 141–166, hier S. 150.
17 Vgl. Nikolaus Cybinski: 13 Klangwelten, in: z'Rieche 2005, S. 65–74, hier S. 68.
18 Brentini, Bauen für die Kirche, S. 226; Anke Köth: Kirche zwischen Feier und Alltag. Christlicher Sakralbau im 20. Jahrhundert im Aargau. Teil 2: ab 1950, in: Argovia 2012, S. 8–44, hier S. 34.
19 Nicole Caminada: Kornfeldkirche, Kornfeldstrasse 51, Riehen, in: Sonja Hildebrand, Bruno Maurer, Werner Oechslin (Hg.): Haefeli, Moser, Steiger. Die Architekten der Schweizer Moderne, Zürich 2007, S. 411–415 (Kat.-Nr. 255).
20 Riehener Zeitung, 11.9.1964.
21 Zitiert nach Omahen, Werner M. Moser, S. 34.
22 Riehener Zeitung, 11.9.1964; Hervorhebung im Original.
23 Zitiert nach Schweizerische Bauzeitung, Jg. 90, 1972, Heft 35, S. 833.
24 Vgl. Riehener Zeitung, 8.9.1989.
25 gta Archiv, 100-0303 (5).

Schweizer Soldaten, Elastolin-Figuren
aus der Sammlung des Spielzeugmuseums
Riehen, um 1945.

Krieg im Kinderzimmer

CLAUDIA GLASS, JULIA NOTHELFER

100 Jahre nach Beginn des Ersten Weltkriegs im August 1914 wurde dieser zum Gegenstand zahlreicher Ausstellungen und Publikationen in verschiedenen Ländern. Das Spielzeugmuseum Riehen griff wenig bekannte Aspekte des Themas ‹Spielzeug und Krieg› auf und präsentierte dazu die sehenswerte Ausstellung ‹Krieg im Kinderzimmer – spielen kämpfen träumen›.

Ich denk, wir spielen Krieg!
Sprach die Flieg.
So?
Sprach der Floh.
Mir ist es recht!
Sprach der Hecht.
Weil ich davon was hab!
Sprach der Rab.
[...]

Der Friede ist mir lieber!
Sprach der Biber.
Nein!
Sprach das Schwein.
Der Krieg ist gesund!
Sprach der Hund.
Fürs Militär!
Sprach der Bär.[1]

So spiegelt Leopold Jacoby, Lyriker und politischer Beobachter, die kontroverse Sichtweise auf den Krieg um die Jahrhundertwende. Vor 100 Jahren brach in Europa der ‹Grosse Krieg› aus. Was mit einer unvergleichlichen Euphorie begann, endete in einer absoluten Desillusionierung.

Die Schweiz hat weder am Ersten noch am Zweiten Weltkrieg teilgenommen. Die Bevölkerung war aber von den Kriegen gleichwohl betroffen. Die Menschen erfuhren eine mentale und materielle Aufrüstung und erlebten, insbesondere in Grenznähe, die Ereignisse in den benachbarten Kriegsländern unmittelbar. Die Grenze, die eine sichere Linie der politischen Souveränität definiert, wurde auf Strassen oder in der Natur zur Gefahrenzone. Eine bisher alltägliche Handlung wie der Grenzübertritt, der bis 1914 ohne Papiere möglich war, bekam eine neue Bedeutung.

Skizzenbuch mit Kinderzeichnung zum Krieg von
Paul Leonhard Ganz (1910–1976) aus Riehen/Basel im Jahr 1915.

In Riehen, in Sicht- und Hörweite zu Deutschland und nahe bei Frankreich, spürten Kinder und Erwachsene den Krieg deutlich. 1918 waren hier über 3000 Soldaten untergebracht. Der Lebensmittel- und Kohleverbrauch wurde kontrolliert. Mit Angst und wohl auch ein bisschen Neugier horchte und sah die Bevölkerung in die angrenzenden Länder, nie wissend, ob und wie sich das Kriegsgeschehen ausbreiten würde. Zeichnungen wie diejenigen von Paul Leonhard Ganz (1910–1976) bezeugen eindrücklich, wie Kinder dieser Realität mit ihrer Phantasie begegneten und sie zu verarbeiten suchten.

KRIEGERISCHES SPIEL UND SPIELZEUG

Ob Schach, Schaukelpferd oder das verhältnismässig junge ‹Mensch ärgere dich nicht› – viele traditionelle Spiele haben einen kriegsaffinen Hintergrund, den die Spielerinnen und Spieler längst nicht mehr wahrnehmen. Die Zeit vor dem Ausbruch des Ersten Weltkriegs hat ihre Zahl beträchtlich erhöht.

Als am Ende der Belle Epoque Wissenschaft, technischer Fortschritt und industrielle Produktion einen neuen Höhepunkt erreichten, nutzte das Militär – und in ihrem Gefolge die Spielzeugindustrie – diese Innovationen: Der Rüstungswettlauf entbrannte, auch im Kinderzimmer. Zeppeline und U-Boote ‹en miniature› steigerten die Faszination der Kinder für Technik und beflügelten ihre Phantasie. Bis heute erobern sie mit Flugzeugen den Himmel, mit Dampfern die Meere und brechen auf und aus, um neue Welten zu entdecken.

Das Spiel ermöglicht Kindern, in andere Rollen zu schlüpfen und diese auszuprobieren. Damit bereiten sie sich unter anderem auf gesellschaftliche Aufgaben vor. Als Ritter, Indianer oder Piratin entdecken Kinder neue Kontinente, erobern Königreiche und führen ganze Stämme an. In diesen So-tun-als-ob-Spielen vermischt sich kindliches Wissen mit Phantasie. Alltägliche Erfahrungen von Freud und Leid, Macht und Ohnmacht werden mit bekannten Geschichten verknüpft, mit Märchen, Sagen, Fernseh- und Bilderbuchgestalten. Dabei ist das Kind Einzelkämpfer, Bandenanführer, Rollenspieler, Stratege, Phantast und Träumer.
Dieses Spiel erfordert allerlei Requisiten. Darunter auch kriegerische: Ein Stock, ein selbst hergestellter Pfeilbogen, die aus einem Stück Brot gebissene Pistole dienen nebst der passenden Kleidung zum Eintauchen in phantastische Rollen und Welten. Vor 100 Jahren erhielten sie dabei gezielt Unterstützung von der Erwachsenenwelt: Die ‹Uniformierung› der Kleinsten war als subtiler Teil der Kriegserziehung gang und gäbe. Jungen erhielten alle Requisiten, die das Militär bieten konnte – vom Matrosenanzug bis zur Pickelhaube. Für die Mädchen waren Krankenschwesternhaube und Schürze vorgesehen – für erste Auftritte als fürsorgliche Frauen an der Front. Denn das Kind ist nicht nur Kreateur und Akteur seiner Spiele, sondern eben auch «Träger von Bräuchen und Traditionen»[2] – also das Objekt von Erziehung und Propaganda – sowie Konsument und Wirtschaftsfaktor.

KRIEGSERZIEHUNG

Diente Kriegsspielzeug im 17. Jahrhundert vor allem der militärischen Ausbildung der feudalen Klasse, wurde es im 19. Jahrhundert im Rahmen der preussischen Kriegserziehung als allgemeines Lehrmittel eingeführt. Der ‹preussische Geist› prägte bald nicht mehr nur die deutsche Gesellschaft, Kriegsbegeisterung und Mobilisierung gingen in Europa Hand in Hand. Kinder und Jugendliche wurden wie nie zuvor mit Literatur, Spiel- und Liedgut für patriotische Gefühle sensibilisiert. Die Industrialisierung und die wachsende Kriegsbegeisterung lösten einen Boom der Kriegsspielwaren aus. Spielemacher und -produzenten wussten das zu nutzen: Taktik, Bewaffnung, Strategie und Vernichtung hielten Einzug in Brettspielen, Geduldsspielen und Kinderbüchern bis zu Bausteinen und Puppen.
Auch die Gesellschaftsspiele der Erwachsenen wie Schach, Dame und Domino erhielten vaterlandstreue Motive und wurden, auf Leinen gedruckt und mit einer abwaschbaren Schicht überzogen, per Feldpost an die Front verschickt, wo sie in Lazaretten der Zerstreuung dienten. Der Erfinder und spätere Firmengründer Josef Friedrich Schmidt schickte 3000 Exemplare seines erst im Bekanntenkreis erprobten Spiels ‹Mensch ärgere dich nicht› als «Liebesgabe» an die Front. Die Ablenkung war willkommen. Der Erfolg des heutigen Klassikers begann also in den Jahren des Ersten Weltkriegs.[3]

«LIEB VATERLAND …»

Die preussische Lektion in nationaler Sensibilisierung ging nicht spurlos an der Schweizer Bevölkerung vorüber. Aber wurden auch Spielwaren dafür eingesetzt? Die Möglichkeit bestand, hatte der ‹Grosse Krieg› doch den Import der vor allem in Deutschland produzierten Spielwaren ins Stocken gebracht: Das löste eine verstärkte inländische und somit potenziell ‹nationale› Produktion aus. Auf den ersten Blick erscheint der Schweizer Spielzeugmarkt jener Zeit jedoch frei von nationaler Propaganda. Allerdings gibt es ein paar interessante Ausnahmen.

Ein Beispiel ist die 1917 in Lausanne gegründete Edition Spes. Sie entwickelte als Reaktion auf die Bedrohung durch die Nachbarländer Deutschland und Italien Spiele, in denen der Alpenraum als identitätsstiftendes Symbol das nationale Pathos fördern und das Auseinanderfallen des vielsprachigen und multikulturellen Territoriums verhindern sollte. Dazu gehörte neben Brettspielen auch ein didaktisches Geschichtslotto. In einem politischen Strategiespiel mussten die Spielenden ihre Heimat gegen feindliche Nachbarn verteidigen. Am Ende des sogenannten Matterhornspiels sollte laut Anleitung gemeinsam das Lied ‹Wo Berge sich erheben› angestimmt werden.[4]

EMOTIONALE SYMBOLE

Vom Zinnsoldaten bis zu ‹World of Warcraft›: Kriegsspielzeug und Kriegsspiele waren und sind im Kinderzimmer heiss begehrt – auch ohne aktuelle Kriegspropaganda in der realen Umwelt. Und die Spielzeugindustrie liefert. Woher kommt wohl diese Lust am kriegerischen Spiel? Warum funktionieren Kinder ein zufällig gefundenes Stöckchen zur Pistole um oder gehen mit Kriegsgeheul aufeinander los?

Kinder sehen Spielzeugwaffen mit anderen Augen als Erwachsene. «Für Kinder handelt es sich um Symbole für Emotionen und nicht primär um ein Tötungsinstrument», meint der Kinder- und Jugendpsychologe Allan Guggenbühl.[5] Sie sind sich der symbolischen Bedeutung des Kriegsspiels durchaus bewusst. Deshalb kann zur Not auch ein Kochlöffel zum Schwert oder die Hand zur Pistole werden – sie wissen, dass ihre Schüsse niemandem wehtun. Die Spielzeugwaffe erweitert in der Phantasie des Kindes die eigenen Fähigkeiten und lindert dabei oft das Ohnmachtsgefühl gegenüber Erwachsenen. Kinder spielen Krieg – und das nicht nur in Kriegszeiten.

Zum Schluss bleibt die wichtige Frage: Wie spielt man eigentlich Frieden?

‹Feindliche Flieger in Sicht!›: Ein Brettspiel von vielen, in denen der Krieg Einzug hielt, aus der Sammlung des Spielzeugmuseums Riehen, 1937/38.

1 Kriegsgedicht, Stuttgart 1892, zitiert nach Klaus Ulrich Pech: Krieg und Kriegsspiel in der Kinder- und Jugendliteratur, in: Hans-Peter Mielke (Hg.): Aggression, Gewalt, Kriegsspiel, Grefrath 2001, S. 171.

2 Gabriela Muri: Das Kind und sein Fest. Traditionelle Formen und moderne Entwicklungen, in: Paul Hugger (Hg.): Kind sein in der Schweiz. Eine Kulturgeschichte der frühen Jahre, Zürich 1998, S. 241f.

3 Vgl. Marion Faber: Spiel und Kommerz, in: Ulrich Schädler (Hg.): Spiele der Menschheit, Darmstadt 2007, S. 136.

4 Vgl. Anne Joggi: Schweizerische Spiele für Schweizer Familien, in: Ulrich Schädler (Hg.): Spiele der Menschheit, Darmstadt 2007, S. 189f.

5 Interview mit Allan Guggenbühl: Warum Kinder gern mit Waffen spielen, in: Tages Anzeiger, Mama Blog, 2.11.2012, blog.tagesanzeiger.ch/mamablog/index.php/26813/warum-kinder-gern-mit-waffen-spielen, Zugriff: 19.8.2014.

Wappen der um Basel liegenden Gemeinden in Conrad Schnitts Wappenbuch (1530).

Das Wappen von Riehen hinterfragt

JÜRGEN MISCHKE

Wappen und ihre Bedeutung regen zum Fragen und zum Streiten an. Beim Riehener Wappen ist das nicht anders. Seit rund 100 Jahren äussern sich Forscher zu dessen Bedeutung. Noch immer sind viele Fragen offen.

Auf dem heutigen Gemeindelogo von Riehen findet sich die Darstellung einer blauen Treppe. Die Stufen und die Farbwahl des Logos nehmen Bezug auf das Wappen der Gemeinde, auf dem ein backsteinartiges Gebilde zu sehen ist: «in Blau ein schwebender, dreifacher weisser Stufengiebel».[1] Als gemeindepolitisches Identifikationszeichen ist es auch im 21. Jahrhundert noch gebräuchlich und zum Beispiel auf Fahnen im öffentlichen Raum sichtbar. Ähnlich wie andere Zeichen zur Ausbildung von Identität, zum Beispiel Familien-, Flur- oder Ortsnamen, regen auch Wappen zu Interpretationen an. Wann und wie ist Riehen zu diesem Wappen gekommen? Aber vor allem: Was bedeutet das Wappenbild und welche Hinweise liefert es für die historischen Ursprünge von Riehen?

Der folgende Beitrag gibt einen Überblick über die wichtigsten Punkte der Debatte und zeigt den gegenwärtigen Forschungsstand auf. Ausserdem wurden die historischen Quellen erneut kritisch auf ihre Aussagekraft geprüft, um die Unklarheiten deutlicher herauszuarbeiten, die bei der Erforschung des Riehener Wappens nach wie vor bestehen. Dabei sind auch einige neue Aspekte zum Vorschein gekommen.

Logo der Gemeinde Riehen, seit 1999 in Gebrauch.

Wappen der Gemeinde Riehen, amtlich seit 1948.

FORSCHUNGSPOSITIONEN

Eine der ersten Besprechungen des Wappens fand 1915 durch Wilhelm Richard Staehelin in der Zeitschrift ‹Schweizerisches Archiv für Heraldik› statt.[2] Es gäbe «keinen Zweifel», dass es eigentlich die Krönung einer Mauer, eine Zinne zeige. 1923 bezog sich Ludwig Emil Iselin in seiner Dorfgeschichte auf diese Deutung, was die Interpretation als oberstes Stück eines sogenannten Treppengiebels bis heute prägt.[3] Dies würde dadurch bekräftigt, dass eine Wappen-Darstellung des 16. Jahrhunderts einen auf dem

obersten ‹Stein› sitzenden Spatz zeigt. Iselins Wappendeutung blieb ein halbes Jahrhundert unangefochten und wurde 1941 auch von August Burckhardt vertreten.[4]
1972 verband Rudolf Moosbrugger-Leu das Aussehen des Wappens mit der archäologischen These von einer sogenannten ‹Motte› (früh- und hochmittelalterliche Holzburg auf Erdwall), die im Hochmittelalter an der Stelle der heutigen Dorfkirche gestanden haben soll.[5] Demnach würde das Wappenbild einen stilisierten Seitenriss dieser Burg zeigen, was auch die Zustimmung des damaligen Staatsarchivars Albert Bruckner fand.[6] Derselben Auffassung war später Michael Raith. Er hielt in der Gemeindekunde von 1980 allerdings fest, dass die Lage dieser ehemaligen Burg immer noch nicht geklärt sei.[7] Tatsächlich hat die Archäologie, abgesehen von hochmittelalterlichen Befestigungsanlagen um die Dorfkirche, bis heute keine Hinweise auf eine Burg in oder bei Riehen feststellen können.[8] Michael Raith bemerkte ausserdem, dass die ältere Deutung als Treppengiebel nur deshalb populär sei, weil es in Riehen und seiner Umgebung einige ‹Stapfelhäuser› gibt (zum Beispiel das Wettsteinhaus).
All den bisher aufgeführten Interpretationen stand der Heraldiker Hans Rudolf Christen kritisch gegenüber. Es gelang ihm 2002, anhand von Vergleichsfällen zu zeigen, dass das Motiv des Riehener Wappens den nichtgegenständlichen heraldischen Mustern zugeordnet werden kann.[9] Dabei wertete er die Entwicklung des Riehener Wappens bis zum heutigen Gemeindelogo als einen «Niedergang», also als eine Entfernung vom Ursprünglichen, ohne aber überzeugend auszuführen, weshalb das Ursprüngliche besser gewesen sein soll. Das jüngste historische ‹Porträt› von Riehen wagte 2010 angesichts der divergierenden Expertenmeinungen nicht, sich auf eine Interpretation des Wappens festzulegen, machte aber klar, dass die ältere Deutung als Burgensilhouette kritisch zu bewerten sei.[10] Damit ist die laufende Forschung zum Gemeindewappen im Wesentlichen umrissen, auch wenn es dazu in der Bevölkerung sicherlich noch viele weitere Meinungen gibt. Die Entstehungsgeschichte des Riehener Wappens scheint demnach noch nicht vollständig erschlossen worden zu sein. Nach 100 Jahren ist es nun aber nötig, die Quellenlage und die Argumentationen, die zu den bisherigen Einschätzungen geführt haben, nochmals auf den Prüfstand zu stellen und dabei deren Schwachpunkte sowie neue Aspekte anhand der historischen Quellen herauszuarbeiten.

DIE HERREN VON RIEHEN

Die Grundlage der bisherigen Wappen-Interpretationen bildete meist die Annahme, dass es die ‹Herren von Riehen› gegeben habe, ein adliges Geschlecht, das seinen Ursprung in Riehen gehabt und in einem Dienstverhältnis zum einflussreichen Adelsgeschlecht der Üsenberger gestanden haben soll.[11] Dafür gibt es in der Tat Indizien, zum Beispiel bei der Ersterwähnung einer Person mit dem Beinamen ‹von Riehen›. Dieses Rechtsdokument von 1183 führt die Zeugen namens ‹Burkhard Herr von Üsenberg› und ‹Gottfried von Riehen› als gemeinsame Interessenspartei auf.[12] Aus der Verbindung zu den Üsenbergern erklärt man übrigens auch die beiden Farben Blau und Weiss des Riehener Wappens, die denjenigen des Üsenberger Wappens entsprechen.[13] Ausserdem lässt die Art und Weise, wie Gottfried in die Zeugenliste dieser Urkunde eingereiht wurde, tatsächlich auf eine vornehme soziale Stellung schliessen. Dass er ein Kirchenvogt gewesen sei, wie in der Historiografie[14] behauptet wird, geht aus der Urkunde allerdings nicht hervor. Ein «Wernherus de Riehein dictus Advocatus» (Wernher von Riehen genannt Vogt) ist erst 1265 in einer Schenkungsurkunde von Gütern an die Johanniter in Freiburg im Breisgau belegt, doch auf der

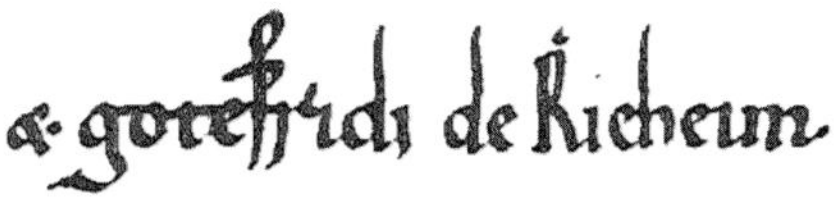

Erste Nennung des Namenszusatzes ‹von Riehen› (1183): «gotefridi de Rieheim».

Siegel der Freiburger Familie ‹von Riehen› mit Familienwappen (1392).

Stifter-Wappen der Freiburger Familie ‹von Riehen› am Fuss einer Ende des 14. Jahrhunderts entstandenen Skulptur der Schutzmantelmadonna.

angefügten Zeugenliste präsentiert sich derselbe Werner wiederum ohne die Namenszusätze, was deren Deutung als Familiennamen problematisch macht.[15]
So gibt es im 13. Jahrhundert in weiteren Urkunden Nennungen von Personen mit dem Namenszusatz ‹von Riehen›.[16] Es ist aber sehr unwahrscheinlich, dass es sich dabei um einen Familiennamen einer einheitlichen Verwandtschaftsgruppe im heutigen Sinn gehandelt hat. Er ist wohl eher als Herkunftsangabe zur genaueren Unterscheidung der Personen zu deuten: Das ‹von› adelt nicht automatisch.[17] Erschwerend kommt hinzu, dass es nordöstlich von Karlsruhe bei Eppingen eine historische Ortschaft namens ‹Richen› gab, die sehr ähnliche historische Schreibungen wie das baslerische Riehen hatte (zum Beispiel 1270 «Riechen», 1392 «Riecheim»).[18] Bis heute fehlen genaue genealogische Untersuchungen auf der Basis überregionaler Archivbestände zu einer möglichen Beständigkeit eines Geschlechts namens ‹von Riehen›, das bereits im 12. Jahrhundert in Riehen entstanden sein soll. Die Annahme muss also vorerst eine ungesicherte Hypothese bleiben. Sicher ist bislang lediglich, dass es in Freiburg im Breisgau in der zweiten Hälfte des 14. Jahrhunderts eine Familie gab, die den Zusatz ‹von Riehen› tatsächlich im Sinne eines Familiennamens verwendet hatte und diesen deshalb auch auf ihrem Siegel benutzte. Ungeklärt bleibt jedoch, ob es zwischen dieser Familie und dem vermuteten älteren Geschlecht ‹von Riehen› überhaupt eine verwandtschaftliche Beziehung gab, wie es oft aufgrund des gleichlautenden Namenszusatzes als selbstverständlich angenommen wurde.[19] Der Name der Freiburger Familie ‹von Riehen› könnte dort nämlich auch erst im 14. Jahrhundert als Herkunftsangabe für von Riehen zugezogene Personen neu entstanden sein.

DAS WAPPEN DERER ‹VON RIEHEN›

Das Familienwappen dieser in Freiburg fassbaren Familie ‹von Riehen› erscheint erstmals auf deren Siegel und einer um 1385 von ihnen gestifteten Marienstatue.[20] Es zeigt als Motiv einen Stufengiebel. Wegen der Motiv- und Namensgleichheit sieht man darin bis heute gemeinhin die ursprünglichste Form des heutigen Gemeindewappens von Riehen. Dabei ist aber zu berücksichtigen, dass eine Interpretation des Wappens dieser Freiburger Familie nicht selbstverständlich etwas mit Riehen zu tun hat.

Wappen der Familie ‹von Eisenburg› bei Memmingen (1530).

Wappen der Familie ‹zum Turm› (Anfang 14. Jahrhundert).

Wappen der Familie ‹Schwarzenstein› (1530).

Gemeindewappen von Fürstenstein nach dem dort ansässigen Geschlecht der ‹Schwarzensteiner›.

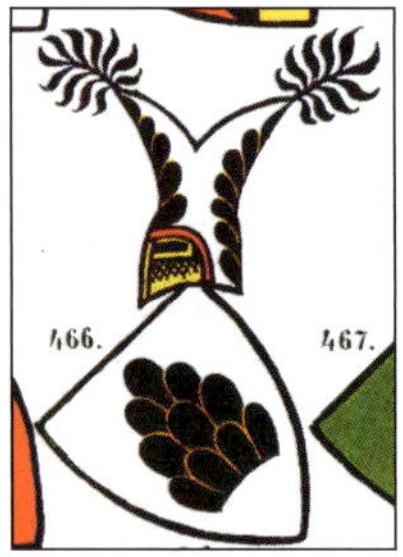

Wappen der Familie ‹Schwarzenberg› (Anfang 14. Jahrhundert).

Es entstand nämlich vielleicht erst in Freiburg, weshalb allfällige prägende Motive für das Wappen in diesem Fall auch dort gesucht werden müssten.

Dies gilt auch für die erwähnte Vermutung von Rudolf Moosbrugger-Leu, nach der die Motten-Silhouette in eben dieser ‹ursprünglichsten› Form des Wappens aus dem 14. Jahrhundert noch besonders gut sichtbar sei. Gegen diese These gibt es noch weitere Einwände. Es bleibt offen, ob die Menschen des Mittelalters in diesem Bild ebenfalls eine Holzburg auf einem Erdwall erkannt hatten. Einerseits fällt der Motten-Bau in eine Zeit, bevor Wappen in der zweiten Hälfte des 12. Jahrhunderts langsam aufkamen.[21] Andererseits wird sich die Interpretation dieses Bildes auch den mittelalterlichen Zeitgenossen kaum auf den ersten Blick erschlossen haben, was der Funktion des Wappens als klares Erkennungszeichen widerspricht.[22] Beim Darstellungsversuch einer Burg hätte man ausserdem auf deren gängige und eindeutige Ikonografie zurückgreifen können, wie dies in zahlreichen anderen Wappen getan wurde, die eine Wehranlage zeigen: zum Beispiel die Wappen derer ‹von Eisenburg› oder ‹zum Turm›. Die ältesten Wappensammlungen, beispielsweise die Zürcher Wappenrolle (um 1340), zeigen überdies, dass architektonische Motive auf mittelalterlichen Wappen eher selten und stets eindeutig waren.[23] Auch die älteste heraldische Beschreibung des Riehener Wappens von 1698 erkannte darin kein Gebäude, sondern lediglich einen farblich durch silberne (weisse) Gegenstufen quergeteilten blauen Schild.[24] Wenn also keine ‹gemeine Figur› auf dem Wappen zu sehen ist, sondern nur ein geometrisches ‹Heroldsbild›, dann muss die Suche nach einem für Riehen bedeutsamen Bildmotiv erfolglos bleiben.

Mit einer Bestimmung als geometrisches Muster könnte die Suche nach der Bildbedeutung als abgeschlossen gelten, wären da nicht einige ähnliche Wappen, die diese These wiederum in Frage stellen. In den Basler Wappenbüchern der Zeit um 1500 findet sich zum Beispiel das Wappen derer ‹von Schwarzenstein›, das bis auf die Farben identisch ist mit demjenigen derer ‹von Riehen›. Es wird als ‹redendes Wappen› interpretiert und der schwarze Stufengiebel somit als Darstellungsversuch eines schwarzen Felsens. Beeindruckend ist ausserdem, dass dieses Wappen in seiner Entwicklung zum Gemeindewappen von Fürstenstein nahe Passau (Deutschland) fast dieselbe Form wie

Wappen der Gemeinde Riehen in Conrad Schnitts Wappenbuch (1530).

Wappen der Familie ‹von Riehen› im Wappenbuch von Conrad Schmitt (1530).

Wappen der Familie ‹von Riehen› im Koch(i)schen Wappenbuch (1480).

Erste Verwendung des Wappens der Familie ‹von Riehen› als Gemeindewappen (1536).

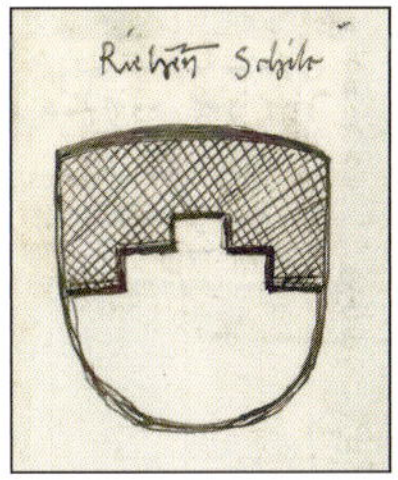

Zweite Darstellung des Riehener Gemeindewappens (1537).

das Riehener Wappen ausgebildet hat. Zieht man auch noch das ebenfalls ‹redende Wappen› der Zürcher Familie ‹Schwarzenberg› aus dem 14. Jahrhundert heran, das einen stufenartigen schwarzen Berg (Sechsberg)[25] zeigt, erscheint eine analoge Stilisierung von Felsen in Form eines rechtwinkligen Stufengiebels jedenfalls nicht völlig abwegig. Aber auf welche hellen Felsen, auf denen sich der Stammsitz derer ‹von Riehen› hätte befinden können, würde sich das Riehener Wappen beziehen? Es darf wieder spekuliert werden.

DAS RIEHENER GEMEINDEWAPPEN

Soweit zum Wappen derer ‹von Riehen›. Seine weitere Formgeschichte bis in die Gegenwart und der Übergang vom Familien- zum Gemeindewappen sind ebenso erklärungsbedürftig. Die wohl älteste erhaltene Darstellung, in der die Gemeinde Riehen mit einem eigenen Wappen repräsentiert wird, befindet sich im Wappenbuch des versierten Basler Illustrators Conrad Schnitt, das er 1530, einige Jahre nach dem Kauf Riehens durch Basel, begonnen hatte.[26] In dieser Darstellung gruppieren sich verschiedene Wappen der umliegenden Gemeinden um den Baslerstab. Für Riehen wurde das Wappen der Üsenberger eingesetzt, das einen weissen Flügel auf blauem Grund und keinen Stufengiebel zeigt. Im selben Wappenbuch findet sich aber auch das Wappen einer Familie ‹von Riehen›, das damals offensichtlich noch nicht als Gemeindewappen aufgefasst wurde. Schnitt verwendete für seine Wappensammlung neben anderen Vorlagen ziemlich sicher das ebenfalls in Basel bereits um 1480 angelegte Koch(i)sche Wappenbuch, in dem zwar das Wappen derer ‹von Riehen›, aber keines der Gemeinde Riehen zu finden ist.[27] Bei Schnitt steht nun neben dem Wappen derer ‹von Riehen› die zeitgenössische Bemerkung: «in baßlerpeit [Baselbiet] die burg ist brochen ist jetzt ein buer huß [Bauernhaus]». Dies hört sich wie ein Beweis für die vermutete Burg in Riehen an. Tatsächlich ist es aber ein zeitgenössischer historisierender Erklärungsversuch, warum es zwar das Wappen derer ‹von Riehen›, nicht aber eine Burg oder Ruine in Riehen gibt. Dieser Umstand irritierte also bereits im 16. Jahrhundert. Ohne zu realisieren, dass sich das Wappen bei Koch nur auf die erwähnte Familie ‹von Riehen› bezieht, die Ende des 14. Jahrhunderts in Freiburg fassbar ist, verband es Schnitt wegen der Namensgleich-

Das Wappen der ‹ehemaligen Herren von Riehen› in der ‹Basler Chronik› von Christian Wurstisen (1580).

Das Wappen der Familie ‹von Riehen› in Siebmachers Wappenbuch (1701).

Das Riehener Gemeindewappen in Siebmachers Wappenbuch (1701).

heit mit der Ortschaft Riehen und gab eine Erklärung ab, warum der wegen der Namenspräposition ‹von› vermutete Burgsitz der mutmasslich adligen Familie ‹von Riehen› dort nicht mehr zu erkennen sei.

Wohl aufgrund dieser Verbindung wurde schliesslich das Wappen derer ‹von Riehen› 1536 erstmals im Güterverzeichnis der Riehener St. Martinskirche als Gemeindewappen verwendet.[28] Ungedeutet ist der Stern, den diese Wappendarstellung im Stufengiebel zeigt. Er fehlt in der zweiten Wappendarstellung von 1537, die aufgrund einer falschen Leseweise (1531 statt 1537) bisher als älteste Darstellung des Gemeindewappens bekannt war, und in allen folgenden.

DIE ENTWICKLUNG DES HEUTIGEN WAPPENS

Im Lauf des 16. und 17. Jahrhunderts wurde das Wappenmotiv als Stufengiebel interpretiert und mit Quer- und Längslinien als Mauerwerk dargestellt. Dies mag einer zeitgenössischen Mode entsprochen haben, gänzlich klar ist dieser Vorgang aber nicht. Manchmal wird nämlich nur das Gemeindewappen als Mauerwerk gezeigt, das Familienwappen hingegen in der älteren Form als leerer Stufengiebel. In anderen Fällen liegt wohl eine Rückübertragung des Riehener Gemeindewappens auf das Familienwappen derer ‹von Riehen› vor, die seit Christian Wurstisens Ausführungen in der ‹Basler Chronik› zu den ehemaligen Herren des Dorfes Riehen gemacht wurden.[29] Die Umsetzung als Mauerwerk hängt deshalb vielleicht mehr mit der humanistischen Interpretation des Wappens im 16. Jahrhundert zusammen, die es als Familienwappen eines ehemaligen Herrengeschlechts mit Burgsitz in Riehen erklären wollte, und weniger mit älteren Motiven wie einer tatsächlichen Mauer oder Zinne.

Die Entwicklung des Gemeindewappens zur heutigen Form mit dem frei schwebenden Mauerwerk beginnt auf den Riehener Kirchenglocken von 1725. Auf diesen wurde es vereinfacht durch eine frei schwebende Pyramide aus Punkten mit einer Dreierbasis dargestellt. Die fortschrittliche Glockengiesserkunst des 18. Jahrhunderts hätte aber auch eine Abbildung des originalen Wappens erlaubt, weshalb der Schritt zu dieser einfacheren Form noch einer Erklärung bedarf.

Die heute gültige Form des Riehener Gemeindewappens geht auf eine durch Hans Schlup-Schaub angeregte amtliche

Wappenänderung von 1948 zurück. Damals wurde – aufgrund von Vorschlägen des Staatsarchivs Basel-Stadt und des Präsidenten der Schweizerischen Heraldischen Gesellschaft, Paul Ganz – die frei schwebende Figur bestimmt und ein Seitenverhältnis von 5:8 (Goldener Schnitt) sowohl in den einzelnen Ziegeln als auch in der gesamten Figur festgelegt, was eine «bessere» Verwendung des Wappens ermöglichen sollte.[30]

Man weiss heute viel über das Riehener Wappen, viel mehr als vor 100 Jahren. Dieser kurze Abriss hat neben einigen Antworten, wie es zum heutigen Wappen gekommen ist und was es bedeutet, aber vor allem auch die Unklarheiten aufgezeigt, die sich bei dessen Untersuchung ergeben. Doch das genaue Erkennen der offenen Fragen ist der erste Schritt zum besseren Verständnis eines Forschungsgegenstands. Ein künftiger Beitrag zum Gemeindewappen mag dann wiederum neue Antworten geben und zugleich die neuen wichtigen Fragen stellen.

1 So blasoniert in Hans-Rudolf Heyer et al.: Die Gemeinden beider Basel und ihre Wappen, Chapelle-sur-Moudon 1989, S. 42.
2 Wilhelm Richard Staehelin: Riehen, in: Schweizer Archiv für Heraldik, 1915, Bd. 29, S. 168f.
3 Ludwig Emil Iselin: Geschichte des Dorfes Riehen. Festschrift zur Jubiläumsfeier der 400-jährigen Zugehörigkeit Riehens zu Basel 1522–1922, Basel 1923, S. 65.
4 August Burckhardt: Die Wappen der baslerischen Ämter und einiger Herrschaften, in: Festschrift zum fünfzigsten Jahrestag der Gründung der Schweizerischen Heraldischen Zeitschrift 1891–1941, Basel 1941, S. 20.
5 Albert Bruckner et al.: Riehen. Geschichte eines Dorfes, Riehen 1972, S. 60.
6 Ebenda, S. 105.
7 Michael Raith: Gemeindekunde Riehen, Riehen 1980, S. 20f.
8 Guido Helmig: Gallorömische Tempel in Riehen, in: z'Rieche 2009, S. 36; Peter Thommen: Die Kirchenburg von Riehen, in: z'Rieche 1988, S. 161; Archäologische Bodenforschung Basel-Stadt (Hg.): Unter uns. Archäologie in Basel, Basel 2008, S. 307.
9 Hans Rudolf Christen: Die Deutung des Riehener Wappens, in: Baselbieter Heimatblätter, 2002, Bd. 67, S. 22–30.
10 Arlette Schnyder et al. (Hg.): Riehen – ein Portrait, Basel 2010, S. 20.
11 Von Gottlieb Linder in Geschichte der Kirchengemeinde Riehen-Bettingen, Basel 1884, Anm. 35, noch abgelehnt, wurde die Annahme 1923 von Ludwig Emil Iselin in Geschichte des Dorfes Riehen, S. 64f., bekräftigt und schliesslich 1972 auch von Albert Bruckner unterstützt in: Riehen. Geschichte eines Dorfes, S. 104.
12 Inhalt der Urkunde: Bischof Heinrich I. von Basel entscheidet einen Streit um die Kirche von Achkarren. Carl Georg Dümge: Regesta Badensia. Urkunden des Grossherzoglich-badischen General-Landesarchivs. Von den ältesten Zeiten bis zum Schlusse des XII. Jahrhunderts, Karlsruhe 1836, S. 57; Peter Rück: Die Urkunden der Bischöfe von Basel bis 1213, Basel 1966, S. 134f., Tafel 23; Generallandesarchiv Karlsruhe, C 80.
13 Raith, Gemeindekunde Riehen, S. 20.
14 Bruckner, Riehen, S. 105.
15 Freiburger Urkundenbuch, Bd. 1, Nr. 203.
16 Vgl. beispielsweise Urkundenbuch der Stadt Basel, Bd. 1, Nr. 67, 352; Bd. 2, Nr. 504, 517, 603; Bd. 3, Nr. 247, Anhang Nr. 34; Freiburger Urkundenbuch, Bd. 1, Nr. 256; Adolf Socin: Mittelhochdeutsches Namenbuch. Nach oberrheinischen Quellen des zwölften und dreizehnten Jahrhunderts, Basel 1903, S. 7, 325, 434, 530, 554, 593, 646.
17 Jürgen Mischke: Familiennamen im Mittelalterlichen Basel. Kulturhistorische Studien zu ihrer Entstehung und zeitgenössischen Bedeutung, unveröffentlichte Diss. Universität Basel 2014, S. 180–183.
18 Albert Krieger: Topographisches Wörterbuch des Grossherzogtums Baden, Heidelberg 1905, Bd. 2, Sp. 601; Jürgen Mischke, Inga Siegfried (Hg.): Die Ortsnamen von Riehen und Bettingen. Namenbuch Basel-Stadt, Basel 2013, Bd. 1, S. 258f.
19 Werner Schär: Die Edlen von Riehen, in: Riehener Zeitung, 19.8.1966.
20 Städtische Museen Freiburg i. Br. (Hg.): Kunstepochen der Stadt Freiburg, Freiburg 1970, S. 115. Ausserdem ist zum Beispiel bereits 1375 ein Hauskäufer ‹von Riehen› in Freiburg fassbar, vgl. Alfons Zettler, Thomas Zotz (Hg.): Die Burgen im mittelalterlichen Breisgau. I. Nördlicher Teil. Halbband L–Z, Ostfildern 2006, S. 508.
21 Wappen, in: Lexikon des Mittelalters, 10 Bde., Stuttgart 1977–1999, Bd. 8, Sp. 2031–2033; Hermann Hinz: Motte und Donjon. Zur Frühgeschichte der mittelalterlichen Adelsburg, in: Zeitschrift für Archäologie des Mittelalters, Köln 1981, Beiheft 1, S. 16–18.
22 Christen, Deutung, S. 25.
23 Die Wappenrolle von Zürich. Ein heraldisches Denkmal des 14. Jahrhunderts, Zürich 1860, Tafel 4, Nr. 92, 96, Tafel 14, Nr. 326, 327, Tafel 16, Nr. 380, Tafel 23, Nr. 549.
24 Johann Anton Kroll von Freyen: Heraldica Curiosa, welche der Wappen Ursprung, Wachsthum, Fortgang und wie selbiger noch heutiges Tages bey denen Teutschen im Gebrauch ausführlichen zeiget [...], Nürnberg 1698, S. 153.
25 Georg Scheibelreiter: Heraldik, Wien/München 2006, S. 77.
26 Frank Hieronymus: Schnitt, Conrad, in: Historisches Lexikon der Schweiz, www.hls-dhs-dss.ch/textes/d/D18743.php, Zugriff: 31.7.2014.
27 Wappenbuch des Nikolaus Riss bzw. Kaspar Koch in Basel, sogenanntes Koch(i)sches Wappenbuch, Universitätsbibliothek Basel, Handschriften, O I 13; Carl Roth: Die Wappenbücher der Handschriftensammlung der Öffentlichen Bibliothek der Universität Basel, in: Schweizer Archiv für Heraldik, 1938, Bd. 52, S. 8–11.
28 Kirchenbücher von St. Martin in Riehen, Staatsarchiv Basel-Stadt, Kirchengüter K 3.
29 Christian Wurstisen: Basler Chronick, Basel 1580, S. 62.
30 Protokoll des Weiteren Gemeinderates, Sitzung vom 31.3.1948, S. 64; LexFind, Online-Datenbank der Schweizerischen Staatsschreiberkonferenz, www.lexfind.ch/dta/32077/2/RiE%2520111.200.pdf, Zugriff: 14.7.2014.

Die Künstlerin Sabine Hertig in ihrem Atelier
an der Rössligasse in Riehen, Juli 2014.

Malerische Bildwelten

FRANÇOISE THEIS

Der Kulturpreis 2013 der Gemeinde Riehen ging als Förderpreis an die junge bildende Künstlerin Sabine Hertig, die in ihren Collagen und Assemblagen Bilder aus Magazinen und Büchern, Objekte, Videos und Audios sowie Malerei und Zeichnung zu komplexen Bildwelten verwebt.

Sabine Hertig ist eine junge Riehenerin, die sich sehr früh entschied, bildende Künstlerin zu werden. Dies war eine sehr bewusste Wahl, da auch Musik und Geigenspiel eine Option für sie war. Schon mit 16 Jahren hatte sie ihr erstes kleines Atelier, das sich grad um die Ecke beim Elternhaus befand. Sie beschäftigte sich mit Zeichnung und Malerei, war viel in der Natur unterwegs und schöpfte ihre Motive aus der genauen Beobachtung. Zum ersten Mal konnte sie ihre Werke 1999 in der Papeterie Wetzel in Riehen ausstellen. Da war sie 17 und sehr stolz, ihr erstes Bild verkaufen zu können.
Die Matur machte sie 2002 am Gymnasium Bäumlihof. Selbstverständlich war Bildnerisches Gestalten ihr Schwerpunktfach. Sie begann anschliessend ihr Studium an der Hochschule für Gestaltung und Kunst (HGK) in Basel, das sie 2010 mit dem Master ‹Vermittlung in Kunst und Design› abschloss. Schon 2004 wurde eine Arbeit der 22-Jährigen für die alljährliche, jurierte ‹Regionale› ausgewählt. In der Folge zeigte Sabine Hertig mehrmals Werke an der ‹Regionale› und nahm an Gruppenausstellungen teil – beispielsweise in der Kunsthalle Palazzo in Liestal, im Vögele Kulturzentrum in Pfäffikon oder im Andate Ritorno in Genf. Die renommierte Basler Galerie Stampa begleitet sie unterdessen in ihrem künstlerischen Schaffen und zeigte Ende 2013 ihre erste Einzelausstellung.

DAS KÜNSTLERISCHE SCHAFFEN

Während ihres Studiums an der HGK wandte sich Sabine Hertig der Collage zu. Das breite Spektrum der Ausdrucksmöglichkeiten beim collagierenden Vorgehen prägt ihre Werke seit einigen Jahren. Ihre Collagen begann sie mit kleinformatigen Schwarzweiss-Arbeiten, in denen sie oft nur zwei Ausschnitte aus Zeitungen oder Magazinen zusammenfügte. Schon in diesen Werken zeigt sich, mit welch gutem Auge Sabine Hertig auswählt und mit welchem

Sabine Hertig: ‹Landscape Nr. 5›, 2012
Öl, Acryl und Collage auf Leinwand,
2-teilig, 2 integrierte Lautsprecher
140 × 210 cm

Feingefühl sie neue Bilder schafft. Sie lässt sich dabei von der Assoziation analoger und divergenter Formsprachen und Thematiken aus ganz unterschiedlichen Kontexten leiten. Sie löst bestehende Bildausschnitte aus ihrem ursprünglichen Kontext heraus und fügt sie zu einem neuen, formal stimmigen Bild zusammen. So eröffnen sich vielfältige und offene Dialoge und Geschichten, die erst von den Betrachtenden geschaffen werden. Sabine Hertig wählt ihre Bildausschnitte aus den verschiedensten Printmedien. Bei den Abbildungen in den ‹GEO-Magazinen› schätzt sie beispielsweise die Tiefe der Farben, in der ‹Neuen Zürcher Zeitung› springen sie immer wieder gut gewählte Headlines an. Auch Bücher aus dem Brockenhaus dienen ihr als Bilderreservoir.
Bald wurden ihre Arbeiten grösser – heute sprengen sie sogar das nicht sehr kleine Atelier an der Riehener Rössligasse. Als Bildträger verwendet Sabine Hertig grosse, aufgespannte Leinwände, die zusammengefügt schon mal 4 Meter messen. Und es haben viele verschiedene Medien Einzug gehalten: Nebst dem Collagieren sind auch der malerische Gestus und die zeichnerische Linie wieder wichtig geworden. Zudem arbeitet sie mit kleinen, vorgefundenen Videos, mit Klängen, die sie auch mal selbst mit der Geige aufnimmt, oder sogar mit QR-Codes, deren Inhalte mittels Handy im Internet abgerufen werden müssen.

DIE COLLAGE UND DAS MALERISCHE

Die Collage als künstlerische Ausdrucksweise hat ihre Wurzeln in den ‹papiers collés› und Collagen von Pablo Picasso, Georges Braque und Juan Gris, die zwischen 1912 und 1914 ihre kubistischen Gemälde dahingehend erweiterten, dass sie Wortfragmente, Bilder aus Zeitungen und Elemente aus dem Alltag in ihre Werke integrierten: Pablo Picasso schuf im Mai 1912 ‹Stillleben mit Rohrstuhlgeflecht› – eine mit Schnur eingerahmte Leinwand, auf die er ein bemaltes Wachstuch applizierte – und Georges Braque im September 1912 ‹Stillleben mit Fruchtschale und Glas›, das als erstes ‹papier collé› gilt.
Ziel dieser neuen künstlerischen Strategie war es, die Form von der Farbe zu lösen oder das Material von seiner ursprünglichen Bedeutung. Uwe M. Schneede definiert: «Collage-Technik ist die systematische Ausbeutung des zufälligen oder künstlich provozierten Zusammentreffens von zwei oder mehr wesensfremden Realitäten auf einer augenscheinlich dazu ungeeigneten Ebene – und der Funke Poesie, welcher bei der Annäherung dieser Realitäten überspringt.»[1]
Die 1941 geborene US-amerikanische Kunstkritikerin und -theoretikerin Rosalind Krauss analysiert die Collage-Technik folgendermassen: «Was die Collage erreicht, ist eine Metasprache des Visuellen. Sie kann über Raum sprechen, ohne diesen zu benutzen, sie kann die Figur durch ein wiederholtes Überlagern von Gründen figurieren, sie kann in den Begriffen von Licht und Schatten sprechen. Als System führt die Collage ein Spiel von Differenzen ein [...].»[2]

Sabine Hertig: ‹ohne Titel›, 2013
Analoge Collage
25,5 × 19 cm
Unikat

In ihrer künstlerischen Auseinandersetzung erweitert Sabine Hertig diese Definitionen der klassischen Collage, indem sie in einem Modus des ‹collageartigen Denkens› arbeitet. Ihre Werke können als Reaktion auf die uns umgebende Bilderflut gelesen werden, wie sie im Gespräch festhält: «Für mich ist alles formbares Material: Ein Zeitungsbild ist ein Farbfleck, ein Videobild ist ein sich bewegender Farbfleck. Alles kann ich gleichwertig für ein Bild nutzen. Was ich tue, ist nichts anderes als malen.» Trotz oder gerade wegen des Einbezugs verschiedenster Medien ist es das Malerische, wie sie sagt, das ihre Haltung bestimmt. Ein Maler ist ihr dabei fortwährender Begleiter: Es handelt sich um Paul Cézanne (1839–1906), der wohl wie kein anderer aus der beharrlichen Naturbeobachtung heraus Bilder schuf, die sich in der Betrachtung immer wieder aufs Neue konstituieren. Seine Bilder setzen sich aus farbigen Flecken zusammen. Diese berühmten ‹taches› sind dabei gleichzeitig Form und Farbe. In dieser Vorgehensweise scheinen grundlegende Strategien der Collage auf.
Auch wenn Sabine Hertig eine junge Künstlerin ist, die selbstbewusst und zielstrebig ihr künstlerisches Werk weiterentwickelt, ist es der Zweifel, der sie in ihrem Schaffen begleitet. Wie könnte man künstlerisch tätig sein, ohne zu zweifeln? Sie sagt, dass dieser sogar sichtbar sei, und zwar in den vielen Materiallagen, aus denen ihre Werke bestehen. Besonders die ‹Landscapes›, ihre neusten, grossformatigen Werke, entstehen in einem Prozess des fortwährenden Schichtens. Aus den Lagen heraus formt sich das Bild, das verstärkt mit Verdichtung und Freilassung und mit Hell-Dunkel-Kontrasten operiert. So tut sich in einer optischen Täuschung die dritte Dimension auf.

Gemeinderätin Maria Iselin-Löffler und Sabine Hertig anlässlich der Kulturpreisverleihung, 14. April 2014.

Doch Achtung: Sabine Hertig greift auch tatsächlich in die dritte Dimension aus. Aus Collagen sind Assemblagen geworden – Werke also, in die sie Gegenstände integriert – und manch neues Werk erinnert sogar an ein Diorama. Hier dient ihr der Online-Marktplatz ‹Ricardo› als Materiallieferant – dort bekommt man alles, was man sich nur vorstellen kann, sagt sie. Der Förderpreis ist eine Wertschätzung der bisherigen künstlerischen Arbeit von Sabine Hertig. Fördern ist aber auch immer als Fordern zu verstehen – oder, um es milder auszudrücken, als freudige Erwartung.

1 Uwe M. Schneede: Die Geschichte der Kunst im 20. Jahrhundert. Von den Avantgarden bis zur Gegenwart, München 2001, S. 90.

2 Rosalind Krauss: In the Name of Picasso, in: October, Vol. 16: Art World Follies, 1981, S. 5–22 (Übersetzung der Autorin).

Silvan Wicki und Simone Werner an der Riehener Sportpreisverleihung
im Juni 2014 im Lüschersaal.

Ein Paar auf und neben der Bahn

ROLF SPRIESSLER-BRANDER

Die Leichtathletin Simone Werner wurde im Juli 2013 in Luzern über 400 Meter erstmals Elite-Schweizermeisterin, dasselbe gelang Silvan Wicki im 200-Meter-Lauf der Männer. Die beiden trainieren bei derselben Trainerin, starten für die Old Boys Basel, sind privat ein Paar und wurden gemeinsam mit dem Sportpreis der Gemeinde Riehen für das Jahr 2013 ausgezeichnet.

Der 27. Juli 2013 war ein besonderer Tag für die Riehener Sportgeschichte. Zuerst wurde Simone Werner auf der Luzerner Allmend ihrer Favoritinnenrolle gerecht und gewann über 400 Meter als saisonbeste Schweizerin erwartungsgemäss ihren ersten Elite-Schweizermeistertitel. Eineinhalb Stunden später folgte die Sensation. In Abwesenheit des 100-Meter-Meisters Reto Amaru Schenkel (LV Winterthur) und des 100-Meter-Vizemeisters Alex Wilson (Old Boys Basel) nutzte Silvan Wicki seine Chance, stürmte mit der besten Vorlaufzeit von 21,50 Sekunden in den Final, steigerte sich dort auf eine persönliche Bestzeit von 21,36 Sekunden und holte sich als 18-Jähriger vor den favorisierten Marc Schneeberger (TV Länggasse) und Pascal Müller (BTV Aarau) seinen ersten Elite-Schweizermeistertitel.

VOM HOCHSPRINGER ZUM SPRINTER

Die Grundlagen der Leichtathletik lernte Silvan Wicki in der Jugendriege des Turnvereins Riehen, für den er seine ersten Medaillen gewann. Bald wechselte er zu den Old Boys – bei den ‹Gelbschwarzen› hatte schon seine Mutter ihre Erfolge gefeiert und dort war auch sein Bruder Nils bereits aktiv. Seinen ersten nationalen Titel gewann Silvan Wicki im Frühjahr 2010 als U16-Hallen-Schweizermeister im Hochsprung. Und es ging schnell höher: Noch als 15-Jähriger übersprang Silvan Wicki 1,92 Meter. Bald merkte er aber, dass er seine Schnelligkeit nicht in Höhe umsetzen konnte. Er musste entscheiden, ob er sich auf den Hochsprung oder auf den Sprint konzentrieren wollte. Er entschied sich für den Sprint, wo er so richtig «wüten» könne, wie er sagt, und gegen den ungeliebten «Kampf gegen die Latte». Als Hochspringer hätte er seinem älteren Bruder Nils nachgeeifert, der es im Hochsprung bis zum Hallen-Schweizermeister gebracht hatte. Doch Silvan machte sein eigenes Ding und es zeigte sich schnell, dass er mit seiner Entscheidung richtig lag.

Silvan Wicki hat von Natur aus einen hohen Muskeltonus. «Ich habe noch nie einen Sprinter erlebt, der im Training grundsätzlich nicht an seine Maximalgeschwindigkeit herangeht und trotzdem schnell ist», sagt seine Mutter und Trainerin Sabine Wicki, die selbst eine gute Sprinterin war. Silvan sei stark im Kopf, habe eine fabelhafte Koordinationsfähigkeit, könne seinen Körper unglaublich gut einschätzen und gebe gute und präzise Rückmeldungen. Er stellt hohe Ansprüche an sich selbst, aber ein Mann der grossen Worte ist er nicht. Er ärgert sich über Athleten, die grosse Taten ankündigen und dann an ihren eigenen Erwartungen scheitern. Er selbst setzt auf Taten. Und auch nach Erfolgen ist er kein Mann der vielen Worte. Auch nach Niederlagen nicht. Dann wird nicht lamentiert, sondern analysiert und gehandelt. Seine persönlichen Ziele, die er durchaus hoch ansetzt, behält Silvan Wicki gewöhnlich für sich, und so war es für die meisten eine riesige Überraschung, als er am 17. Juni 2012 im Rahmen der Kantonalmeisterschaften beider Basel auf der Grendelmatte in Riehen mit der 200-Meter-Zeit von 21,51 Sekunden als erst 17-Jähriger die Limite für die U20-Weltmeisterschaften unterbot. An den Welttitelkämpfen der Junioren in Barcelona erreichte er in den 200-Meter-Vorläufen eine Zeit von 21,81 Sekunden und belegte als einer der jüngsten Konkurrenten den 49. Rang unter 62 Läufern. In der Saison 2012 wurde Silvan Wicki ausserdem U18-Schweizermeister über 200 Meter.

Im Winter 2012/13 hatte Silvan Wicki dann mit muskulären Problemen in Rücken und Oberschenkel zu kämpfen. Die Ursache war eine ungewöhnliche: die Verkrampfungen rührten daher, dass er seine Zähne beim Sprinten ungewöhnlich heftig zusammenpresste. Das Problem liess sich mit einer kreativen Massnahme lösen. Mithilfe einer Zahnschiene lernte Silvan Wicki, seine Kieferposition so zu verändern, dass er im Mundbereich lockerer wurde. Zuerst trat er auch mit dieser Zahnschiene an, bald hatte sich sein Körper aber umgestellt und es ging auch ohne dieses Hilfsmittel.

So startete Silvan Wicki zwar verspätet, aber umso fulminanter in die Freiluftsaison 2013. Problemlos unterbot er die U20-Europameisterschafts-Limiten über 100 und 200 Meter. In Rieti (Italien) verzichtete er zugunsten des Schweizer Staffelprojekts auf einen Einzelstart auf seiner Paradestrecke, den 200 Metern, lief stattdessen über 100 Meter in einer Zeit von 10,61 Sekunden in die Halbfinals und belegte in der Endabrechnung den 16. Platz. In der Schweizer 4 x 100-Meter-Staffel qualifizierte er sich zusammen mit Yanier Bello (Stade Genève), Brahian Pena (Amriswil-Athletics) und Sylvain Chuard (Lausanne-Sports) in der Junioren-Schweizerrekordzeit von 40,19 Sekunden für den Final und erreichte dort inmitten der europäischen

Simone Werner an den Schweizermeisterschaften in Luzern.

Silvan Wicki im Ziel des 200-Meter-Finals von Luzern in Siegerpose.

U20-Sprintelite den sensationellen 6. Platz. Vom Coup an der Schweizermeisterschaft 2013 in Luzern war bereits die Rede. Im Herbst 2013 wurde Silvan Wicki dann auch noch U20-Schweizermeister über 100 Meter und U20-Vizeschweizermeister über 200 Meter.

MIT BEHARRLICHKEIT NACH OBEN

Führte Silvan Wickis Weg sehr steil nach oben, so ging es bei seiner zwei Jahre älteren Freundin Simone Werner – Sabine Wicki nennt die beiden «Seelenverwandte» – etwas gemächlicher bergauf. Und bewegt sich Silvan Wicki auf einem schmalen Grat, wenn es darum geht, seine Muskeln nicht überzutrainieren, so lebt Simone Werner von einer beharrlichen, kontinuierlichen Aufbauarbeit. Sagt Silvan Wicki schon mal Nein, wenn er das Gefühl hat, dass es nicht geht, so muss man Simone Werner in ihrem Ehrgeiz eher bremsen. Sie musste sich ihre Erfolge aber auch hart erarbeiten und gilt als äusserst gewissenhafte, strapazierfähige Athletin. Ihre Ausdauer stellte sie schon früh in Stadt- und Geländeläufen sowie auf den Mittel- und Langstrecken unter Beweis, ihre Vielseitigkeit als Mehrkämpferin und als technisch versierte Hürdenläuferin. Als Mehrkämpferin wurde Simone Werner für den Turnverein Riehen Team-Turnfestsiegerin am Eidgenössischen 2007 in Frauenfeld. Ihren ersten Nachwuchs-Schweizermeistertitel gewann sie 2009, ebenfalls noch im blauweissen Dress des TV Riehen, über 300 Meter Hürden.

Zwei Jahre später und nun für die Old Boys startend, machte Simone Werner erstmals auf internationaler Ebene auf sich aufmerksam. Mit der Schweizer 4 x 400-Meter-Staffel lief sie an

Silvan Wicki und Simone Werner zusammen mit Trainerin Sabine Wicki (links) und Gemeinderätin Christine Kaufmann (rechts) anlässlich der Sportpreisverleihung in Riehen.

den U20-Europameisterschaften 2011 in Tallin (Estland) einen Juniorinnen-Schweizerrekord, qualifizierte sich für den Final und lief auf den 7. Rang des Staffelwettbewerbs. In derselben Saison wurde sie U20-Schweizermeisterin über 400 Meter und erstmals zur Basler Leichtathletin des Jahres gewählt.

Im Jahr 2012 verteidigte Simone Werner, die sich inzwischen auf 400 Meter spezialisiert hatte, ihren U20-Schweizermeistertitel aus dem Vorjahr und wurde Vizeschweizermeisterin bei der Elite, und zwar sowohl in der Halle als auch draussen. Sie qualifizierte sich für die U20-Weltmeisterschaften 2012 in Barcelona und stürmte dort in der persönlichen Bestzeit von 54,70 Sekunden in die Halbfinals.

In der Saison 2013 war Simone Werner nicht nur erstmals Elite-Schweizermeisterin, sie war auch Mitglied der Schweizer Nationalmannschaft an der Team-Europameisterschaft in Dublin, wo sie im 400-Meter-Einzelrennen und mit der 4 x 400-Meter-Staffel antrat, und holte sich den U23-Schweizermeistertitel. Sie war nun die schnellste Schweizer 400-Meter-Läuferin der ganzen Saison. «Manchmal muss man Simone vor sich selber schützen, denn von sich aus gibt sie nicht zu, wenn sie an Grenzen stösst», sagt Sabine Wicki. «Bei ihr geht es nie nicht, bei Wind und Wetter zieht sie ihr Ding bedingungslos durch und ist so zwar jeweils in kleinen Schritten, aber doch stetig besser geworden, auch weil es ihr gelungen ist, parallel zum Stehvermögen ihre Grundschnelligkeit immer wieder zu erhöhen», lobt die Trainerin ihre Athletin, die neben dem Sport auch grossen Wert auf ihre Ausbildung legt. Seit Herbst 2012 studiert sie an der Universität Basel Medienwissenschaften und Soziologie.

FÖRDERPREIS IM HINBLICK AUF ZUKÜNFTIGE ZIELE

Ausschlaggebend für die Auszeichnung mit dem Sportpreis der Gemeinde Riehen für das Jahr 2013 an Simone Werner und Silvan Wicki – übergeben durch Gemeinderätin Christine Kaufmann im Rahmen einer öffentlichen Feier am 16. Juni 2014 im Haus der Vereine – waren die Elite-Schweizermeistertitel 2013 in Luzern. Doch betonte die Jury in ihrer Begründung, dass der Preis auch als Förderpreis im Hinblick auf weitere sportliche Ziele in der Zukunft zu verstehen sei.

Beide setzten in der Saison 2014 ihre Entwicklung fort. Simone Werner verbesserte ihre persönliche 400-Meter-Bestzeit und startete wieder für die Schweizer Nationalmannschaft an der Team-Europameisterschaft, Silvan Wicki schaffte die 100- und 200-Meter-Limiten für die U20-Weltmeisterschaften in Eugene (USA) und lief dort über 100 Meter in die Halbfinals. Im Frühjahr brach er den 150-Meter-U20-Schweizerrekord von Alex Wilson und will wie sein älterer Old Boys-Klubkollege künftig auch bei den Grossen an Weltmeisterschaften und Olympischen Spielen starten.

Silvan Wicki und Simone Werner hatten aber 2014 auch mit Widerständen zu kämpfen. Silvan Wicki brachte sich mit einer kleinen technischen Umstellung beim Laufstil selbst in Schwierigkeiten und war an der Junioren-Weltmeisterschaft in Eugene nicht konstant in Topverfassung. Simone Werner hatte mit leichten gesundheitlichen Problemen zu tun und machte einen weniger grossen Schritt nach vorne, als sie es sich vorgenommen hatte. Dass sie allerdings ihren 400-Meter-Schweizermeistertitel im Juni 2014 nicht verteidigen konnte, lag mehr an der starken Konkurrenz als an der eigenen Schwäche. Die 200-Meter-Europameisterschaft-Starterin Lea Sprunger war eine Klasse zu gut. Doch Silvan Wicki und Simone Werner sind starke Persönlichkeiten, denen zuzutrauen ist, dass sie an Widerständen wachsen werden.

Chronik

Kultur

Kulturchronik

JULI 2013 BIS JUNI 2014

MICHÈLE FALLER

Das Jazzfestival in der Dorfkirche Riehen, ‹Stiller Has› im Landauer, eine Tanzschule, die sich mit einem schottischen Tanzfest vorstellt, und zahlreiche Vereinsjubiläen: Wie immer ist viel passiert im Riehener Kulturjahr. Auch das Dorffest wurde wieder gefeiert, es gab einen Afrikamarkt und die ‹Kultursuppe› wurde erstmals eingebrockt – und ausgelöffelt.

KONZERTE

Den sommerlichen Konzertauftakt in Riehens Kulturlandschaft machten wie üblich die ‹Stimmen›-Konzerte im Wenkenpark: am 12. Juli mit dem Schweizer Musiker Baum und dem afrikanischen Jazzer Richard Bona, tags darauf mit Rufus Wainwright, der mit Witz, Selbstironie und Tiefgründigkeit begeisterte. Riehener Stimmen am gleichnamigen Festival waren in Lörrach zu hören: Der gemischte Chor ‹Liederkranz› sang in allen vier Landessprachen sowie auf Hochdeutsch, Plattdeutsch, Englisch, Schwedisch und Suaheli.

Zur Feier von ‹Bettingen 500 Jahre bei Basel› im August verlegte der Musikverein Riehen zusammen mit der ‹Chropf-Clique-Rieche› sein ‹Summernachtsfescht› in die Nachbargemeinde und gab im eigenen Festzelt zwei Konzerte. Auch die Alphorngruppe Riehen zog es dahin: Das Quartett nahm am 15. August am ‹Gipfeltreffen› mit traditioneller und experimenteller Volksmusik auf der Chrischona beim Fernsehturm teil.

Das Philharmonische Orchester Riehen brachte am 22. September im Landgasthof drei moderne Werke mit Jazzeinschlägen zu Gehör sowie die Uraufführung ‹Lebensbilder› des Orchester-Fagottisten Alexander Sloendregt. Am 1. Oktober bezauberte der argentinische Gitarrist Juan Falú mit seinem leichtfüssigen Spiel den vollbesetzten Saal der Musikschule Riehen, am 3. November folgten der ‹Ohrenschmaus› und der Auftakt des Orgelfestivals in der Kirche St. Franziskus. 100 Jahre alt ist der Posaunenchor des CVJM Riehen – das wurde am 10. November mit einem musikalischen Jubiläumsgottesdienst in der Dorfkirche gefeiert. Da konzertierte zwei Wochen später auch das Mandolinen- und Gitarren-Orchester Riehen.

Die fünfte Ausgabe des Musikfestivals ‹Vier Jahreszeiten› in der Villa des Wenkenhofs widmete sich vom 25. November bis 1. Dezember dem Dirigenten Witold Lutoslawski, der in diesem Jahr 100 Jahre alt geworden wäre. Ebenfalls Grund zum Feiern hatte der Handharmonikaverein Eintracht Riehen: Am 30. November ging im Bürgersaal des Gemeindehauses das Konzert zum 75. Jubiläum mitsamt dem Lustspiel ‹Juhui es chunnt Bsuech› über die Bühne. Etwas jünger ist die Riehener Formation ‹Bitch Queens›, die zur gleichen Zeit in der Basler Beiz Hirscheneck einen Release-Auftritt hatte: ‹Gimme a Kiss› heisst die neue Single.

Die ‹Classiques›-Reihe startete am 20. Dezember mit dem ‹Progetto Vivaldi› mit Sol Gabetta, am 22. Dezember gab das Kammerorchester ‹Musica Antiqua Basel› sein 25. Weihnachtskonzert und am 26. Januar folgte der Auftakt der ‹Connaissez-vous›-Reihe mit dem Thema ‹Russische Musik im Westen›.

Am 18. Januar ging das Jahreskonzert der Stadt-Jodler Basel-Riehen über die Landgasthofbühne und die Chorgemeinschaft ‹Voci Appassionate› trat am 7. Februar in der Kornfeldkirche auf. Viel Leidenschaft war am selben Abend auch im Freizeitzentrum Landauer zu spüren: Die hochkarätige Band ‹Stiller Has› um den raubeinigen Poeten Endo Anaconda gab auf ihrer ‹Böses Alter›-Tour ein fulminantes Konzert.

Ein Überraschungsständchen im Gemeindehaus fand am 3. April zu Ehren der scheidenden Gemeinderätin Maria Iselin statt. Es brillierten das Musikschulensemble ‹Barock & Co.› mit Solist Corentin Bezençon. Erstmals in der Dorfkirche Riehen zu Gast war das Jazzfestival Basel. Am 7. Mai verblüfften und verzückten der Kontrabassvirtuose Renaud Garcia Fons und das Vincent Peirani-Duo das Publikum, am 8. Mai waren es der Akkordeon-Grossmeister Richard Galliano und das Duo Brodbeck / Hendriksen.

Der Grossmeister des schrägen Mundartrocks im Landauer zu Gast: Endo Anaconda von ‹Stiller Has›.

Celloklänge zum Abschied: Corentin Bezençon und das Ensemble ‹Barock & Co.› brachten Maria Iselin ein ‹Ständeli›.

Unter dem vielversprechenden Titel ‹Sing, Swing – Spring!› gaben drei Chöre am 29. Mai anlässlich des Europäischen Jugendchor-Festivals ein umjubeltes Konzert im Landgasthofsaal. Am 27./28. Juni folgte dann die andere Talentschau der Jugend: ‹Singeasy›, das am zweiten Abend leider völlig verregnet wurde. Ein Schicksal, das auch das Rockfestival ‹Hill Chill› im Sarasinpark eine Woche später ereilte.

LITERATUR

Die Saison der ‹Arena Literaturinitiative› eröffnete am 3. September das neue Vorstandsmitglied Markus Ramseier. Der Autor begeisterte das Publikum mit seinem Roman ‹Vogelheu› und beim Apéro konnte gar mit einer ‹Cuvée Vogelheueler› auf das neue Buch angestossen werden. Nebst vielen anderen literarischen Genüssen trat am 30. Januar Maurizio Pinarello mit seinem Roman ‹Salmen› über eine Jugend in den 1970er-Jahren auf – so viel wurde wohl noch selten getanzt und gesungen an einer Lesung. Im Rahmen der Mundart-Plattform ‹Kaleidoskop› las die Bernerin Yvonn Scherrer aus ihrem ‹Nasbüechli›, eine Art Dufttagebuch einer sechsmonatigen Reise nach China, Brasilien und Bulgarien.
Neue Lektüre zu einem alten Riehener Landsitz erschien im September mit Karin Reys ‹Das Berowergut› und am 11. November feierte das Sachbuch ‹Die Ortsnamen von Riehen und Bettingen› im Bürgersaal des Riehener Gemeindehauses Vernissage. ‹Der Universalidiot› von Paul Kienle aus Riehen erschien im Dezember, ebenso der Reiseführer ‹Lörrach mit Riehen› aus der Reihe ‹Regio Entdeckungen›. Im Februar folgte dann der Kurzgeschichtenband ‹Sichtbar – unsichtbar›: Unter den Wettbewerbsbeiträgen der bereits 20-jährigen ‹Basler Eule› finden sich auch sechs Erzählungen von Riehener Jugendlichen. Ein neuer Kunstführer der Gesellschaft für Schweizerische Kunstgeschichte liegt seit April vor. Er vollzieht die Baugeschichte der Gemeinde Riehen nach und wartet mit vielen Informationen zur Architektur des 20. Jahrhunderts auf.

Das Äussere traditionell, das Dargebotene originell: Der Hitziger Appenzeller Chor am Europäischen Jugendchor-Festival im Landgasthof.

Yvonn Scherrer las aus ihrem berndeutschen ‹Nasbüechli› – in Brailleschrift.

AUSSTELLUNGEN

Ausstellungsobjekte können auch essbar sein: An den Tagen der offenen Tür in der Nationalen Beerensammlung von ‹ProSpecieRara› am 6. und 13. Juli durften die seltenen Sorten nicht nur bewundert, sondern auch gekostet werden. Andere vegetabile Exponate, etwa die Herbstaster als blühender Stern am Blumenhimmel, gab es wie immer im Französischen Garten und ‹ProSpecieRara›-Zierpflanzengarten im Wenkenpark – allerdings nur zu besichtigen.

Eines der vielen Highlights im Kunst Raum Riehen stellte ‹Tilt!› vom 16. Januar bis 23. Februar rund um verschiedene Formen von Spiel dar – ergänzend zur grossen Schau ‹Press Start to Play – Videospiele erleben› im Spielzeugmuseum Riehen. Insbesondere ‹The Feast of Trimalchio› der russischen Künstlergruppe AES+F, das eine Episode aus dem römisch-antiken Buch ‹Satyricon› ins dritte Jahrtausend verlegt, faszinierte mit seiner übernatürlichen Ästhetik. Auch der Kinder Kultur Club ‹eigen & artig› zog mit, und zwar mit der Kabinettausstellung ‹Game over!› Ende September im Spielzeugmuseum. Ein beruhigender Erkenntnisgewinn aus dem Ausstellungstext: «Man kann ja auch immer wieder anfangen.» Ungefähr zur gleichen Zeit entstand ‹In memory of Ernst B.›, ein gespraytes Wandbild von Philipp Tschanz, auf dem der Künstler den bedeutenden Kunstsammler Ernst Beyeler verewigte – allerdings auf Zeit, steht doch dem Haus an der Ecke Rauracherstrasse/Kohlistieg der Abriss bevor.

Die Fondation Beyeler eröffnete am 6. Oktober die Sonderausstellung ‹Thomas Schütte› mit irritierend bis beunruhigend wirkenden, oft monumentalen Skulpturen sowie empfindsamen Zeichnungen und Aquarellen. Schüttes Frauenkopf ‹Walser's Wife› inspirierte zum Anlass vom 14. November: Schauspieler Bruno Ganz las Texte des Schweizer Schriftstellers Robert Walser – der übrigens zeitlebens Junggeselle geblieben war. Im Februar folgte ‹Odilon Redon›, der die Besucher mit seinen Darstellungen von lächelnden Spinnen und abgetrennten Köpfen sowie mit lieblichen Frauenbildnissen in seinen Bann zog, und am 18. Mai startete die Gerhard Richter-Ausstellung zu Serien, Zyklen und Räumen – «die wichtigste und schönste Ausstellung in der 17-jährigen Geschichte der Fondation Beyeler», so Direktor Sam Keller an der Vernissage.

Temporäres Freiluft-Graffiti im Niederholzquartier: ‹In memory of Ernst B.› von Philipp Tschanz.

Bruno Ganz in der Fondation Beyeler mit Thomas Schüttes ‹Walser's Wife› und ‹Dritte Schwester›.

Bereits zum zehnten Mal ging in der Reithalle des Wenkenhofs vom 8. bis 13. November die ‹Basel Ancient Art Fair› über die Bühne. Für die vielfältige Fülle an Ausstellungen der Riehener Galerien seien stellvertretend die überraschend knalligen Naturfarben-Gemälde von Kathrin Spring in der Galerie Lilian Andrée und die neuen Bilder des deutschen Künstlers Thitz in der Galerie Mollwo erwähnt. ‹Reissverschlüsse einmal anders› war am 24./25. August in der Orangerie im Sarasinpark angesagt, wo die Schneiderin und Künstlerin Margot Franzese ihre genähten Ölbilder zeigte. Weihnachtliche Freiluftausstellungen in Form von liebevoll gestalteten Adventsfenstern gab es rund um den Steingrubenweg und im Kornfeldquartier zu entdecken.
‹Geschichten unter der Haut› zeigte das Geistlich-diakonische Zentrum vom 11. Januar bis 21. Februar, nämlich historische Fotografien und Objekte aus der Spitalgeschichte. Die Ausstellung begleitete die feierliche Eröffnung des auch online einsehbaren Historischen Spitalarchivs Riehen. Am 30. März verabschiedete sich der langjährige Konservator des Spielzeugmuseums Bernhard Graf mit einer letzten Führung und am 11. Mai eröffnete dort die Ausstellung ‹Seifenblasenträume›, während der Kinder und Erwachsene mit entrücktem Blick beeindruckende Seifengebilde erschufen.

FESTE, FEIERN UND MÄRKTE

Die Riehener Bundesfeier im Sarasinpark wurde erstmals unter dem neuen Label ‹inRiehen› organisiert und beglückte die Gäste nicht nur mit schönstem Sommerwetter, sondern auch einer Festrede, in der Roger Thiriet interessante Parallelen zwischen den beiden Nationalhelden Wilhelm Tell und Globi zog. Der Verein ‹Miteinander vorwärts›, der Deutsch- und Integrationskurse anbietet, feierte am 26. August im Restaurant ‹schlipf@work› sein 10-Jahr-Jubiläum, tags darauf durften die Mitglieder des Frauenvereins Riehen auf 135 Jahre anstossen und am 30. August gab es zur Eröffnung der brandneuen Gemeindebibliothek Niederholz ein rauschendes Kinderfest.

Im Rahmen der Freilichtausstellung ‹Outdoor› der Galerien Mollwo und Lilian Andrée zierte Maritta Winters Skulptur ‹Douceur› den Vorplatz der Dorfkirche.

Nicht nur der ‹Santiglaus› und sein Rentier staunten über dieses hübsche Adventsfenster.

Im grossen Stil wurde am Wochenende vom 6. bis 8. September gefeiert: Das Dorffest präsentierte zwischen Wettsteinanlage und Sarasinpark von kulinarischen Höhenflügen über Lunapark, Musik aller Stilrichtungen und Festbeizen bis zur veritablen Alphütte neben dem Gemeindehaus praktisch alles, was das Herz begehrte. Besonders ins Zeug gelegt hatten sich die Pfadi Riehen, die im liebevoll gestalteten Wikingerzelt kochten und servierten und den spektakulären Spiel- und Bastelparcours mit begehbaren ‹Aquaballs› und Kletterwand betreuten. Auch das ‹Young Stage›-Festival kam am Dorffest zum Zug und kehrte damit zu seinen Wurzeln zurück: Vor vier Jahren war die Geburtsstunde des Newcomer-Festivals, und zwar als ‹Offene Bühne› im Rahmen des Dorffests.

Am Riehener Dorfmarkt vom 21. September wurde bei schönem Wetter flaniert und eingekauft, ein Wochenende später lud Urs Rinklin auf sein Weingut im Schlipf zum ‹Suuser-Fescht› und am 19. Oktober wurde am Herbstmarkt des Quartiervereins Kornfeld Selbstgebackenes und -eingemachtes feilgeboten. Der Verein Jahe (‹Jung und Alt hälfe enand›) beging am 15. November im Haus der Vereine sein fünfjähriges Bestehen. Abschied nehmen hiess es am 27. November, denn der Frauenverein Albert Schweitzer führte im Andreashaus seinen letzten ‹Santiglausen›-Verkauf mit Stricksachen, Adventsdekorationen, Gebäck und Kindergeschichten durch.

Ihren ersten Geburtstag feierte die ‹Karen Allison School of Scottish Dance› kurz vor Weihnachten im Haus der Vereine mit einem ‹Ceilidh›, einem Tanzfest mit schottischer Musik. Der ‹Naturmärt› im Niederholz am 26. April stand unter dem Motto ‹Gesunder Boden›. Ein grosser Afrikamarkt, der mit Essen und Trinken, Kunsthandwerk, Konzerten und Angeboten vom Suaheli-Workshop bis zum Tanzkurs das Publikum erfreute, fand vom 23. bis 25. Mai rund ums Gemeindehaus statt. Gehobene Stimmung herrschte auch am 24. Mai am Blütenball in der Reithalle des Wenkenhofs und am Landifest am 21. Juni mit dem ‹TV Landi›.

In der Sonderausstellung des Spielzeugmuseums ‹Seifenblasenträume› wurden genau diese wahr.

Gleichgewichtsübung und Vergnügen in einem: Die Wasserbälle am Spielparcours der Pfadi waren ein Dorffest-Renner.

‹Zug um Zug› hiess es vom 5. bis 10. August im Sarasinpark, wo das Dorfkino Riehen Filmfans mit Storys rund um die Eisenbahn beglückte. Im Hitchcock-Klassiker ‹Strangers on a train› konnte man verfolgen, wie ein properer Tennisprofi versehentlich zum Auftragskiller mutiert, und in ‹Subway› von Luc Besson gaben sich Isabelle Adjani und Christopher Lambert ein Stelldichein als eine Art Romeo und Julia im U-Bahn-Schacht. Literarisch, bizarr, clownesk. Das sind die Stichworte, mit denen sich das Oha-Kellertheater beschreibt, das mit dem Monolog ‹Die Säuferin› am 11. September seine neue Theaterreihe im Kellertheater der Alten Kanzlei startete. Es folgten Chansonabende, Lesungen und Gastspiele. Bergromantik und Heimweh waren ab dem 2. November im Atelier-Theater mit der Premiere von ‹Heidi› angesagt. Aufgelockert wurde die herzerwärmende Geschichte mit witzigen Songs.
Das Einfrau-Theater ‹Killing Swine. Macbeth, the true Story› gab Sasha Mazzotti am 11./12. Januar im Pavillonkeller der Musikschule Riehen zum Besten. Als Lady Macbeths Kammerzofe packte sie die wahre Geschichte aus. Mit ‹Die Perle Anna›, einer Boulevardkomödie um eine weitere Hausangestellte, feierte das AHa-Theater mit gewohntem Enthusiasmus am 21. März im Andreashaus Premiere.
Der Video Filmclub Riehen organisierte am 22. März das 44. Filmfestival der Sifa (Schweizerische Interessengemeinschaft für Film-Amateure) im ‹Gare du Nord› im Badischen Bahnhof. Musikalisches Leben hat Malwina Sosnowski, Trägerin des Riehener Kulturpreises 2005, dem Kinofilm ‹Shana – The Wolf's Music› eingehaucht: Sie spielte die Geigenklänge der Hauptfigur ein.
Vom 3. bis 13. April zeigte das Seniorentheater Riehen-Basel im Kellertheater im Haus der Vereine ‹Dr Silberdischtle-Club›, eine locker-flockige und ziemlich autobiografische Geschichte um einen Verein von älteren Semestern. Ein paar Generationen jünger sind die Schauspielerinnen und Schauspieler von ‹Zwischen Welten›, das am 4./5. Juni von der Klasse 3c der Orientierungsschule Burgstrasse gegeben wurde. Die Klasse 3a folgte am 22./23. Mai mit ‹Freak Out› und am 12. Juni die 3b mit ‹Bäck to School›. Diese Stücke mit viel Musik seien stellvertretend für das reichhaltige Schülertheater-Angebot genannt.

Begleitet von Siegmar Gradl sang Julia Schwebke im ‹Oha-Kellertheater› Chansons von der Liebe.

Mira Koziol gab ein reizendes Heidi auf der Atelier-Theaterbühne. Hier flankiert von Geissenpeter (Alain Keller) und ‹Alpöhi› (Mario Donelli).

PERFORMANCES UND ANDERE EVENTS

In die geheimnisvolle Stadt ‹Narrapolis› zog es in den letzten zwei Juliwochen alle vier Riehener Pfadiabteilungen. Dank des ersten Kantonslagers der Pfadi Region Basel kamen die Pfadi Rheinbund, St. Ragnachar, die ‹Mäitlipfadi Rieche› und die Pfadi Pro Patria mit rund 1400 Gleichgesinnten in den Genuss von massenhaft abenteuerlichen Erlebnissen im luzernischen Knutwil.

Anfang August lockte die Kinder-Ferien-Stadt auf die Wettsteinanlage und unweit davon fand am 29./30. August im Sarasinpark die mittlerweile vierte ‹Son et Lumière›-Koproduktion der Musikschule Riehen und des Kulturbüros Riehen statt. ‹A Midsummer Night's Dream – Auf Zwischen Wegen› nannte sich das Spektakel mit Querflötenklang, Chorgesang und ‹Ohrenkino›, an dem 150 Schüler und Lehrerinnen beteiligt waren.

Am 16. September lud die Gemeinde Riehen zum Podiumsgespräch ‹Leben in Riehen – 60plus›, charmant moderiert von Kurt Aeschbacher, und gleich anschliessend zu zwei Bewegungswochen, während derer Bewegungswillige aller Alterskategorien die Qual der Wahl zwischen rund 100 Gratis-Schnupperlektionen der lokalen Sportanbieter hatten. Beim ‹Scoot-Parcours› am 28. September, organisiert von drei Jugendlichen zusammen mit der Mobilen Jugendarbeit Riehen und dem Spielzeugmuseum Riehen, war Koordination gefragt. Die drei hatten sich von einem Videospiel inspirieren lassen und übertrugen dieses mit Trottinetten kurzerhand ins wirkliche Leben.

‹Vom Apfel zum Most› hiess es am 19. Oktober. Auf dem Hof der Familie Senn-Cron lud die Naturschutzgruppe Riehen zum Mosten als Familienerlebnis. Gleichentags flitzten die selbstgebauten Rennwagen am vom Freizeitzentrum Landauer organisierten Seifenkistenrennen ins Ziel beim Maienbühlhof.

Jakob Kurz, Rebmeister des gemeindeeigenen Rebbergs im Schlipf, lud am 22./23. November zu seiner letzten Riehener Herbstdegustation (siehe separaten Beitrag). Die erste Riehener Kultursuppe wurde am 3. Dezember in der Reithalle des Wenkenhofs für die ganze Bevölkerung eingebrockt und freudig ausgelöffelt. Es war ein bunter Mix aus Taekwondo-Show, Trompetenklängen, Auftrags-Poetry Slam und ein wenig Nachhilfeunterricht darin, was Kultur ist und bedeutet.

‹Son et Lumière› tauchte Ende August die Orangerie und den ganzen Sarasinpark in magisches Licht mitsamt Klangkulisse.

Vom Bildschirm auf den Asphalt: Der echte ‹Scoot-Parcours› wurde aus einem Videospiel und der Zusammenarbeit von drei jungen Trottinett-Fanatikern geboren.

Am Heiligen Abend machte man sich beim Riehener Diakonissenhaus auf den Hirtenweg, der zu verschiedenen Stationen mit biblischen Texten und Weihnachtsliedern führte. Am 7. Februar lud die Bürgergemeinde Riehen zum Waldumgang und die Schulfasnacht fand am 28. Februar mit über 1300 Kindern bei unerwartet schönem Wetter statt. An der Basler Fasnacht zwei Wochen später zierte der prächtige Weltkugel-Wagen der ‹Chropf-Clique-Rieche› den Cortège mit dem Sujet «D Frau Fasnacht will in d Unesco go».

Die Gästeführung der Dokumentationsstelle Riehen vom Samstag, 12. April, hatte den Riehener Umgang mit Flüchtlingen im Zweiten Weltkrieg zum Thema. Gaspare Foderà widmete die Spurensuche entlang der Grenze der am 5. Dezember verstorbenen Lukrezia Seiler, welche die Führung hätte mitgestalten sollen und die mit ihrem Werk ‹Fast täglich kamen Flüchtlinge – Riehen und Bettingen, zwei Grenzdörfer 1933 bis 1948› einen grossen Beitrag zur Erhellung des Themas geleistet hatte (siehe separaten Beitrag).

Ein sonniger Bannumgang führte am 4. Mai vom Schulhaus Drei Linden bis zum Hof Fischer, die Wenkenhofgespräche vom 15./16. Mai verhandelten die neuen Telekommunikationstechnologien und tags darauf sprach in der Gedenkstätte Riehen der Historiker Wolfgang Benz zum Thema ‹Anhaltende Diskriminierung – ungeliebte Minderheit der Sinti und Roma›. Am 24. Mai luden der Jugendtreff ‹Go In›, das Gemeinschaftshaus Moosrain und die Fischerhus-Schreinerei zum Tag der offenen Tür und schliesslich – viel besprochen, lang ersehnt und endlich fertig: Am Pfingstsamstag, 7. Juni, empfing das Naturbad Riehen bei strahlendem Wetter erstmals Badelustige und eine Woche später folgte die offizielle Eröffnung mit Festakt und Attraktionen (siehe separaten Beitrag).

Die Esel-Performance ‹Je suis un âne› im Kunst Raum Riehen gab während der Museumsnacht Anlass zum Schmunzeln.

Lange musste Riehen ohne eine ‹Badi› auskommen, doch am 14. Juni war es soweit: Das Naturbad Riehen wurde feierlich eröffnet und gleich in Beschlag genommen.

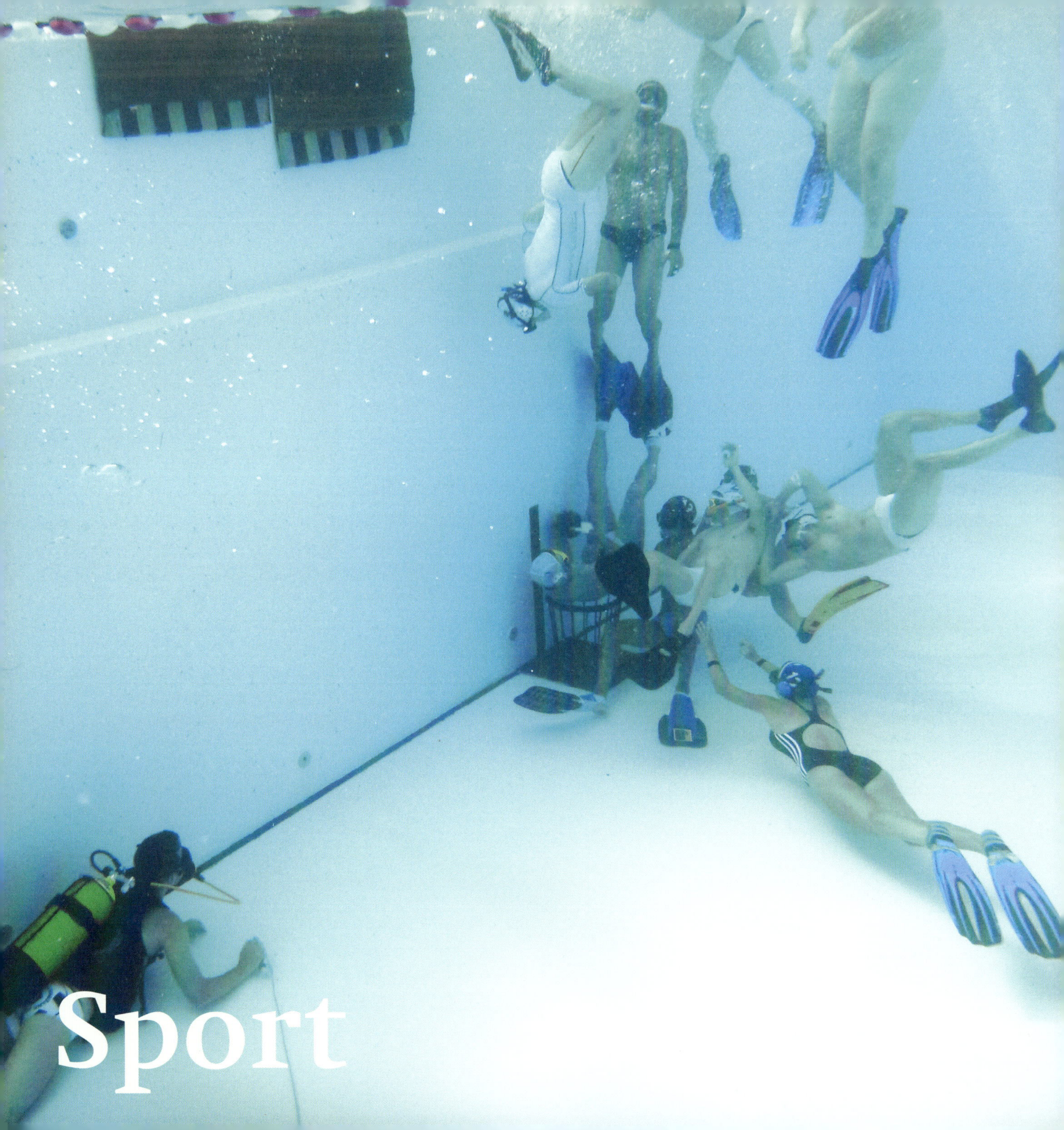

Sport

Sportchronik

JULI 2013 BIS JUNI 2014

ROLF SPRIESSLER-BRANDER

Das Riehener Sportjahr 2013/14 war von zahlreichen Erfolgen in ganz unterschiedlichen Sportarten geprägt. Der Sportpreis der Gemeinde Riehen ging an die Leichtathleten Simone Werner und Silvan Wicki (siehe separaten Beitrag).

BASKETBALL

Das erste Frauenteam des CVJM Riehen qualifizierte sich in der Erstligameisterschaft Regional 2013/14 für die Finalrunde und belegte dort hinter dem BC Arlesheim den 2. Platz.

Die U19-Juniorinnen des CVJM Riehen verteidigten am Final-4-Turnier im Mai 2014 in Münchenstein ihren Regionalmeistertitel aus dem Vorjahr. Die Minis U12 wurden hinter dem CVJM Birsfelden Vizeregionalmeister.

Das erste Männerteam des CVJM Riehen belegte in der regionalen Zweitligameisterschaft 2013/14 nur Platz neun unter zehn Teams und stieg in die 3. Liga ab.

BOGENSCHIESSEN

An den Outdoor-Schweizermeisterschaften vom August 2013 in Nottwil gewannen die Bogenschützen Juventas mit dem olympischen Recurve-Bogen den Mannschaftstitel der Männer. Adrian Faber wurde U21-Schweizermeister. Im Einzelwettbewerb der Männer gewann Dominik Faber Silber und Angelo Vasile Bronze. Florian Faber wurde U18-Vizeschweizermeister.

An den Nachwuchs-Weltmeisterschaften vom 12. bis 20. Oktober in Wuxi (China) erreichten Florian Faber bei den Kadetten und Adrian Faber bei den Junioren jeweils die 1/48-Finals.

Anfang März 2014 bestritt Florian Faber in Nîmes (Frankreich) als 16-Jähriger die U21-Hallen-Weltmeisterschaften und belegte den guten 17. Platz. An den Indoor-Schweizermeisterschaften vom 15./16. März in Magglingen gewannen die Bogenschützen

Juventas mit Florian, Adrian und Dominik Faber mit dem neuen Schweizerrekord von 1697 Punkten den Titel im Recurve-Teamwettkampf der Männer. Florian Faber wurde U18-Schweizermeister und Adrian Faber U21-Vizeschweizermeister. Bei der Männer Elite wurde Dominik Faber Siebter und Angelo Vasile Neunter.
An den Jugend-Europameisterschaften im Mai 2014 in Ljubljana (Slowenien) schaffte Florian Faber in einem separaten Wettkampf um die drei europäischen Quotenplätze als Dritter die Qualifikation für die Olympischen Weltjugendspiele vom August 2014 in Nanjing (China). Im U18-Wettkampf um den Europameistertitel wurde Florian Faber guter Neunter. Adrian Faber belegte im Europameisterschafts-Wettkampf der U21-Junioren den 33. Platz.
Im Juni 2014 gewann Adrian Faber in Antalya (Türkei) mit dem 17. Platz unter 124 Athleten aus 40 Nationen seine ersten Weltcup-Punkte.

Die A-Juniorinnen des CVJM Riehen (hier in Blau Belinda Mensa) gewannen den Regionalmeistertitel.

Florian Faber an der Jugend-Europameisterschaft vom Mai 2014 in Ljubliana.

DISC GOLF

Am 7./8. September 2013 fand im Wenkenpark in Riehen die Schweizermeisterschaft im Disc Golf statt. Den Titel holte Titelverteidiger Stephan Müller aus Winterthur vor Jeremy Wagner und dem Basler Martin Jenny, der das Turnier organisiert hatte.

FECHTEN

Am Circuit National de Jeunesse Mitte Januar 2014 in Fribourg wurde die Riehenerin Demi Hablützel vom Fechtteam Basel- & Riehen-Scorpions bei den Juniorinnen (U20) hervorragende Dritte, nachdem sie bei den Kadettinnen (U17) den 7. Platz erreicht hatte. Sie vertrat die Schweiz an mehreren internationalen Kadettenturnieren.

FUSSBALL

Der FC Amicitia belegte mit seiner ersten Mannschaft in der regionalen Zweitligameisterschaft 2013/14 den dritten Platz und qualifizierte sich für den Basler-Cup-Final, der gegen den FC Pratteln unglücklich mit 1:2 verloren ging.
Die zweite Mannschaft des FC Amicitia schaffte nach dem Aufstieg in die 3. Liga als Gruppenvierte den Klassenerhalt, holte sich mit einem Finalsieg über die AS Timau (2:2, 6:5 im Penaltyschiessen) den Satus-Meistertitel Region Nord und wurde mit einem 4:0 über Peru Inka in Lausanne Satus-Schweizermeister.
Die A-Junioren des FC Amicitia stiegen im Frühjahr 2013 wieder in die Coca-Cola Junior League A auf. Sie qualifizierten sich für den Junioren-A-Basler-Cup-Final und unterlagen dort dem Titelverteidiger BSC Old Boys nach guter Leistung mit 1:3.

Der FC Riehen schaffte mit der einen seiner zwei Aktiv-Mannschaften den Klassenerhalt in der 3. Liga, die andere Mannschaft stieg in die 4. Liga ab.

HANDBALL

Handball Riehen stieg 2013/14 in der 4. Liga wieder mit einem Männerteam in den Meisterschaftsbetrieb des Handballverbands Nordwestschweiz ein und belegte unter acht Teams den 7. Platz. Die Junioren U17 wurden in der Meisterklasse Gruppenletzte unter acht Teams.

KUNSTTURNEN

Am Kantonalen Kunstturnerinnen-Tag vom 12. April in der Sporthalle Bäumlihof wurde die Riehenerin Vivien Urfer Siegerin in der höchsten Kategorie P6 und zugleich Baslermeisterin. Die Riehenerin Virginie Bourquin wurde im selben Wettkampf Gesamtdritte und Vizebaslermeisterin. Laura Barbagallo gewann den Open-Wettkampf und wurde Open-Kantonalmeisterin. Alle drei Athletinnen turnen für den TV Basel.

LEICHTATHLETIK

Simone Werner (Old Boys Basel / OB) qualifizierte sich für die U23-Europameisterschaften in Tampere (Finnland) und bestritt dort im Juli 2013 die Vorläufe.
Silvan Wicki (OB) lief an den U20-Europameisterschaften vom Juli 2013 in Rieti (Italien) in die Halbfinals und belegte in der Endabrechnung den 16. Platz. Mit der Schweizer 4 x 100-Meter-Juniorenstaffel qualifizierte er sich in der Junioren-Schweizerrekordzeit von 40,19 Sekunden für den Final und erreichte dort den 6. Platz.
An den Leichtathletik-Schweizermeisterschaften vom 26./27. Juli in Luzern wurde Silvan Wicki Meister über 200 Meter. Simone Werner gewann ihren ersten Elite-Titel über 400 Meter. Karin Olafsson (TV Riehen) wurde mit 44,60 Metern Vierte im Speerwerfen der Frauen. Nils Wicki (OB) wurde Sechster im Dreisprung (15,00 Meter) und Neunter im Weitsprung (6,72 Meter).
An den Nachwuchs-Schweizermeisterschaften U20/U23 vom 7./8. September in Regensdorf wurde Simone Werner U23-Meisterin über 400 Meter, Silvan Wicki wurde U20-Meister über 100 Meter und Vizemeister über 200 Meter. Karin Olafsson wurde Vizemeisterin im Speerwerfen der U20, Alexander Ham (OB) Vierter im 100-Meter-Lauf der U20, Benjamin Scheider (OB) Vierter im 110-Meter-Hürdenlauf der U20, Marco Thürkauf (TVR) Sechster im Weitsprung der U20 und Corina Brander (TVR) Siebte im Diskuswerfen der U20.

Die A-Junioren des FC Amicitia erreichten den Basler-Cup-Final.

An den Nachwuchs-Schweizermeisterschaften U16/U18 vom 7./8. September in Zug wurde Vik Kähli (TVR) U18-Schweizermeister im Hammerwerfen. Frug Willaredt (OB) wurde Zweiter im 110-Meter-Hürdenlauf und Achter im Kugelstossen der U18, Robin Mauch (TVR) Sechster im 300-Meter-Hürdenlauf der U18, Zersenay Michiel (TVR) Sechster im 2000-Meter-Lauf der U16 und Céline Dieterle (TVR) Sechste im Diskuswerfen der U16.

An den Team-Schweizermeisterschaften vom 21. September in Basel gewann der TV Riehen im Speerwerfen der Männer die Silbermedaille mit Nicola Müller, Thomas Sokoll, Jean-Robert Rémy und Cyrill Dieterle. Bei den Frauen belegte das Team des TV Riehen mit Katja Arnold, Corina Brander, Karin Olafsson und Stina Geiser den 8. Platz.

An den Hallen-Schweizermeisterschaften vom 15./16. Februar 2014 in Magglingen gewann Simone Werner den Titel im 400-Meter-Lauf der Frauen, Silvan Wicki wurde im 60-Meter-Lauf der Männer Fünfter und Nils Wicki im Weitsprung der Männer Siebter.

Am Schweizer Final des UBS Kids Cup Team vom 22. März in Thun gewann der TV Riehen mit Aline Kämpf, Jara Zwahlen, Corinne Stäuble, Melanie Böhler und Nicole Thürkauf den Titel bei den Mädchen U16.

An den Kantonalmeisterschaften beider Basel vom 14./15. Juni auf der Grendelmatte gab es Elite-Meistertitel für Corina Brander (TVR) im Diskuswerfen der Frauen, Julia Schneider (OB) im 100-Meter-Lauf der Frauen, Thomas Sokoll (TVR) im Speerwerfen der Männer und Alexander Ham (OB) im 200-Meter-Lauf der Männer.

Am 31. Chrischonalauf, den der SSC Riehen am 25. Juni organisierte, holte sich auf der Hauptstrecke der in Riehen lebende, erst 15-jährige Eritreer Zersenay Michiel (TVR) den Tagessieg und gewann die Junioren-Konkurrenz. Tagessiegerin wurde die Riehenerin Nicole Bühler.

U18-Schweizermeister im Hammerwurf Vik Kähli (Mitte) bei der Siegerehrung in Zug.

Orientierungsläuferin Ines Brodmann an der Europameisterschaft vom April 2014 in Palmela (Portugal) im Sprint, den sie als Achte beendete.

ORIENTIERUNGSLAUF

An den Weltmeisterschaften vom Juli 2013 in Vuokatti (Finnland) belegte Ines Brodmann im Langdistanzrennen den 23. Platz.

An der Sprint-Schweizermeisterschaft vom 25. August in Delémont wurde Ines Brodmann Zehnte, an der Langdistanz-Schweizermeisterschaft vom 8. September in Le Cernil Vierte, an der Mitteldistanz-Schweizermeisterschaft vom 22. September in Arni Dritte und an der Team-Schweizermeisterschaft vom 3. November in Oensingen zusammen mit Rahel Friederich und Bettina Stieger (OLG Basel) Vizemeisterin bei den Frauen. Mit dem 10. Rang im Sprint und dem 17. Rang auf der Mitteldistanz sicherte sich Ines Brodmann am Weltcup-Final vom 5./6. Oktober den 10. Rang im Gesamtweltcup 2013.

Ende März 2014 holte Ines Brodmann in Schönbühl den Elite-Schweizermeistertitel im Nacht-OL, an der Sprint-Schweizermeisterschaft vom 27. April in Winterthur gewann sie Silber und an der Mitteldistanz-Schweizermeisterschaft vom 1. Juni in Longchamois (Frankreich) Bronze.

An den OL-Europameisterschaften vom 8. bis 17. April in Palmela (Portugal) wurde Ines Brodmann im Sprint-Wettbewerb hervorragende Achte, auf der Langdistanz kam sie auf den 18. Platz. Im Staffelrennen lief Ines Brodmann im Team Schweiz II zusammen mit Rahel Friederich und Sarina Jenzer auf den 5. Platz.

RADSPORT

An den Mountainbike-Schweizermeisterschaften vom Juli 2013 auf der Lenzerheide gewann Katrin Leumann im Crosscountry-Rennen ihren vierten Schweizermeistertitel. Pascal Schmutz wurde im Eliminator-Rennen der Männer als Sieger des B-Finals Fünfter.

Am 31. August / 1. September organisierte der Velo-Club Riehen sein 27. Amateur-Radkriterium im Kornfeldquartier. Die Kategoriensiege holten sich Lukas Spengler (RRC Diessendorf) bei den Amateuren, Daniela Gass (VC Gippingen) bei den Frauen, Milovan Stanic (Giant Gellert Velo Team) im Volksrennen sowie Laurent Sedano (Basel) und Astrid Narud (Berlin) in der erstmals ausgetragenen Velokurier-Konkurrenz.

An den Mountainbike-Weltmeisterschaften vom 28. August bis 1. September in Pietermaritzburg (Südafrika) wurde Katrin Leumann im Crosscountry-Rennen Zwölfte.

Die Weltcupsaison 2013 im Mountainbike Crosscountry schloss Katrin Leumann auf dem 8. Platz ab.

An den Radquer-Schweizermeisterschaften vom 12. Januar 2014 in Bussnang gewann Katrin Leumann die Silbermedaille.

An den Mountainbike-Europameisterschaften vom 5. bis 8. Juni in St. Wendel (Deutschland) fuhr die mit Atemproblemen kämpfende Katrin Leumann im Crosscountry-Rennen der Frauen auf den enttäuschenden 25. Platz. Im Team-Relay belegte sie mit dem Schweizer Team den 5. Platz.

RUDERN

Fünf Medaillen gewann der in Riehen domizilierte Basler Ruder-Club (BRC) an den Schweizermeisterschaften Anfang Juli 2013 auf dem Rotsee. Höhepunkt war der Schweizermeistertitel von Luca Fabian im Leichtgewichts-Skiff der Männer, ausserdem holte Fabian auch noch Skiff-Bronze in der offenen Kategorie.

Katrin Leumann feierte im Juli 2013 in Lenzerheide ihren vierten Mountainbike-Schweizermeistertitel im Crosscountry.

Die Leichtgewichts-Zweier-Europameister Simon Niepmann (links) und Lucas Tramèr auf dem Podest des Weltcups auf dem Luzerner Rotsee 2014.

Luca Fabian wurde an den U23-Weltmeisterschaften vom 24. bis 28. Juli in Linz-Ottensheim (Österreich) im Leichtgewichts-Skiff Neunter. Nach gesundheitlichen Problemen gab er im April 2014 seinen Rücktritt vom Spitzensport bekannt.
Der BRC-Ruderer Hendryk Nelis, der für den holländischen Verband rudert, wurde in Amsterdam niederländischer Meister im Doppelvierer und Vizemeister im Doppelzweier und qualifizierte sich für die Junioren-Weltmeisterschaft 2014.
Die BRC-Mitglieder Simon Niepmann und Lucas Tramèr wurden Anfang Juni 2014 in Belgrad Elite-Europameister im Leichtgewichts-Zweier ohne.

Die erste Mannschaft der Schachgesellschaft Riehen wurde in der Schweizerischen Mannschaftsmeisterschaft 2013 Vizemeisterin.

Flaminia Straumann auf Double O Seven am CSI Basel, St. Jakobshalle, 2014.

SCHACH

In der Schweizerischen Mannschaftsmeisterschaft 2013 der Nationalliga A wurde die Schachgesellschaft Riehen hinter Réti Zürich Vizemeister und schaffte nach Platz zwei 2011 und Platz drei 2012 zum dritten Mal hintereinander einen Podestplatz.
In der Schweizerischen Gruppenmeisterschaft 2013/14 schaffte die Schachgesellschaft Riehen den sofortigen Wiederaufstieg in die 1. Bundesliga.

SPRINGREITEN

Auf Anfang 2014 wurde die Riehenerin Flaminia Straumann ins Elite-Kader der Schweizer Springreiter aufgenommen und bestritt im Januar 2014 mit ihrem Pferd Double O Seven am CSI Basel in der St. Jakobshalle drei Prüfungen mit hochklassiger Konkurrenz.

STEPPTANZ

Acht Podestplätze gab es für die Stepptanzschule ‹tanzwerk› an den Schweizermeisterschaften vom 21./22. September 2013 in Lausanne. Gold gewannen Hannah Tran im Kinder-Solo sowie die Kinder-Formation. Silber gewann das ‹tanzwerk› mit der Kinder-Small-Group, der Juniorinnen-Formation und im neu geschaffenen, altersgemischten Open-Cup. Bronze gewann das ‹tanzwerk› von Schulleiterin Sabine Freuler mit dem Kinder-Duo Nina Niklaus / Noë Zimmermann, dem Juniorinnen-Duo Yara Eckerle / Hannah Tran und der Juniorinnen-Small-Group. Die Riehener WBS-Sportklassenschülerin Fatima N'Gom wurde Vizemeisterin im Juniorinnen-Solo, wo ‹tanzwerk›-Solistin Céline Mathys Vierte wurde, und gewann mit der Lausanner Tanzschule ‹Planet Dance Martin› Gold im Juniorinnen-Duo und mit der Juniorinnen-Small-Group.

An den Stepptanz-Weltmeisterschaften vom Dezember 2013 in Riesa (Deutschland) wurde die Schweiz hinter Italien Vizeweltmeister bei den grossen Produktionen – Teil dieser Formation waren die ‹tanzwerk›-Schülerinnen Nadja Baumann, Céline Mathys, Andrea Schultheiss und Sofie Wehrmüller. Das ‹tanzwerk› war mit insgesamt sieben Choreografien vertreten, das beste Resultat gelang Hannah Tran als Zehnte im Solo der Mädchen. Die Riehenerin Fatima N'Gom trat für ‹Planet Dance Martin› an und startete bei den Juniorinnen im Einzel und im Duo.

An den Stepptanz-Schweizermeisterschaften Mitte Juni 2014 in Cham wurde die Riehenerin Alice Burckhardt Elite-Schweizermeisterin im Solo der Frauen. Die Stepptanzschule ‹tanzwerk›, für die Alice Burckhardt als Trainerin und Betreuerin aktiv ist, reiste mit 16 Choreografien nach Cham und gewann zweimal Gold, viermal Silber und einmal Bronze. Den zweiten Titel holte die Kinder-Small-Group mit Federica Barbieri, Nora Feurer, Simona Gallacchi, Luria Hampe, Noemi Henry und Linda Stefanutti. Alice Burckhardt gewann in Formationen der Lausanner Tanzschule ‹Planet Dance Martin› auch Gold in der Kategorie Small-Group-Elite und Silber mit der Elite-Formation. Die Riehener Juniorin Fatima N'Gom feierte einen Meistertitel mit dem Junioren-Trio von ‹Planet Dance Martin› und gewann Silber im Juniorinnen-Solo und Silber im Juniorinnen-Duo.

Die Junioren-Formation der Stepptanzschule ‹tanzwerk›, die an der Schweizermeisterschaft 2013 in Cham Silber gewann.

SYNCHRONSCHWIMMEN

Im November 2013 erhielt die 15-jährige Lea Felber den Panathlon Preis 2013. Sie verliess aus sportlichen Gründen den Schwimmverein beider Basel und wechselte zusammen mit ihrer älteren Schwester Noëmi Felber zu den Limmatnixen Zürich.

An den Elite-Schweizermeisterschaften Anfang April 2014 in Lausanne wurde Lea Felber mit den Limmatnixen Zürich Schweizermeisterin im Teamwettkampf und in der Free Combination und an den Schweizer Jugendmeisterschaften vom 30. Mai bis 1. Juni in Leimbach gewann sie mit dem Combo-Team der Limmatnixen Zürich den Titel.

Am Swiss Open Ende Juni 2014 in Montreux gewann Lea Felber mit dem Combo-Team der Limmatnixen Zürich Gold im nationalen und Bronze im internationalen Wettkampf.

Synchronschwimmerin Lea Felber an der Verleihung des Panathlonpreises im November 2013.

Taekwondo Juniorinnen-Schweizermeisterin Deborah Mächler in der Sporthalle Niederholz.

TAEKWONDO

Die Riehener Juniorin Deborah Mächler (TKD Basel) gewann im September 2013 in der Disziplin Poomsae (Formenlauf) den Riviera Cup in Vevey, Anfang Oktober das Hungarian Open in Budapest und wurde im November Dritte am A-Class-Turnier der Serbian Open in Belgrad. Mit ihrem Überraschungssieg bei den Juniorinnen am German Open A-Class-Turnier in Gummersbach Mitte Februar 2014 qualifizierte sie sich für die Weltmeisterschaft vom November 2014 in Mexiko. Anfang April gewann Deborah Mächler auch das Belgian Open in Lommel und im Juni das Austrian Open in Wien.
Am 24./25. Mai 2014 organisierte die Taekwondo-Schule Riehen unter der Leitung von Daniel Liederer zum dritten Mal die Schweizermeisterschaft Technik und gewann überraschend die Schulwertung. Die Riehenerin Deborah Mächler (TKD Basel) gewann den Titel in der höchsten Leistungsklasse der Juniorinnen vor der überraschenden Delia Bender (TKD Riehen). Von der Taekwondo-Schule Riehen war Gian Panosetti (Junioren, Stärkeklasse B) am erfolgreichsten mit Gold im Team- und im Paarwettbewerb sowie Bronze im Einzel. Silvan Seppi gewann sensationell Silber in der höchsten Leistungsklasse der Junioren. Bei den Juniorinnen der zweiten Leistungsklasse B gab es durch Melanie Lindemer, Aysha Schmidt und Florence Nydegger einen Riehener Dreifacherfolg. Maria Gilgen gewann Silber bei den Seniorinnen 2 in der Leistungsklasse A.

TENNIS

Der Tennis-Club Riehen nahm mit vier Teams an der Interclub-Meisterschaft 2014 teil. Das Ü35-Zweitliga-Team der Männer schaffte den Aufstieg in die 1. Liga. Die Frauen Ü40 wurden Gruppenzweite. Das Männer-Zweitligateam musste als Gruppenletzter in die Abstiegsspiele, setzte sich dort in der zweiten Runde gegen Roche Liebrüti aber durch und schaffte so den Klassenerhalt. Die Männer Ü45 stiegen in die 3. Liga ab.
Das Männer-Team des TC Stettenfeld stieg in der Interclub-Meisterschaft nach dem letztjährigen Aufstieg in die 1. Liga in der Saison 2014 wieder in die 2. Liga ab.

TISCHTENNIS

Im Rahmen der 35. Tischtennis-Schweizermeisterschaften im Firmensport vom 8. Dezember 2013 in Birsfelden feierte der 75-jährige Riehener Réto Scarpatetti als Sieger im Männer-D-Einzel seinen 39. Meistertitel.

UNIHOCKEY

Die A-Juniorinnen des UHC Riehen wurden in der Regionalmeisterschaft 2013/14 Gruppensiegerinnen und erspielten sich am 12./13. April 2014 in der Sporthalle Niederholz gegen fünf andere Teams den Schweizermeistertitel der Juniorinnen A. Im Final gewannen die Riehenerinnen gegen den UHC Herisau mit 3:2.
Das Männer-Grossfeldteam des UHC Riehen belegte in der Drittligameisterschaft den 4. Platz. Das zweite Männerteam schaffte als Gruppensieger der Kleinfeld-Viertligameisterschaft den angestrebten Aufstieg in die 3. Liga. Das erste Frauenteam schaffte den Klassenerhalt in der höchsten Kleinfeldliga als Gruppenvierter souverän und qualifizierte sich im Kleinfeld-Schweizercup für die Achtelfinals, in denen die Riehenerinnen zu Hause gegen das gleichklassige Floorball Albis zu Hause mit 12:17 verloren.

Die A-Juniorinnen des UHC Riehen am Finalturnier um den Schweizermeistertitel vom April 2014 in der Sporthalle Niederholz im Gruppenspiel gegen Eschenbach.

Die A-Juniorinnen des UHC Riehen als Schweizermeisterinnen mit Medaillen und Pokal.

UNTERWASSERRUGBY

Vom 16. bis 18. August 2013 organisierte der Riehener Verein UW-Rugby Bâle im Schwimmbad Eglisee den 13. Läckerli Cup. Turniersieger wurde der TSV Malsch aus Deutschland, der UW-Rugby Bâle belegte den 5. Platz unter acht Teams und war damit am Heimturnier so gut wie noch nie.

VOLLEYBALL

Die Frauen des KTV Riehen erreichten in der Erstligameisterschaft 2013/14 nur den 8. Gruppenplatz und mussten in die Playouts der Gruppendrittletzten für den Klassenerhalt, wo sie sich gegen Volley Toggenburg mit zwei 3:2-Erfolgen durchsetzen konnten. Das zweite Frauenteam schaffte mit Platz 7 den Klassenerhalt in der 2. Liga. Die Männer belegten in der Zweitligameisterschaft den 3. Platz.

Religion

EVANGELISCH-REFORMIERTE KIRCHGEMEINDE RIEHEN-BETTINGEN

JULI 2013 BIS JUNI 2014

ANDREAS KLAIBER

KORNFELD-ANDREAS

Die Arbeit von Maya Frei im Bereich Kinder-, Jugend- und Familienarbeit wird in der Kornfeldkirche so sehr geschätzt, dass der Kirchenvorstand ihre Stelle um 25 auf 50 Prozent erhöhte. Daraufhin gab sie das Sigristenamt ab. Marina Zumbrunnen hat im Februar ihre Tätigkeit als neue Sigristin der Kornfeldkirche mit einem Pensum von 50 Prozent aufgenommen. Es ist eine überaus erfreuliche Entwicklung, dass sich die Kornfeldkirche für Kinder und Familien weiter öffnet und junge Erwachsene, vor allem Eltern, freiwillig in der Kinder- und Familienarbeit mitarbeiten. Jürg Frei, der seine Frau im Sigristenamt zwei Jahre lang unterstützt hatte, bietet Männerabende am Feuer an. Seit Kurzem gibt es im Rahmen von Pfarrer Stefan Fischers Schwerpunktstelle für junge Erwachsene Abendgottesdienste für diese Altersgruppe in der Kornfeldkirche.
Ein grossartiges Chorkonzert unter der Leitung von Brunetto d'Arco eröffnete im Februar das Jubiläumsjahr der Kornfeldkirche, die 2014 ihr 50-jähriges Bestehen feiert.
Im Andreashaus wird ebenfalls ein Jubiläum begangen: Seit 30 Jahren gibt es die Seniorensinggruppe unter der kontinuierlichen Leitung von Lisbeth Reinhard bereits, die sich 14-täglich trifft. Neben geistlichen Liedern pflegt diese Singgruppe ein Repertoire an alten Volksliedern. Leider hat sich der Andreas-Chor nach dem Tod seines Chorleiters Alejandro Prieto 2013 nach 21-jährigem Bestehen aufgelöst.
Auch der traditionsreiche Bazar des Frauenvereins ‹Albert Schweitzer› fand im November zum letzten Mal statt. Hier gebührt der Präsidentin Doris Sutter-Grether für die jahrzehntelange Organisation des ‹Santiglausen›-Verkaufs grosser Dank.
Die Seniorenferienwoche des Gemeindekreises führte im Juni nach Vitznau. Im Hotel Terrasse am See fühlten sich die Senioren so wohl, dass fürs nächste Jahr die gleiche Destination gewünscht wird.

Lisbeth Reinhard leitet seit 30 Jahren die Seniorensinggruppe.

RIEHEN-DORF

Ein besonderes Erlebnis für viele Kinder, Familien und einzelne Erwachsene war die Gemeindeferienwoche in den Sommerferien in Scuol im Engadin.
Der Festgottesdienst zum 100-jährigen Jubiläum des Posaunenchors im November hatte das Thema ‹Jona in Wort und Musik›.

Die Gemeindereise Ende Mai führte eine grosse Gruppe von 38 Teilnehmenden auf den Spuren des Theologen Dietrich Bonhoeffer nach Berlin und Stettin. Viele beklemmende wie berührende Sehenswürdigkeiten standen auf dem Programm. Im Berliner Stadtkloster Segen empfing der dortige Leiter, der in Riehen aufgewachsene Georg Schubert, die Reisegruppe.
Seit Kurzem unterstützt Andrea Scherrer-Altmann Pfarrerin Martina Holder mit einer 10 Prozent-Stelle im Bereich Kinder- und Familienarbeit. Sie wird die Leitung des Kindertreffs im Gemeindekreis übernehmen.
Neue Angebote sind das ‹Fiire mit de Glaine›, im Wechsel mit der Kornfeldkirche, und das monatliche Choraleinsingen vor dem Gottesdienst in der Dorfkirche.

Festgottesdienst der 500-Jahr-Feier in Bettingen.

Marina Zumbrunnen, neue Sigristin der Kornfeldkirche.

BETTINGEN

Das Jahr 2013 war von den Festivitäten zur 500-jährigen Zugehörigkeit Bettingens zu Basel geprägt, der Gemeindekreis feierte zudem 50 Jahre ‹Kirchli Bettingen›.
Das Jungscharlager zum Thema ‹Mittelalter› liess auf der Baslerhofwiese eine grosse Burg entstehen. Im Rahmen der Bettinger Festwoche wurde das ‹Kirchli› an einem Abend zur Disco. Als Abschluss wurde zum grossen ökumenischen Gottesdienst ins Festzelt geladen. Eine neue Attraktion ist der Generationenparcours St. Chrischona am Waldrand und im Wald, an dem sich der Gemeindekreis beteiligt hat. Der Abschluss des Festjahrs mit der Veranstaltung ‹Begegnung im Advent› im Konferenzzentrum auf St. Chrischona brachte nochmals viele Menschen zusammen.
Im Oktober führte eine Gemeindereise nach Jordanien zu Stätten der Antike und zu Einrichtungen der Gegenwart.

BLÜHENDES GEMEINDELEBEN

Vieles bleibt in einer knappen Chronik unerwähnt: Der lebendige Alltag einer aktiven Kirchgemeinde, in der viele Menschen im Vorder- oder im Hintergrund mitwirken. Das Gemeindeleben blüht in seiner Vielfalt. Der Bogen lässt sich dabei von den erfreulich vielen Taufen, also dem ersten Kontakt mit den jüngsten Gemeindegliedern, bis zu Pfarrer Lukas Wenks Alters- und Pflegeheimseelsorge bei den Ältesten spannen.

RÖMISCH-KATHOLISCHE PFARREI ST. FRANZISKUS RIEHEN-BETTINGEN

JULI 2013 BIS JUNI 2014

ROLF STÖCKLIN

Am 1. Dezember 2013 konnte das Pfarreiheim St. Franziskus nach zwölf Monaten Umbauarbeiten feierlich eröffnet werden. Im Anschluss an den Gottesdienst trugen Kinder selbst gebastelte Lichter ins neu renovierte Haus. Tobias Mepuratu (Pfarreiratspräsident St. Franziskus), Dr. Walter Ziegler (Präsident der Synode Basel-Stadt) und Dr. Christian Griss (Präsident des Kirchenrats Basel-Stadt) schnitten das Band zur Eröffnung durch. An den Renovationskosten von 2,7 Millionen Franken war die Pfarrei mit einem Anteil von 10 Prozent beteiligt, 90 Prozent wurden durch die Steuereinnahmen der Römisch-katholischen Kirche Basel-Stadt beglichen. Mit dieser Renovation und der Umnutzung des Pfarrhauses leistet die Pfarrei einen Beitrag an verkleinerte Raumansprüche, was hinsichtlich der finanziellen Entwicklung zukunftsweisend ist. Das alte Pfarrhaus enthielt acht Wohnräume für vier bis sechs Bewohnerinnen und Bewohner und fünf Büroräume unterschiedlicher Grösse für das Pfarramt, das sich nun im Pfarreiheim befindet. Anstelle der ursprünglich geplanten Umnutzung des Pfarrhauses mit zwei Ertragswohnungen stimmten Pfarreirat und Kirchenrat dem Vorschlag von Pfarrer Rolf Stöcklin zu, daraus ein Haus für begleitetes Wohnen für Männer zu machen, die in eine existenzielle Krise geraten sind. Die teilweise sehr abgenutzten Räume wurden sanft renoviert. Es fanden sich mehrere Angehörige der Pfarrei, die das Projekt mittragen. Das Haus trägt neu den Namen jenes Ortes, an dem der Patron der Pfarrei, der heilige Franziskus, geboren wurde und begraben ist: Assisi-Haus. Die Kirche wurde seit ihrem Bau 1949/50 noch nie gründlich renoviert. Sie stammt von Fritz Metzger, der auch die Bruder-Klaus-Kirche in Liestal und die Peter-und-Paul-Kirche in Allschwil erbaut hat und steht unter Denkmalschutz.

Am 28. März 2014 fand zum ersten Mal ein gemeinsamer Gottesdienst mit der seit über 40 Jahren bestehenden Gehörlosengemeinde der Nordwestschweiz statt. Der vom Bistum Basel beauftragte Seelsorger Felix Weder leitete durch den Wortgottesdienst. Er sprach über ungerechte Löhne und ökologische Belastungen und griff damit die Fastenaktion 2014 auf. Karin Altweg, die am Schweizer Fernsehen die Nachrichten für Gehörlose verständlich macht, übersetzte in die Gebärdensprache. Für die Gehörlosen war es ein grosser Schritt, sich als Gruppe einer grösseren Gemeinschaft zu öffnen. Am Schluss waren alle glücklich und für eine Fortsetzung im kommenden Jahr offen.

Pfarrer Rolf Stöcklin mit Ministrantinnen und Ministranten bei der Einsegnung des renovierten Pfarreiheims.

Gemeinsamer Gottesdienst von Gehörlosen und Hörenden. Felix Weder, Rolf Stöcklin, Karin Altweg, Firmlinge, Ministranten (v. l.).

Politik

Schwerpunkte der Gemeindepolitik

AUSZUG AUS DEM GESCHÄFTSBERICHT DES RIEHENER GEMEINDERATS FÜR DAS JAHR 2013

WOHLERGEHEN ALS VERPFLICHTUNG

Riehen hat eine hohe Lebensqualität. Die Resultate der repräsentativen Bevölkerungsbefragung 2013 zeigen dies eindrücklich: Die Bevölkerung lebt ausgesprochen gern in Riehen. Sie identifiziert sich in hohem Mass mit ihrem Wohnort. Die Zufriedenheit mit den Leistungen der Gemeinde ist gross. Die Verwaltung hat die finanziellen Vorgaben eingehalten und die Steuererlöse liegen sogar etwas über den Erwartungen. Das Wohlergehen der Gemeinde Riehen ist Verpflichtung und Anlass zugleich, sich verstärkt den wichtigen Zukunftsfragen zu widmen und Zeichen zu setzen: Stichworte mit durchaus auch lokalem Bezug sind Energie, Mobilität, Umwelt, Migration. Nicht immer ist es gelungen, anstelle kleingeistiger Auseinandersetzungen die politischen Kräfte auf das Wesentliche zu konzentrieren. Hier liegt weiterhin Potenzial brach, das es zu nutzen gilt.

SIEDLUNGSPOLITIK UND ZONENPLANREVISION

In der Siedlungspolitik standen 2013 zwei wichtige Themen im Vordergrund, die Zonenplanrevision sowie die Entwicklung des Dorfkerns.

Im Jahr 2013 wurden die Entwürfe fertiggestellt und die öffentliche Planauflage zur Gesamtzonenplanrevision durchgeführt. Die Bevölkerung sowie die Grundeigentümerinnen und -eigentümer wurden mit mehreren Veranstaltungen, Broschüren und im Internet umfassend über die Entwürfe informiert. Von rund 4000 direkt betroffenen Grundeigentümerinnen und -eigentümern – mit rund 3000 Parzellen – wurden schliesslich 72 Einsprachen eingereicht. Für jede Einsprache wurde sorgfältig geprüft, ob die vorgebrachte Kritik berechtigt ist. Die geltend gemachten Einzelinteressen wurden mit dem öffentlichen raumplanerischen Interesse abgewogen. Bei 65 Einsprachen wurde festgestellt, dass die vorgeschlagene Zonenänderung raumplanerisch zweckmässig ist und das öffentliche Interesse überwiegt. Bei sieben Einsprachen zeigte die Überprüfung, dass diese berechtigt sind. Ende 2013 wurde die Gesamtzonenplanrevision dem Einwohnerrat zur Planfestsetzung vorgelegt mit den gemeinderätlichen Anträgen, was die Behandlung der Einsprachen betrifft. Die vorbereitende Sachkommission des Einwohnerrats nahm ihre Beratungen auf.

Für die Bevölkerung, den Einzelhandel und die Gastronomie ist ein attraktives, gut funktionierendes Dorfzentrum von grosser Bedeutung. Heute ist das Dorfzentrum wenig attraktiv und nicht sehr fussgängerfreundlich. Der Gemeinderat hat deshalb beim Einwohnerrat einen Kredit für die Neugestaltung des Dorfzentrums beantragt. Ein überzeugender Gestaltungsvorschlag wurde aus einem Wettbewerbsverfahren ausgewählt und zusammen mit Vertretern der Dorfgeschäfte und der Bevölkerung weiterentwickelt. Parallel zum Kredit für die Umgestaltung legte der Gemeinderat dem Einwohnerrat einen Projektierungskredit für eine Tiefgarage vor. Die beiden Vorlagen zur Stärkung des Riehener Dorfzentrums nehmen aufeinander Bezug und sind entsprechend aufeinander abgestimmt, können aber unabhängig voneinander realisiert werden.
Für die Entwicklung des Dorfzentrums von Bedeutung ist auch die Frage, ob das Gemeindehaus am heutigen Standort (vor allem energetisch) saniert oder ob es zugunsten von anderen, für das Dorfzentrum interessanteren Nutzungen an einem anderen Standort neu erstellt wird. Deshalb wurden in enger Zusammenarbeit mit einer einwohnerrätlichen Spezialkommission verschiedene Standorte geprüft und die Markt- und Verkehrssituation im Dorfzentrum analysiert.

EIN NEUES ENERGIEKONZEPT FÜR DIE GEMEINDE

Die Gemeinde Riehen kann auf eine langjährige, engagierte und vorbildliche Energiepolitik zurückblicken. Dies wurde durch die Auszeichnung mit dem European Energy Award in Gold schon drei Mal bestätigt. Im Sinne eines weiteren Meilensteins des Riehener Wärmeverbunds wurde das geothermische Fernwärmenetz der Gemeinde Riehen mit dem städtischen Fernwärmenetz zusammengeschlossen. Der Anschluss an das Fernwärmenetz Basel erfolgte im Schulhaus Bäumlihof. Zudem konnten im erweiterten Versorgungsperimeter 53 zusätzliche Liegenschaften ans Wärmenetz angeschlossen werden.
Gestützt auf die Resultate und Erkenntnisse aus einem ‹Workshop Energiekonzept› mit einem breit abgestützten Teilnehmerkreis aus Politik, Verwaltung, Fachkreisen und Privatwirtschaft wurde das Energiekonzept 2014–2025 erarbeitet. Es baut im Grundsatz auf der Energiestrategie des Bundes und des Kantons Basel-Stadt auf und orientiert sich an den entsprechenden Zielen der 2000-Watt-Gesellschaft. Hinzu kommen die gemeindespezifischen Energieziele. Die Gemeinde stellt damit ihre Vorreiterrolle im Energiebereich in enger Partnerschaft mit dem Kanton Basel-Stadt und den umliegenden Gemeinden sicher. Nebst dem weiteren Ausbau des Wärmeverbunds steht in den nächsten Jahren die energetische Sanierung von Gebäuden im Vordergrund.

‹LEBEN IN RIEHEN – 60PLUS›

Nach dem Projektstart im August 2012 (Mitwirkungsveranstaltungen in den Quartieren) wurden 2013 verschiedene Befragungen und Untersuchungen durchgeführt, die dem Gemeinderat als fundierte Grundlage für sein Entwicklungskonzept ‹Leben in Riehen – 60plus› dienten. Eine professionelle Befragung der Kundinnen und Kunden der Pflegeberatung, Forschungsprojekte von Studierenden des Instituts für Pflegewissenschaften der Universität Basel, eine Befragung der Riehener Hausärztinnen und Hausärzte sowie eine externe Studie ‹Wohnen im Alter in Riehen› zeigten den Handlungsbedarf auf. Bei der Entwicklung und Priorisierung der Massnahmen wurden interne und externe Fachpersonen sowie die zuständige Sachkommission beigezogen. Im August 2013 verabschiedete der Gemeinderat das Entwicklungskonzept und den dazugehörigen Massnahmenkatalog. Erste Schritte sind bereits erfolgt.

SCHULENTWICKLUNG: UMSETZUNGSSCHRITTE

Drei Schwerpunkte prägten – zeitgleich mit der Umsetzung des 5. Primarschuljahrs – die inhaltliche Weiterentwicklung der Gemeindeschulen:

Im Jahr 2013 konnten wichtige Schritte hin zu einer integrativen Gemeindeschule gemacht werden. Es zeigte sich, dass der Umgang mit der gestiegenen Heterogenität der Schülerinnen und Schüler sowie die Zusammenarbeit von Fach- und Lehrpersonen eine grosse Herausforderung darstellt. In diesem Bereich braucht es weitere Anstrengungen.

Das Verhältnis zwischen Belastung und Zufriedenheit bei den Lehrpersonen muss weiter ins Gleichgewicht gebracht werden. Dies zeigte eine detaillierte Befragung der Lehrpersonen und Schulverantwortlichen.

Der Ausbau der Tagesstrukturen erforderte viel Konzeptarbeit an den Schulstandorten. Auf Beginn des Schuljahrs 2013/14 konnten die Tagesstrukturen weitgehend bedarfsgerecht angeboten werden. Die Nachfrage ist jedoch steigend.

GEMEINDEHAUSHALT

Die Rechnung 2013 schliesst mit einem Überschuss von rund 5,4 Millionen Franken. Im Vergleich zum Vorjahr zeigt sich jedoch, dass die Nettokosten der Produktgruppen 2013 um 4,6 Millionen Franken angestiegen sind. Die Steuereinnahmen sind im Vergleich zum Vorjahr – periodenbereinigt – um rund 1,7 Millionen Franken angewachsen. Im Budget 2013 wurde ein Verlust von 91 000 Franken erwartet. Die Verbesserung gegenüber dem Budget resultiert aus 2,8 Millionen Franken höheren Steuereinnahmen (davon 2,4 Millionen Franken aus Vorjahren) und rund 4 Millionen Franken tieferen Nettokosten der Produktgruppen.

FINANZ- UND LASTENAUSGLEICH: KOMPLEXE BEZIEHUNG ZUM KANTON

Bekanntlich wurden 2008 die vielfältigen wechselseitigen Verpflichtungen zwischen Kanton und Gemeinden als Ergebnis der sogenannten NOKE1-Verhandlungen neu geordnet. Riehen und Bettingen übernahmen neue Aufgaben im Umfang von rund 20 Millionen Franken, darunter insbesondere die Primarschulen. Die Finanzierung der neuen Aufgaben erfolgte durch eine Verschiebung des Steuerschlüssels bei den Einkommenssteuern zugunsten der Gemeinden (neuer Steuerschlüssel: 55 Prozent Kanton, 45 Prozent Gemeinden) und durch die Anwendung des Steuerschlüssels neu auch auf die Vermögenssteuer. Zudem legt das seit

dem 1. Januar 2008 wirksame Finanz- und Lastenausgleichsgesetz fest, dass die Gemeinden zur Abgeltung der Zentrumsleistungen der Stadt einen jährlichen Pauschalbeitrag in Höhe von 2,5 Prozent ihres Einkommenssteuerpotenzials zu leisten haben (sogenannter ‹Lastenausgleich›). Zudem wird jährlich die Steuerkraft zwischen Gemeinden und Stadt ausgeglichen.
Ein wichtiges Element der Neuordnung war, dass im Gemeindegesetz Regeln für künftige Aufgabenverschiebungen festgelegt wurden: Solche bedürfen jeweils einer spezialgesetzlichen Grundlage beziehungsweise einer Vereinbarung zwischen Kanton und Gemeinden. Diese regeln auch die finanziellen Ausgleichszahlungen. Nach spätestens zehn Jahren soll das Finanzausgleichssystem wieder neu kalibriert werden. Gleichzeitig mit der Erweiterung des Systems von Ausgleichszahlungen wurde im März 2012 vereinbart, die Neukalibrierung des Gesamtsystems des Finanz- und Lastenausgleichs zwei Jahre früher als ursprünglich vorgesehen bereits für die Jahre ab 2016 an die Hand zu nehmen. Bei den Vorbereitungsarbeiten zeigte sich nun allerdings, dass es aufgrund der verfügbaren Datenbasis über die Lastenverschiebung zu den Gemeinden infolge der Schulharmonisierung noch unsicher ist, ob bereits per 2016 die Ausgleichszahlungen durch einen neu berechneten Steuerschlüssel ersetzt werden können. Es erscheint zielführender, das Jahr 2017 anzupeilen. Die Verhandlungen zwischen Kanton und Gemeinden sollen im Frühsommer 2014 beginnen. Ab diesem Zeitpunkt wird auch die vom Einwohnerrat bereits vorsorglich eingesetzte Begleitkommission ihre Tätigkeit aufnehmen können.

KOMMUNIKATION MIT DER BEVÖLKERUNG: EIN GUTES MASS

Die Begleitung der Projekte ‹Leben in Riehen – 60plus› sowie ‹Zonenplanrevision› waren die zwei grossen kommunikativen Schwerpunkte des Berichtsjahrs. Beide Projekte wurden sowohl mit klassischen Kommunikationsmassnahmen als auch mit Veranstaltungen im Gemeindehaus flankierend unterstützt.
Mit über 170 elektronisch versandten Medienmitteilungen, verbunden mit zahlreichen Kontakten zu den Medienschaffenden, wurden die verschiedenen Ansprechpartner der Gemeinde umfassend informiert. Die Website www.riehen.ch wurde laufend aktualisiert und wo nötig verbessert. Die Zahl ihrer Besucherinnen und Besucher bewegt sich auf erfreulich hohem Niveau. Erweitert wurde auch der Facebook-Auftritt der Gemeinde; dadurch konnten weitere ‹Freunde› gewonnen werden, die täglich im interaktiven Kontakt mit der Gemeinde stehen.
Neben den konventionellen Kommunikationsgefässen wurden auch andere Wege beschritten: So konnten zum Beispiel im Zusammenhang mit der Überbauung Riehen Classic an der Bosenhalde die Anliegen der betroffenen Anwohnerschaft und der Schule Hinter Gärten an einem runden Tisch zeitnah aufgenommen und Lösungen zugeführt werden. Der frühe Einbezug hat sich bewährt.

Der vollständige Geschäftsbericht des Gemeinderats kann bei der Gemeindeverwaltung bezogen oder im Internet unter www.riehen.ch eingesehen werden.

1 Neuordnung des Verhältnisses zwischen Kanton und Gemeinden.

Aus den Sitzungen des Einwohnerrats

JULI 2013 BIS JUNI 2014

SITZUNG VOM 28. AUGUST 2013

Interpellationen

- Interpellation Roland Engeler-Ohnemus betreffend Entschädigung des Verwaltungsrats der Wärmeverbund Riehen AG
- Interpellation Peter Mark betreffend Sitzbänke an der Wiese auf der Seite des neuen Naturbads
- Interpellation Patrick Huber betreffend Hausbesetzung in Riehen
- Interpellation Silvia Schweizer betreffend Tempo 40 am Kohlistieg
- Interpellation Thomas Mühlemann betreffend Standgebühren für die Riehener ‹Pfadi›-Abteilungen am Dorffest
- Interpellation Christine Kaufmann betreffend Hochhaus am Rande des Landschaftsparks Wiese
- Interpellation Roland Lötscher betreffend Sanierung der Deponie Landauer
- Interpellation Thomas Widmer-Huber betreffend Zirkusanlässe im Sarasinpark
- Interpellation Claudia Schultheiss betreffend Einführung der Parkraumbewirtschaftung
- Interpellation Hans Rudolf Lüthi bezüglich Grossrats-Motion «13.5281 Motion Brigitta Gerber und Konsorten betreffend Einschränkung der Jagd im Kanton Basel-Stadt»

Vorlagen und Berichte

- Neuerstellung und (Teil-)Erneuerung von Strassen inklusive öffentliche Beleuchtung und Kanalisationssanierungen, Kreditvorlage
- Investitionskredit für die Erneuerung der betriebseigenen Tankstelle und für die Einrichtung einer Gasbetankung im Werkhof der Gemeinde
- Zweiter Bericht des Gemeinderats zum Anzug Christian Burri und Kons. betreffend Reduktion des Durchgangsverkehrs auf den Riehener Strassen
- Bericht des Gemeinderats zum Anzug Rolf Brüderlin und Kons. betreffend kurzfristige Verbesserung der Verkehrssituation im engeren Dorfkern von Riehen
- Bericht des Gemeinderats zum Anzug Thomas Mühlemann und Kons. für eine bessere öffentliche Beleuchtung
- Bericht des Gemeinderats zum Anzug Christine Kaufmann und Kons. betreffend Installation von Solaranlagen auf gemeindeeigenen Liegenschaften
- Bericht der Kommission für Volksanregungen und Petitionen betreffend Schutz der Riehener Kirchenburg
- Deponien im Maienbühl, 4. Zwischenbericht zur historischen und technischen Untersuchung

Neue Anzüge, Motionen, Parlamentarische Aufträge

- Anzug Heinz Oehen und Kons. betreffend gezielte Öffnung der Spielplätze in Kindergärten für die öffentliche Nutzung und/oder verbesserte Spielplatzangebote in einzelnen Schulhausgebieten

SITZUNG VOM 25. SEPTEMBER 2013

Interpellationen

- Interpellation Hans Rudolf Lüthi betreffend Baustellen in Riehen / Verkehrssicherheit
- Interpellation Caroline Schachenmann betreffend Reintegrationsmassnahmen bei der Sozialhilfe
- Interpellation Christine Kaufmann betreffend Auswirkungen der Revision des kantonalen Pensionskassengesetzes auf die Gemeinde Riehen
- Interpellation Peter A. Vogt: «Der Wohnturm Lörrach missbraucht Riehen und den Landschaftspark Wiese»
- Interpellation Roland Lötscher betreffend Leistungstest an den Riehener Schulen
- Interpellation Jürg Sollberger betreffend Baustelle am Steingrubenweg

Vorlagen und Berichte

- Erlass einer neuen Ferienregelung für die Mitarbeitenden der Gemeinde Riehen mit Wirksamkeit ab 1. Januar 2013
- Änderung der Geschäftsordnung des Einwohnerrats der Einwohnergemeinde Riehen und Bericht des Ratsbüros zum Anzug Roland Lötscher und Kons. betreffend Stellvertretungen in einwohnerrätlichen Kommissionen
- Bericht des Gemeinderats zum Anzug Heinz Oehen und Kons. betreffend Alters- und Seniorenkonzept für Riehen
- Zwischenbericht des Gemeinderats zum Abbau der Wartezeit für Kinder und Jugendliche an der Musikschule Riehen
- Bericht des Gemeinderats zum Anzug Barbara Graham und Kons. betreffend einheitliche Mittagspausen an den Schulen von Riehen
- Bericht des Gemeinderats zum Anzug Christian Burri und Kons. betreffend Förderung der Nutzung der Solarenergie
- Bericht des Gemeinderats zum Anzug Thomas Zangger und Kons. betreffend Anpassung des gemeinderätlichen Konzepts Begegnungszone
- Bericht des Gemeinderats zum Anzug Priska Keller und Kons. betreffend ‹Public WLAN› in Riehen
- Bericht des Gemeinderats zum Anzug Andreas Tereh und Kons. betreffend neues Naturschutzgebiet in Riehen
- Bericht des Gemeinderats zum Anzug Thomas Widmer-Huber und Kons. betreffend Ausbau der Online-Angebote der Gemeindebibliothek Riehen
- Bericht des Gemeinderats zum Anzug Christine Kaufmann und Kons. betreffend zukünftige Nutzung des Mattenhofs
- 2. Bericht des Gemeinderats zum Anzug Jürg Sollberger betreffend Wasserwirbelkraftwerk

Neue Anzüge, Motionen, Parlamentarische Aufträge

- Motion Marianne Hazenkamp und Kons. betreffend Weiterführung der Zusammenarbeit der Gemeinde Riehen mit der Gehörlosen- und Sprachheilschule Riehen
- Anzug Roland Lötscher und Kons. betreffend Alu-Dosen und PET-Flaschen rezyklieren
- Anzug Barbara Graham und Kons. betreffend unterstützende Massnahmen zum Gelingen der neuen Schule

SITZUNG VOM 30./31. OKTOBER 2013

Interpellationen

- Interpellation Silvia Schweizer zur Wegweisung Zollfreistrasse-Lörrach
- Interpellation Jürg Sollberger betreffend ungenügender Grundwasserschutz an der Zollfreistrasse
- Interpellation Peter Mark betreffend Abfallkonzept
- Interpellation Franziska Roth betreffend K-Netz

- Interpellation Ernst G. Stalder betreffend Projekt «In guten Händen – zu Hause betreut», Leben in Riehen – 60plus
- Interpellation Peter A. Vogt: «Wie viele Schulklassen werden jetzt und im kommenden Schuljahr in Containern unterrichtet?»

Vorlagen und Berichte

- Leistungsauftrag für den Politikbereich Publikums- und Behördendienste (Produktgruppe 1) 2014–2017
- Leistungsauftrag für den Politikbereich Finanzen und Steuern (Produktgruppe 2) 2014–2017
- Leistungsauftrag für den Politikbereich Kultur, Freizeit und Sport (Produktgruppe 5) 2014–2016
- Leistungsauftrag für den Politikbereich Mobilität und Versorgung (Produktgruppe 6) 2014–2017
- Bericht der Kommission für Volksanregungen und Petitionen betreffend Petition «Gegen die Schliessung der Poststelle Riehen Niederholz»

SITZUNG VOM 27. NOVEMBER 2013

Interpellationen

- Interpellation Matthias Gysel betreffend strategische Ausrichtung des Wärmeverbunds Riehen
- Interpellation Heinz Oehen betreffend Reithalle Wenkenhof und Riehener Vereine
- Interpellation Peter A. Vogt betreffend achtloses Wegwerfen von Abfällen und wildes Abfalldeponieren im Niederholzquartier

Vorlagen und Berichte

- Zwischenbericht der Spezialkommission Gemeindehaus
- Attraktives und fussgängerfreundliches Dorfzentrum, Kreditvorlage für das Umgestaltungsprojekt mit Bericht des Gemeinderats zur Motion Christine Kaufmann und Kons. betreffend Erweiterung der Fussgängerzone im Dorfkern von Riehen, Bericht des Gemeinderats zum Anzug Roland Engeler-Ohnemus und Kons. betreffend Erweiterung der Riehener Fussgängerzone und Bericht des Gemeinderats zum Anzug Daniel Albietz und Kons. betreffend Fussgängerzone im Dorfkern
- Bahnquerungen für Fussgänger und Velos in Riehen Nord, Investitionskredit für eine Unterführung beim Friedhofweg sowie Projektierungskredit für eine Unterführung beim Grienbodenweg und Bericht zum Anzug Andrea Pollheimer und Kons. betreffend abgesicherte S-Bahn-Fuss-und-Veloquerungen in Riehen Nord
- Bericht des Gemeinderats zur Motion Roland Engeler-Ohnemus und Kons. betreffend Riehener Fonds zur Förderung von Energiesparmassnahmen und Erstellung von Anlagen zur Gewinnung von erneuerbarer Energie
- Bericht des Gemeinderats zum Anzug Franziska Roth und Kons. betreffend finanzieller Entlastung des Mittelstands
- Bericht des Gemeinderats zum Anzug Andreas Tereh und Kons. betreffend Littering

Neue Anzüge, Motionen, Parlamentarische Aufträge

- Anzug Patrick Huber und Kons. betreffend Gebühren und Leistungen von Vereinen

SITZUNG VOM 18. DEZEMBER 2013

Interpellationen

- Interpellation Urs Soder für Verkehrsverbesserung Verzweigung Grenzacherstrasse/Hörnliallee

Vorlagen und Berichte

- Politikplan 2014–2017, Kenntnisnahme sowie Genehmigung des Produktsummenbudgets 2014 und des Steuerfusses für die Steuerperiode 2014

Neue Anzüge, Motionen, Parlamentarische Aufträge

- Anzug Andreas Tereh und Kons. betreffend Optimierung der Verkehrssicherheit bei der Weilstrasse
- Anzug Peter A. Vogt und Kons. betreffend gesicherter Bahnübergang für Fussgänger beim Grienbodenweg

SITZUNG VOM 29. JANUAR 2014

Interpellationen

- Interpellation Daniel Aeschbach betreffend Sperrung Veloweg entlang Riehenstrasse
- Interpellation Roland Engeler-Ohnemus betreffend Entlastung Riehens vom Durchgangsverkehr seit der Eröffnung der Zollfreistrasse
- Interpellation Christine Kaufmann betreffend Angebotsänderungen für Tram und Bus in Riehen und Bettingen
- Interpellation Christian Heim betreffend Einführung der Parkplatzbewirtschaftung
- Interpellation Roland Lötscher betreffend Buskonzept Wettstein-Riehen
- Interpellation Urs Soder betreffend Taggeldversicherung
- Interpellation Patrick Huber betreffend Flutlichtanlage auf der Grendelmatte
- Interpellation Silvia Schweizer betreffend Parkraumbewirtschaftung
- Interpellation Andreas Zappalà betreffend personelle Änderungen in der Abteilung Kultur, Freizeit und Sport
- Interpellation Christian Burri betreffend Vorplatzgestaltung Friedhof Hörnli
- Interpellation Franziska Roth betreffend K-Netz: «Wie weiter nach dem Rekurs von UPC Cablecom?»

Vorlagen und Berichte

- Parking Gemeindehausplatz, Projektierungskredit und 3. Zwischenbericht des Gemeinderats zum Anzug Thomas Meyer und Kons. betreffend Erstellung einer öffentlichen Tiefgarage
- Bericht der Kommission für Volksanregungen und Petitionen betreffend Petition «Buslinien»
- Bericht des Gemeinderats zum Anzug Roland Lötscher und Kons. betreffend Bus 35/45 auch am Sonntag
- Bericht des Gemeinderats zum Anzug Maja Kopp und Kons. betreffend Entwässerung im Moostal

SITZUNG VOM 26. FEBRUAR 2014

Interpellationen

- Interpellation Marianne Hazenkamp betreffend Wegzug der Gehörlosen- und Sprachheilschule Riehen auf Sommer 2016
- Interpellation Christine Kaufmann betreffend Schicksal des Mattenhofs
- Interpellation Barbara Graham betreffend Kinder- und Jugendfreizeit-Möglichkeiten im Alten Pumpwerk der IWB
- Interpellation Roland Engeler-Ohnemus betreffend grenzüberschreitende Fuss- und Veloverbindungen
- Interpellation Heinz Oehen betreffend Leitung der Gemeindeschulen

- Interpellation Thomas Zangger betreffend Schulwegsicherheit in der Kirchstrasse

Vorlagen und Berichte

- Kulturleitbild 2014 der Gemeinde Riehen
- Energiekonzept Riehen 2014–2025 der Gemeinde Riehen
- Ordnung zur Spezialfinanzierung von Energiesparmassnahmen an gemeindeeigenen Liegenschaften
- Bericht des Gemeinderats zum Anzug Urs Soder betreffend Strassenbeleuchtung Lettackerweg
- Bericht des Gemeinderats zum Anzug Roland Engeler-Ohnemus und Kons. betreffend Öffnung der Familiengartenareale

SITZUNG VOM 26. MÄRZ 2014

- Ansprache von Herrn Regierungsrat Christoph Brutschin

Interpellationen

- Interpellation Daniel Wenk betreffend drohende Insolvenz von schlipf@work
- Interpellation Peter Mark betreffend Parkraumbewirtschaftung
- Interpellation Claudia Schultheiss betreffend WC-Wagen der Gemeindeverwaltung Riehen
- Interpellation Heinz Oehen betreffend Gespräche mit der Bürgergemeinde
- Interpellation Daniel Aeschbach betreffend Verkehrsführung während der Sanierung der Äusseren Baselstrasse

Wahlen

- Nachwahl eines Mitglieds in die Sachkommission Bildung und Familie (Rücktritt Aaron Agnolazza)

Vorlagen und Berichte

- Bericht der Wahlprüfungskommission betreffend Validierung der Gesamterneuerungswahlen 2014
- Vorvertrag zum Kauf der Parzelle RC 117 an der Hörnliallee von der Einwohnergemeinde der Stadt Basel
- Neubau Doppelkindergarten mit Tagesstruktur Paradiesstrasse, Projektierungskredit
- Vorsorglicher Nachkreditantrag für die Bahnquerung Riehen Nord
- Leistungsauftrag für den Politikbereich Gesundheit und Soziales (Produktgruppe 3) 2011–2014, Verlängerung um ein Jahr bis 2015 und Bewilligung eines ergänzenden Globalkredits
- Ordnung über die Entschädigung der Mitglieder des Gemeinderats der Einwohnergemeinde Riehen vom 25. März 2009, Teilrevision
- Bericht und Antrag des Ratsbüros zur Ergänzung von § 9 der Geschäftsordnung des Einwohnerrats der Einwohnergemeinde Riehen (Anspruch auf Sitzungsgelder)
- Bericht der Geschäftsprüfungskommission zur Schlussrechnung der Kreditvorlage für sichere und attraktive Kinderspielplätze
- Schlussbericht der Geschäftsprüfungskommission zum Personellen

Neue Anzüge, Motionen, Parlamentarische Aufträge

- Anzug Caroline Schachenmann und Kons. betreffend Förderung einer Mehrgenerationensiedlung
- Anzug Jürg Sollberger und Kons. betreffend «Das Kapitel Erdwärme ist noch nicht abgeschlossen»
- Parlamentarischer Auftrag der Geschäftsprüfungskommission zur Abänderung des Personalreglements der Gemeinde Riehen vom 16. Juli 2002

SITZUNG VOM 29. APRIL 2014

Interpellationen

- Interpellation Roland Engeler-Ohnemus betreffend Verkehrsführung während der Sanierung der Grenzacherstrasse
- Interpellation Christian Griss: «Ist der Parlamentarische Auftrag der SGS vom 8. April 2011 versandet?»
- Interpellation Christian Heim betreffend ‹Public Viewing› anlässlich der Fussball-WM
- Interpellation Peter A. Vogt betreffend Abfalldeponie beim Kohlistieg

Vorlagen und Berichte

- Leistungsauftrag für den Politikbereich Siedlung und Landschaft (Produktgruppe 7) 2011–2014, Verlängerung um ein Jahr und Bewilligung eines ergänzenden Globalkredits für 2015
- Pilotprojekt, Abbau der Wartezeit für Kinder und Jugendliche an der Musikschule Riehen unter Einbezug der zwei Musikschulen (SMEH und ton in ton)
- Revision der Ordnung über die Parkraumbewirtschaftung
- Sammelbericht des Gemeinderats zum Anzug der Sachkommissionen Publikumsdienste, Behörden und Finanzen sowie Mobilität und Umwelt betreffend Nutzungskonzept und Wirtschaftlichkeitsprüfung eines Neubaus für die Gemeindeverwaltung sowie einer Umnutzung des jetzigen Gemeindehausareals, sowie zu den drei Anzügen Roland Lötscher und Kons. betreffend Nutzung des Gemeindehausdachs zur Gewinnung von Solarenergie, Heinz Oehen und Kons. betreffend optimalere Nutzung des Parkplatzareals neben dem Bahnhof Riehen Dorf, Thomas Zangger und Thomas Marti betreffend Saaltrakt Landgasthof als Herzstück der Dorfkernentwicklung
- Zwischenbericht der Spezialkommission ‹Gemeindehaus› zum Ende der Legislatur 2010–2014
- (Teil-)Erneuerung von Strassen inklusive öffentliche Beleuchtung und Kanalisationssanierung, Kreditvorlage
- 2. Zwischenbericht der Spezialkommission ‹K-Netz Riehen›
- Schlussbericht der Spezialkommission ‹Landgasthof› zum Ende der Legislatur 2010–2014
- Spezialkommission ‹Neukalibrierung Steuerschlüssel›, Statusbericht des Ratsbüros zum Ende der Legislatur 2010–2014

SITZUNG VOM 7. MAI 2014

- Ansprache des Alterspräsidenten
- Wahl der Präsidentin oder des Präsidenten
- Wahl der Statthalterin oder des Statthalters
- Ansprache des Präsidenten
- Wahl von vier ständigen Kommissionen und drei Spezialkommissionen
- Bildung und Wahl der Sachkommissionen

SITZUNG VOM 25. JUNI 2014

Interpellationen

- Interpellation David Moor betreffend Zweckentfremdung von Mitteln für die ökologischen Ersatzmassnahmen im Bereich der Zollfreistrasse
- Interpellation Karl Schweizer betreffend «Zweifel am Kunstsachverstand der Verwaltung und unsensible beziehungsweise unverständliche Verschleuderung von Werken aus der öffentlichen Kunstsammlung der Gemeinde Riehen»

Berichte und Vorlagen

- Genehmigung des Geschäftsberichts 2013 des Gemeinderats mit Jahresrechnung
- Geschäftsbericht 2013 Wärmeverbund Riehen AG

Der Einwohnerrat
nach den Wahlen 2014.

— Bericht des Ratsbüros betreffend Vertretung der Gemeinden Riehen und Bettingen im Districtrat des Trinationalen Eurodistricts Basel

Neue Anzüge, Motionen, Parlamentarische Aufträge

— Motion Franziska Roth und Kons. betreffend Änderung der Ordnung über die Parkraumbewirtschaftung
— Parlamentarischer Auftrag Peter A. Vogt und Kons. betreffend Einführung eines eigenen Produktbereichs für die Strukturkosten der Gemeinde Riehen

Der Gemeinderat nach den Wahlen 2014 (v. l.): Hansjörg Wilde (Präsident), Andreas Schuppli (Gemeindeverwalter), Daniel Albietz (Vizepräsident), Christoph Bürgenmeier, Silvia Schweizer, Guido Vogel, Annemarie Pfeifer-Eggenberger, Urs Denzler (stellvertretender Gemeindeverwalter), Christine Kaufmann.

Gremien und Behörden

STAND DER ANGABEN: 25. JULI 2014

EINWOHNERRAT AMTSPERIODE 2014/2018

	Partei	Jahrgang	Wahljahr
PRÄSIDENT 2014/2016			
SOLLBERGER Jürg	EVP	1950	2000
STATTHALTER 2014/2016			
GRISS Christian	CVP	1960	2008
MITGLIEDER			
AESCHBACH Daniel	SP	1962	2011
ENGELER-OHNEMUS Roland	SP	1956	2002
GRAHAM-SIEGENTHALER Barbara	EVP	1966	2011
GYSEL Matthias	SP	1952	2012
HAZENKAMP-VON ARX Marianne	Grüne	1969	2003
HEIM Christian	SVP	1958	2010
HETTICH Daniel	LDP	1961	2014
HUBER Patrick	CVP	1991	2012
KELLER-DIETRICH Priska	CVP	1961	2009
LESCHHORN Martin	SP	1969	2014
LIEDERER Daniel	FDP	1962	2006
LÖTSCHER Roland	SP	1956	2003
LÜTHI Hans Rudolf	LDP	1943	1989
MARK Peter	SVP	1958	2011
MAZZOTTI Sasha	SP	1968	2014
MEIDINGER Christian	SVP	1945	2014
MOOR David	EVP	1967	2004
NÄF Elisabeth	FDP	1955	2014
NILL Dieter	FDP	1954	2011
OEHEN Heinz	SP	1961	2009
PONACZ Philipp	EVP	1965	2014
ROTH-BRÄHM Franziska	SP	1964	2006
RUTSCHMANN Eduard	SVP	1953	2002
SCHACHENMANN Caroline	EVP	1956	2010
SCHULTHEISS Claudia	LDP	1965	2013
SCHWEIZER Karl	SVP	1955	2010
SODER Urs	FDP	1958	2002
STALDER Ernst G.	SVP	1956	2010
STRAHM Thomas	LDP	1957	2001
TEREH Andreas	Grüne	1971	2010
UEBERWASSER Heinrich	SVP	1957	2003
VOGT Peter A.	SVP	1939	1999
WEHRLI Felix	SVP	1960	2014
WENK Daniel	FDP	1971	2008
WIDMER Thomas	EVP	1965	2012
ZANGGER Thomas	GLP	1974	2010
ZAPPALÀ Andreas	FDP	1963	2007
ZINKERNAGEL Peter	LDP	1942	1998

BÜRO DES EINWOHNERRATS

SOLLBERGER Jürg, Präsident (von Amtes wegen)

GRISS Christian, Statthalter (von Amtes wegen)

ENGELER-OHNEMUS Roland

LIEDERER Daniel

SCHULTHEISS Claudia

UEBERWASSER Heinrich

CHRIST Katja, Ratssekretariat

GEMEINDERAT AMTSPERIODE 2014 / 2018

	Partei	Jahrgang	Wahljahr
PRÄSIDENT			
WILDE Hansjörg	Parteilos	1965	2014
VIZEPRÄSIDENT			
ALBIETZ Daniel	CVP	1971	2010
MITGLIEDER			
BÜRGENMEIER Christoph	LDP	1954	1994
KAUFMANN Christine	EVP	1968	2014
PFEIFER-EGGENBERGER Annemarie	EVP	1954	2010
SCHWEIZER Silvia	FDP	1962	2014
VOGEL Guido	SP	1962	2014

GESCHÄFTSKREISE DES GEMEINDERATS AMTSPERIODE 2014 / 2018

WILDE Hansjörg	*Präsidium / Publikums- und Behördendienste*
ALBIETZ Daniel	*Vizepräsidium / Siedlungsentwicklung und Grünanlagen*
BÜRGENMEIER Christoph	*Finanzen und Steuern*
KAUFMANN Christine	*Kultur, Freizeit und Sport sowie Umwelt*
PFEIFER-EGGENBERGER Annemarie	*Gesundheit und Soziales*
SCHWEIZER Silvia	*Bildung und Familie*
VOGEL Guido	*Mobilität und Versorgung*

BÜRGERRAT AMTSPERIODE 2014/2018

	Jahrgang	Wahljahr
PRÄSIDENT		
LEMMENMEIER Martin	1963	1991
VIZEPRÄSIDENT		
RINKLIN Willy	1945	2002
MITGLIEDER		
AGNOLAZZA Daniele	1962	2014
KÜENZI Andreas	1970	2014
NÄF Elisabeth	1955	2006

GROSSRÄTINNEN UND GROSSRÄTE DES WAHLKREISES RIEHEN

AMTSPERIODE 2013/2017

	Partei	Jahrgang	Wahljahr
CHRIST Katja	GLP	1972	2014
CRAMER Conradin	LDP	1979	2005
GROSSENBACHER Thomas	GB	1964	2006
HOFER Salome	SP	1986	2009
PFEIFER-EGGENBERGER Annemarie	EVP	1954	2005
ROTH-BRÄM Franziska	SP	1964	2013
RUTSCHMANN Eduard	SVP	1953	2004
STRAHM Thomas	LDP	1957	2007
UEBERWASSER Heinrich	SVP	1957	2006
VON AARBURG Rolf	CVP	1953	2004
ZAPPALÀ Andreas	FDP	1963	2011

GEMEINDEVERWALTUNG

LEITUNG	
SCHUPPLI Andreas	*Gemeindeverwalter*
SPETTEL Susanne	*Leitung Personelles*
RIBI Andreas	*Controller*
ABTEILUNGSLEITUNGEN	
BERTSCH Anna Katharina	*Gesundheit und Soziales*
BERWEGER Ivo	*Bau, Mobilität und Umwelt*
DENZLER Urs	*Publikums- und Behördendienste*
HAMMER Reto	*Finanzen und Wirtschaft*
KOHLER Stephan	*Werkdienste*
NEUMANN Martina	*Bildung und Familie*
STAUBER Vera	*Kultur, Freizeit und Sport*

Wahlen und Abstimmungen

JULI 2013 BIS JUNI 2014

22. September 2013 // Stimmberechtigte 13 552

BUND

Initiative «Ja zur Aufhebung der Wehrpflicht» Stimmbeteiligung: 55,4 %

	Bund	Kanton	davon Gemeinde
Ja	646 106	20 904	2099
Nein	1 761 063	32 601	5327

Bundesgesetz über die Bekämpfung übertragbarer Krankheiten des Menschen (Epidemiengesetz) Stimmbeteiligung: 55,1 %

	Bund	Kanton	davon Gemeinde
Ja	1 416 452	35 624	5053
Nein	943 648	16 977	2281

Änderung des Arbeitsgesetzes Stimmbeteiligung: 54,8 %

	Bund	Kanton	davon Gemeinde
Ja	1 324 530	29 872	4435
Nein	1 049 502	22 438	2801

KANTON

Initiative «Gebührenfreies und faires Mietverfahren für alle!» Stimmbeteiligung: 52,2 %

	Kanton	davon Gemeinde
Ja	23 216	2606
Nein	24 185	4197

Initiative «Bezahlbares und sicheres Wohnen für alle!» Gegenvorschlag und Stichfrage Stimmbeteiligung: 52,1 %

Initiative:	Kanton	davon Gemeinde
Ohne Antwort	1444	238
Ja	20 624	2137
Nein	26 005	4519
Gegenvorschlag:		
Ohne Antwort	3067	423
Ja	27 222	4169
Nein	17 784	2302
Stichfrage:		
Ohne Antwort	2770	429
Initiative	16 806	1728
Gegenvorschlag	28 497	4737

Initiative «CentralParkBasel» Stimmbeteiligung: 53,8 %

	Kanton	davon Gemeinde
Ja	19 394	2266
Nein	29 904	4871

24. November 2013 // Stimmberechtigte 13 501

BUND

Initiative «1:12 – Für gerechte Löhne» Stimmbeteiligung: 64,5 %

	Bund	Kanton	davon Gemeinde
Ja	955 155	25 555	2513
Nein	1 797 110	37 009	6083

Initiative «Familieninitiative: Steuerabzüge auch für Eltern, die ihre Kinder selber betreuen» Stimmbeteiligung: 64,4 %

	Bund	Kanton	davon Gemeinde
Ja	1 139 743	21 312	3395
Nein	1 604 476	40 902	5194

Änderung des Nationalstrassenabgabegesetzes (Autobahnvignette) Stimmbeteiligung: 64,4 %

	Bund	Kanton	davon Gemeinde
Ja	1 087 350	29 842	3714
Nein	1 662 755	31 867	4857

KANTON

Zonenänderung, Festsetzung eines Bebauungsplanes im Bereich Clarastrasse, Riehenring und Drahtzugstrasse (Areal Claraturm) Stimmbeteiligung: 52,2 %

	Kanton	davon Gemeinde
Ja	30 018	4558
Nein	26 712	3630

GEMEINDE

Wahl des Gemeindepräsidiums, 1. Wahlgang
Stimmbeteiligung: 49,1 %

Stimmen erhalten haben:	Gemeinde
Wilde Hansjörg parteilos	2673
Kaufmann Christine EVP	1599
Vogel Guido SP	1087
Strahm Thomas LDP	852
Börlin Hans-Peter parteilos	145
Vereinzelte	111

Absolutes Mehr: 3296

Wahl der 6 Mitglieder des Gemeinderats, 1. Wahlgang
Stimmbeteiligung: 46,7 %

Stimmen erhalten haben:	Gemeinde
Albietz Daniel CVP	3510
Kaufmann Christine EVP	3050
Pfeifer-Eggenberger Annemarie EVP	2948
Schweizer Silvia FDP	2877
Vogel Guido SP	2669
Rutschmann Eduard SVP	2632
Roth-Bräm Franziska SP	2382
Tereh Andreas Grüne	2314
Bürgenmeier Christoph LDP	2262
Strahm Thomas LDP	1991
Vereinzelte	1365

Absolutes Mehr: 3142
Gewählt wurde: Albietz Daniel

Wahl der Mitglieder des Einwohnerrats Stimmbeteiligung: 49,1 %

Liste 1 FDP, 6 Sitze (unverändert; 14,1 % Wähleranteil)

Gewählt wurden:	Gemeinde
Schweizer Silvia	2868
Zappalà Andreas	2478
Soder Urs	2348
Nill Dieter	2206
Wenk Daniel	2162
Liederer Daniel	1862

Für die in den Gemeinderat gewählte Schweizer Silvia rückte Näf Elisabeth mit 1563 Stimmen nach.

Liste 3 LDP, 5 Sitze (unverändert; 12,7 % Wähleranteil)

Gewählt wurden:	Gemeinde
Strahm Thomas	1888
Schultheiss Claudia	1369
Brüderlin Rolf	1328
Bürgenmeier Christoph	1232
Zinkernagel Peter	1136

Für den in den Gemeinderat gewählten Bürgenmeier Christoph rückte Hettich Daniel mit 998 Stimmen nach.

Liste 4 EVP, 6 Sitze (unverändert; 14,3 % Wähleranteil)

Gewählt wurden:	Gemeinde
Kaufmann Christine	2290
Pfeifer-Eggenberger Annemarie	1657
Sollberger Jürg	1430
Graham-Siegenthaler Barbara	1355
Widmer-Huber Thomas	1266
Schachenmann Caroline	1226

Für die in den Gemeinderat gewählte Kaufmann Christine und Pfeifer-Eggenberger Annemarie rückten Moor David mit 963 Stimmen und Ponacz Philipp mit 881 Stimmen nach.

Liste 5 SP, 8 Sitze (+1; 18,9 % Wähleranteil)

Gewählt wurden:	Gemeinde
Roth-Bräm Franziska	2815
Engeler-Ohnemus Roland	2721
Lötscher Roland	2613
Burri Christian	2535
Oehen Heinz	2524
Aeschbach Daniel	2377
Gysel Matthias	2366
Mazzotti Sasha	2219

Liste 7 CVP, 3 Sitze (unverändert; 7,6 % Wähleranteil)

Gewählt wurden:	Gemeinde
Albietz Daniel	2018
Griss Christian	1590
Huber Patrick	1261

Für den in den Gemeinderat gewählten Albietz Daniel rückte Keller Priska mit 1209 Stimmen nach.

Liste 8 Grüne, 2 Sitze (–1; 6,7 % Wähleranteil)

Gewählt wurden:	Gemeinde
Hazenkamp-von Arx Marianne	2080
Tereh Andreas	1852

Liste 10 GLP, 1 Sitz (–1; 4,0 % Wähleranteil)

Gewählt wurde:	Gemeinde
Zangger Thomas	1340

Liste 12 SVP, 9 Sitze (+1; 20,4 % Wähleranteil)

Gewählt wurden:	Gemeinde
Rutschmann Eduard	2771
Schweizer Karl	2364
Ueberwasser Heinrich	2361
Heim Christian	1829
Mark Peter	1623
Agnolazza Aaron	1581
Wehrli Felix	1468
Vogt Peter A.	1361
Stalder Ernst G.	1333

09. Februar 2014 // Stimmberechtigte 13 528

BUND

Bundesbeschluss über die Finanzierung und den Ausbau der Eisenbahninfrastruktur Stimmbeteiligung: 61,9 %

	Bund	Kanton	davon Gemeinde
Ja	1 776 688	45 189	5525
Nein	1 088 210	17 333	2671

Initiative «Abtreibungsfinanzierung ist Privatsache»
Stimmbeteiligung: 62,4 %

	Bund	Kanton	davon Gemeinde
Ja	873 603	15 605	2509
Nein	2 019 033	47 908	5793

Initiative «Gegen Masseneinwanderung» Stimmbeteiligung: 62,6 %

	Bund	Kanton	davon Gemeinde
Ja	1 463 954	24 941	3697
Nein	1 444 428	39 007	4684

KANTON

Änderung des Einführungsgesetzes zum Bundesgesetz über die Gleichstellung von Frau und Mann Stimmbeteiligung: 59,5 %

	Kanton	davon Gemeinde
Ja	32 611	3891
Nein	24 258	3967

Anpassung der Vorschriften zur Stimmberechtigung an das Erwachsenenschutzrecht des Bundes Stimmbeteiligung: 57,9 %

	Kanton	davon Gemeinde
Ja	44 723	6134
Nein	8718	1264

Einführung des Ständeratswahlrechts für stimmberechtigte Auslandschweizerinnen und Auslandschweizer
Stimmbeteiligung: 59,2 %

	Kanton	davon Gemeinde
Ja	35 739	4718
Nein	20 180	3040

23. Februar 2014 // Stimmberechtigte 13 495

GEMEINDE

Wahl des Gemeindepräsidiums, 2. Wahlgang
Stimmbeteiligung: 50,6 %

Gewählt wurde:	Gemeinde
Wilde Hansjörg parteilos	3342

Wahl von 5 Mitgliedern des Gemeinderats, 2. Wahlgang
Stimmbeteiligung: 48,6 %

Gewählt wurden:	Gemeinde
Kaufmann Christine EVP	3718
Pfeifer-Eggenberger Annemarie EVP	3549
Vogel Guido SP	3295
Schweizer Silvia FDP	3280
Bürgenmeier Christoph LDP	3175

13. April 2014 // Stimmberechtigte 7354

GEMEINDE

Beschluss des Einwohnerrats vom 27.11.2013 betreffend Investitionskredit zur Neugestaltung des Dorfzentrums
Stimmbeteiligung: 54,5 %

	Gemeinde
Ja	4137
Nein	3147

18. Mai 2014 // Stimmberechtigte 13 500

BUND

Medizinische Grundversorgung Stimmbeteiligung: 64,1 %

	Bund	Kanton	davon Gemeinde
Ja	2 479 293	56 508	7504
Nein	337 303	6950	892

Initiative «Pädophile sollen nicht mehr mit Kindern arbeiten dürfen» Stimmbeteiligung: 64,7 %

	Bund	Kanton	davon Gemeinde
Ja	1 819 211	36 107	5168
Nein	1 045 110	28 137	3355

Initiative «Für den Schutz fairer Löhne» Stimmbeteiligung: 65,1 %

	Bund	Kanton	davon Gemeinde
Ja	687 743	24 590	2286
Nein	2 209 249	40 677	6378

Bundesgesetz über den Fonds zur Beschaffung des Kampfflugzeugs Gripen Stimmbeteiligung: 64,8 %

	Bund	Kanton	davon Gemeinde
Ja	1 344 959	21 022	3503
Nein	1 542 875	44 149	5084

KANTON

Initiative «Grossbasler Rheinuferweg jetzt!»
Stimmbeteiligung: 63,2 %

	Kanton	davon Gemeinde
Ja	27 824	3429
Nein	32 567	4957

Grossratsbeschluss Verkehrsdrehscheibe Badischer Bahnhof – Tram Erlenmatt und Vorplatz Badischer Bahnhof
Stimmbeteiligung: 63,2 %

	Kanton	davon Gemeinde
Ja	28 833	3323
Nein	30 791	5039

Ersatzwahl eines Mitglieds des Regierungsrats, 1. Wahlgang
Stimmbeteiligung: 54,0 %

Stimmen erhalten haben:	Kanton	davon Gemeinde
Engelberger Lukas CVP	18 873	3202
Bernasconi Martina GLP	16 018	1717
Rutschmann Eduard SVP	8111	1753
Weber Eric VA	2061	175
Vereinzelte	683	51

Absolutes Mehr: 24 268

22. Juni 2014 // Stimmberechtigte 13 466

KANTON

Ersatzwahl eines Mitglieds des Regierungsrats, 2. Wahlgang
Stimmbeteiligung: 37,1 %

Stimmen erhalten haben:	Kanton	davon Gemeinde
Engelberger Lukas CVP	18 387	3228
Bernasconi Martina GLP	11 692	1266
Weber Eric VA	2343	294
Vereinzelte	213	28

Gewählt ist: Engelberger Lukas

EinwohnerInnen per 31.12.2013: 20 939
Stimmberechtigte per 31.12.2013: 13 501

Bürgeraufnahmen

IM JAHR 2013

AUFNAHMEN

DUMANN Tobias, deutscher Staatsangehöriger

MAKSUTI Dardan, kosovarischer Staatsangehöriger

MANSOUR Tahani Amin, sudanesische Staatsangehörige, sowie ihr Sohn **SULIMAN**, Milad

OXLEY Timothy Richard, und seine Ehefrau Oxley, Helen Jane, geb. Morris, beide sind britische Staatsangehörige, sowie ihre Kinder Oxley, Alexander Robert, und Oxley, Lara Rosalind.

LEHMANN Urs, Bürger von Worb (BE), und seine Ehefrau Lehmann, Sarah Stephanie, geb. Frische, Bürgerin von Grüsch (GR) und Worb (BE), sowie ihre Kinder Lehmann, Marvin Fionn, und Lehmann, Jaron Lorin, beide sind Bürger von Worb (BE).

BALASUNDARAM Bavithran, srilankischer Staatsangehöriger

BLONDEAUX Patricia, französische Staatsangehörige

CODY Isabelle Patricia, irische Staatsangehörige

CODY Robyn Antonia, irische Staatsangehörige

LYCKEGAARD Vagner Finn, dänischer Staatsangehöriger, und seine Ehefrau Lyckegaard, Angelika, geb. Eichhorn, deutsche Staatsangehörige

FLENA Marco Giuseppe, italienischer Staatsangehöriger

MARINO Luis Alejandro, kolumbianischer Staatsangehöriger

PFEIFER Samuel, und seine Ehefrau, Pfeifer, Annemarie, geb. Eggenberger, beide sind Bürger von Andelfingen (ZH).

STINCONE Angela, Bürgerin von Laufenburg (AG), sowie ihr Sohn **SCHRANER**, Roman Paolo Angelo

PAZOS BERNARDEZ Maria, spanische Staatsangehörige

CACIK Turap, und seine Ehefrau, Cacik, Elif, geb. Oruk, beide sind türkische Staatsangehörige, sowie ihre Kinder Cacik, Mizgin, und Cacik, Ali.

LORENTZEN Reinhild Elisabeth, deutsche Staatsangehörige

MAKSUTI Demush, und seine Ehefrau Maksuti, Ylbere, geb. Alidemi, beide sind kosovarische Staatsangehörige, sowie ihre Kinder Maksuti, Liridon, und Maksuti, Egzon.

PIJPERS Franciscus Hendricus Elisabeth, niederländischer Staatsangehöriger

POHLIG Gabriele Elsa Rosa Magdalene, deutsche Staatsangehörige

MÜLLER Markus, Bürger von Andwil (SG), und seine Ehefrau **GRAF MÜLLER**, Claudia Maria, geb. Graf, Bürgerin von Andwil (SG) und Aeschi bei Spiez (BE), sowie ihre Kinder Müller, Noemi Anne, und Müller, Joel Severin, beide sind Bürger von Andwil (SG).

HETTINGER Angelika Elisabeth Gertrud, deutsche Staatsangehörige

FLACH Thomas Jörgen Kristian, schwedischer Staatsangehöriger

SPITTELER Desirée Michaela, geb. Schneider, deutsche Staatsangehörige, sowie ihre Kinder Spitteler, Jana Carima, und Spitteler, Enya Maria, beide sind Bürger von Bennwil (BL).

HEININGER Ulrich Franz Heinrich, und seine Ehefrau Heininger, Heike Daniela, geb. Körner, beide sind deutsche Staatsangehörige, sowie ihre Kinder Heininger, Anna Sophia, und Heininger, Lukas Thomas.

ÇAPRAK Murat, türkischer Staatsangehöriger

GREVE Ilona Astrid, deutsche Staatsangehörige

AGST LOTZ Maria Evelyne Irene, geb. Agst, argentinische Staatsangehörige, und ihr Ehemann, **LOTZ**, Friedhelm Bernd, deutscher Staatsangehöriger

VAN ALPHEN Rainer Adriaan, und seine Ehefrau van Alphen, Petra, geb. Dorendorf, beide sind deutsche Staatsangehörige.

BOUHEROUR Soraya, algerische Staatsangehörige, und ihr Ehemann **BUDNIK**, Ralf, deutscher Staatsangehöriger, sowie ihre Tochter **BUDNIK**, Leyla, deutsche Staatsangehörige

BAUMGÄRTNER Martin, deutscher Staatsangehöriger

EVANS Andrew Raymond, britischer Staatsangehöriger, und seine Ehefrau **MÜRSCHEL-EVANS**, Petra Marion, geb. Mürschel, deutsche Staatsangehörige, sowie ihr Sohn Evans, Alexander Christian

ERLEICHTERTE EINBÜRGERUNGEN GEMÄSS EIDGENÖSSISCHEM BÜRGERRECHTSGESETZ

VAN DER MEER Caren, deutsche Staatsangehörige

SZATHMARI Timea Katalin, ungarische Staatsangehörige

MEISTER Clementine, amerikanische Staatsangehörige

Mensch und Zeit

Unsere Jüngsten

JULI 2013 BIS JUNI 2014

ACCOTO Aurelia	30.09.2013
AKOA EYENGA Germain	27.08.2013
ANDRÉATTA Alessandro	06.08.2013
ASAL Emma	13.09.2013
BALLMANN Oskar	31.05.2014
BALOZIAN Maxime	13.01.2014
BAUCH Sina	07.02.2014
BAUER Jonas	23.08.2013
BAUMANN Rubén	24.01.2014
BEN MIMOUN Abdannour	03.05.2014
BENDER Joline	01.05.2014
BERSET Anaïs	01.01.2014
BISONNI Manuel	20.04.2014
BLUM Florian	02.04.2014
BOOTHE Nekisha	13.01.2014
BOSSHART Laurin	15.06.2014
BRANDER Yadid	02.05.2014
BRANTEGANI FERNANDES Guilherme	28.01.2014
BREM Dino	06.10.2013
BUDWEG Leonie	20.05.2014
BÜNS Minou	19.11.2013
BURKHARDT Laila	11.07.2013
CAJ Maximilian	25.10.2013
CARMONA Diego	11.05.2014
CASAÑAS Elena	04.01.2014
COLAK Leyla	16.12.2013
CORTAZAR Sabina	15.09.2013

DE FONTES Wyatt	27.09.2013
DEMMERLE Ferdinand Carl	20.03.2014
DEUTSCHER Joan	30.03.2014
DILL Jayden	02.02.2014
DÖRTZBACH Sarah	25.04.2014
DORUK Heja	28.08.2013
DUONG Angelina	04.08.2013
EIJGEL Mika	07.06.2014
ELAM Rose Violet	22.03.2014
EMMERICH Alexander	29.11.2013
EPTING Chiara	22.03.2014
ERDEM Astera Newroz	21.03.2014
FAST Elise	11.12.2013
FATTORINI Joy	10.09.2013
FISCHER Elsbeth	12.06.2014
FREY Mark	22.11.2013
FULLIN Aaron	18.09.2013
GARNI Finn	03.11.2013
GARONE Melinda	20.03.2014
GASS Melina	23.05.2014
GASSER Yannis	14.04.2014
GLOCK Kyrill	21.10.2013
GÖTTI Larina	20.04.2014
HACK Liora	13.06.2014
HAEFELFINGER Kayla	13.05.2014
HÄRRI Malou	28.02.2014
HEINRICH Pablo	30.10.2013

HERING Nora	18.08.2013
HERZOG Noah	03.05.2014
ISELIN Aeneas	30.03.2014
ISKEN Benjamin David	13.05.2014
JEITZINER Thea	09.03.2014
JIMENEZ Mariana	21.07.2013
JONES Alfred	25.09.2013
JOSEPH Davidson	06.09.2013
KAHRAMAN Asmina	22.01.2014
KALDEWEY Aaron	09.07.2013
KASA Lorik	19.07.2013
KESHERASCHWILI Schio	06.06.2014
KHAN Daniel Hakim	18.04.2014
KIZILDERE Dila	21.01.2014
KIZILER Miran	25.10.2013
KOLOTHARA RAMACHANDRAN Talitha	06.01.2014
KONDO Jiro	24.11.2013
KOPP Simon	07.01.2014
KRÜGER Clara	04.02.2014
KURZAWA Sandra	02.07.2013
LERCH Sandro	18.10.2013
LEUBIN Shoshana	15.05.2014
LO RUSSO Alessio	15.10.2013
M'BAREK Taha-Yazid	27.02.2014
MAHLER PUSHKAR Alexis	23.10.2013
MANGIONE Sophia	23.01.2014
MANNSTADT Helena	04.01.2014

MEISTER Sina	08.07.2013
METTLER Kilian	19.06.2014
MÜLLER Jason	27.07.2013
MURACA Joline	13.11.2013
MUTTI Lilou	18.10.2013
NIKAJ Robin	16.02.2014
NIKOLIC Sergej	13.02.2014
NORTON Lucy Aisling	04.12.2013
OBRIST Jaron	13.10.2013
OCHMANN Julian Michael	01.07.2013
ORTNER Nala	08.09.2013
PAGANIN Leroy	10.10.2013
PASQUAL Sandro	22.01.2014
PATHIPPALLIL Naomi	30.01.2014
PEREIRA Sara	26.03.2014
PETROVIC Emily	18.09.2013
PETROVIC Victoria Carmen Marie	21.11.2013
PFENNINGER Andrew	10.04.2014
PFISTER Ayden	04.06.2014
PLATON Laetitia Christina	16.05.2014
POLAT Evin	12.06.2014
RAMADANI Liana	26.04.2014
REIMER PENNER Josia Christian	08.12.2013
ROMAN Nouria	02.02.2014
SALADIN Florian	09.11.2013
SARTORIUS Clément	26.03.2014
SCHLEUCHARDT Lily	09.09.2013
SCHMIEDER Teresa Charlotta	25.06.2014
SCHUH Maximilian	16.06.2014
SCHULTHEISS Tim	05.08.2013
SILARIC Elea	27.10.2013
SPETH Antonia	23.01.2014
STEINER Nahla	30.10.2013
STUBBINGS Holly	16.12.2013
TESFAGEBRIEL Nael	24.04.2014
THIÉVENT Jago	20.09.2013
THOMANN Léon	03.09.2013
THOMAS Sophia	21.04.2014
TRICASE Diego	18.09.2013
TRYBUS Sina	05.05.2014
TUNJIC Maria	05.07.2013
UGAZIO Marco	22.09.2013
VAN DER MEER Kerstin	06.05.2014
VAN HOEY SMITH Alexander	03.05.2014
VUJANAC Valentina	16.10.2013
WACHHOLZ Leonard Amahoro	27.06.2014
WAGNER Kian	16.08.2013
WALDNER Julia	22.12.2013
WANNER Moritz	28.10.2013
WEBER Tamina	03.09.2013
WEHRLI Anouk	03.01.2014
WITH Laurin	17.06.2014
WUNDERLE Jasmin	22.04.2014
WÜTHRICH Ann	16.06.2014
YILMAZ Layla	21.08.2013
ZABORSKY Luan	05.06.2014
ZOLLINGER Emelie	03.12.2013

Unsere Jubilare

JULI 2013 BIS JUNI 2014

90 JAHRE

ACKERMANN-CORPATAUX Sophie	29.11.1923
ALBRECHT-BÖSCH Franz	15.07.1923
ALTHAUS-OETTERLI Helene	28.06.1924
AMANN-RÖSCH Karl	04.12.1923
BALTENSPERGER-MÜLLER Arlette	09.09.1923
BAUMGARTNER Hanna	30.09.1923
BHEND-GARTMANN Fritz	19.12.1923
BLATTMANN-BAUER Alicia	09.11.1923
BOLLER-LIECHTY Eugen	01.01.1924
BOSSART-HAFNER Walter	16.08.1923
BREIL-HALDEMANN Herbert	05.01.1924
BRUNNER-STADELMANN Hedwig	24.08.1923
BUCHS-CAPPONI Anita	21.01.1924
DÉGLON-MARTINEZ Jean-Louis	17.03.1924
EDENHOFER-RATHS Adele	29.04.1924
EUGSTER-DUBLER Gertrud	01.01.1924
FISCHER-ZELLWEGER Hedwig	13.10.1923
FREI-BASLER Anna	13.01.1924
FÜRST-BÄTSCHER Mirta	24.11.1923
GAUTSCHI-INGOLD Bethly	22.04.1924
GÖTZ-VLAHUTIN Walter	30.05.1924
HAID-TESTORELLI Pasqualina	13.10.1923
HÄNZI-SALVISBERG Elli	25.01.1924
HASENFRATZ-BRECHBÜHL Bethli	11.06.1924
HEID-JOBÉ Charlotte	24.12.1923
HOF-MEIER Margrit	24.02.1924
HOLENSTEIN-HÜGI Johanna	22.06.1924
HUFSCHMID-DÜBLIN Hannie	03.07.1923
IACONO-DI MEGLIO Lino	22.12.1923
JUTZI-AERNE Gottlieb	07.10.1923
KRETZ-HARTMANN Theodor	09.09.1923
KUGLER-OTT Peter	11.04.1924
KÜNG-ZELLER Carmen	17.09.1923
KUTTLER-BÖSIGER Adelheid	04.05.1924
LACHER-FORCELLA Ernst	06.07.1923
LAUBSCHER-NOLL Hans	11.01.1924
LEUENBERGER-LOEB Adolf	05.03.1924
MARTI-MEIER Erna	17.05.1924
MEIER Anna	21.11.1923
MEISTER-FARINOLI Ernst	14.02.1924
MEYER-ZÜND Rosa	03.08.1923
MÜLLER-MÜLLER Anna	28.01.1924
NIGGLI-FRITZ Margarete	09.02.1924
NUSSBAUMER Regina	25.11.1923
NYFFELER-MOJON Hélène	13.11.1923
NYFFELER-STOLLER Emma	10.02.1924
OSWALD-REIMANN Irma	10.12.1923
OTT-WINDMÜLLER Paul	29.01.1924
PABST-KESSLER Anton	23.03.1924
PFISTER-MAZENAUER Walter	25.05.1924
PISAN-WINTERHALTER Fortunato	23.04.1924
REBER-SPRECHER Esther	15.01.1924
RENGEL-MORY Erika	04.08.1923
ROHR-HUNZIKER Margrit	06.09.1923
ROSATZIN-BÄNZIGER Ruth	25.07.1923
RUPRECHT-KURT Lilly	20.12.1923
SCHÄFER-HOCH Klara	20.08.1923
SCHÄUBLIN-MEYER Nelly	24.09.1923
SCHLUEP-MORY Lea	25.05.1924
SCHMID-KAUFMANN Elisabeth	01.02.1924
SCHNEUWLY-WERNLI Frieda	20.12.1923
SCHNYDER-VOLLMEIER Walter	29.02.1924
SCHUPPLI-SANDREUTER Ursula	03.05.1924
SCHWANDER-MURSCH Hans	22.08.1923
SCHWEIZER-ISELIN Paul	08.09.1923
STARK-BERNAUER Ernst	09.04.1924
STETTLER-OTT Lucienne	22.01.1924
STÖCKLE-LECHLER Erika	04.01.1924
STUMP Elisabeth	25.01.1924
STÜRZINGER-ROHRER Esther	19.06.1924
SULZER-CHARDONNENS Anne Marie	08.12.1923
SZÜLE-TORDAY Karoly	13.10.1923
TSCHANZ-WAGNER Lily	25.01.1924
WAGNER-STEINOCHER Eva	29.06.1924
WEBER-HUSER Martha	13.04.1924
WEBER-VERHOEVEN Hermann	02.04.1924
WEISS-FÄSSLI Max	24.05.1924
WIGET-LUDWIGER Dorothea	06.03.1924
WITZ Irene	14.02.1924
WYSS-STURM Johanna	24.04.1924
YASIKOFF-GAFNER Alexander	17.03.1924
ZIMMERMANN-VANAMO Markus	20.12.1923
ZUBERBÜHLER-RAMMINGER Henriette	27.04.1924
ZÜRCHER-FANKHAUSER Bertha	25.01.1924
ZURFLUH-HURNI Pietro	19.07.1923

100 JAHRE UND ÄLTER

BURKHALTER-TRIPPEL Paula	16.03.1912
DINGER-RÖTHLISBERGER Alfred	19.06.1914
DIRIWÄCHTER Dora	10.10.1912
DÖRFLINGER Anna	28.09.1913
HÄFELFINGER Rosmary	15.06.1914
HILTBRUNNER-CHOULAT Erwin	19.08.1913
KOFLER-ERNI Bertha	23.02.1914
METZENER-STOECKLI Marguerite	02.02.1913
PLÜSS-ACHERMANN Walter	05.03.1912
TASCHNER-MÜHLEMANN Paul	31.05.1913
ZELLER Karoline	25.06.1913

Unsere Verstorbenen

JULI 2013 BIS JUNI 2014

ABEL-BENTELI Eduard	07.05.1936–07.01.2014
ACKERMANN-WALT Johannes	04.03.1922–13.01.2014
AEBISCHER-GOLDEMANN Walter	20.09.1933–26.11.2013
AESCHBACH-SPINNLER Paul	08.08.1927–13.12.2013
ALTHAUS-PAWLIK Willy	10.05.1921–27.08.2013
ANLIKER-GISIN Klara	08.01.1922–30.08.2013
BACHELUT-KUHNY Georgette	25.10.1927–07.06.2014
BACHMANN-LORENZI Martha	26.08.1920–18.03.2014
BACHMANN-ROGGO Hans	12.07.1927–18.01.2014
BALTISPERGER Erika	07.05.1931–05.11.2013
BAMMERLIN-RIEDO Leonie	14.01.1925–12.01.2014
BARGETZI-GÖTZ Dora	25.09.1924–05.06.2014
BARTH-HÄRING Hans	08.07.1927–27.07.2013
BAUMANN-SCHÜPBACH Margritli	24.07.1930–07.08.2013
BECK-DANNMEYER Irma	30.08.1917–07.04.2014
BECK-STEINER Ernst	03.04.1930–11.11.2013
BECKER Fridolin	06.07.1940–06.01.2014
BENEDETTI-STRAUB Gaetano	07.07.1920–02.12.2013
BERGER-SORGALLA Andres	30.05.1943–22.12.2013
BERNAYS-FRECH Heidi	03.04.1947–11.10.2013
BERNAYS-FRECH Peter	25.10.1943–21.12.2013
BERNOULLI-GRIES Erika	21.05.1919–24.02.2014
BERTSCHMANN Martha	15.06.1922–02.06.2014
BIELMANN-WANNER Marguerite	13.05.1930–29.03.2014
BLEILE Erich	14.07.1941–18.10.2013
BLESSING Georg	14.01.1933–09.04.2014
BLINDENBACHER-RUCH Elisabeth	26.09.1921–15.11.2013
BOTTONI-STOECKLIN Giovanni	21.05.1927–29.11.2013
BRODMANN Josef	17.02.1928–03.07.2013
BUCHELI-SCHERRER Rudolf	22.01.1926–05.01.2014
BUCHER-ULMANN Marcel	05.05.1927–16.08.2013
BÜHLER-WOLF Lina	09.03.1925–05.05.2014
BUHOLZER-NIEDERBERGER Maria	30.01.1921–15.05.2014
BÜRGIN Hanspeter	22.11.1936–23.07.2013
BÜRGIN-WOLFF Alfred	06.09.1927–15.02.2014
CASARI-STIERLIN Peter	30.04.1931–06.05.2014
COLLINS Ernest Raymond	12.04.1932–02.10.2013
COURVOISIER-JUNG Hans Rudolf	14.09.1936–18.09.2013
DANNER-MEISTER Helene	01.01.1947–28.01.2014
DEUBER Rose	13.02.1920–25.04.2014
DIRIWÄCHTER-LEBER Hugo	27.06.1927–13.09.2013
DRESSLER-BIETENHOLZ Christel	09.01.1922–27.11.2013
EISENRING-GULDENMANN Robert	23.03.1916–03.09.2013
ERATH-ERSIG Markus	25.07.1944–19.02.2014
FAVRE-DIT-JEANFAVRE Heinz	09.06.1945–28.05.2014
FISCHER-DAHINDEN Mina	22.09.1919–23.05.2014
FLEISCHMANN-NÄF Gertrud	21.11.1930–25.03.2014
FREULER-SPICHIGER Johannes	23.04.1942–26.11.2013
FREY-CLAVEL Antoinette	18.08.1919–16.09.2013
FÜRST-EGLINGER Kurt	14.11.1934–07.10.2013
GEERING-SCHWEIZER Ruth	17.11.1921–06.02.2014
GELZER-BERTSCHI Ursus	30.05.1926–03.05.2014
GERBER-FAIST Thea	07.05.1929–22.06.2014
GERBER-STEINBORN Gertrud	27.02.1915–25.01.2014
GILL Jonathan	08.11.1964–16.02.2014
GOGEL-WALDVOGEL Gertrud	10.01.1915–10.03.2014
GÖTTIN-MEISEN Anna	10.03.1928–31.01.2014
GRAF-DILL Lotti	19.03.1928–27.02.2014
GRAF-PFAFF Wilhelm	19.05.1924–02.02.2014
GRÄSSLIN Werner Jürgen	15.11.1951–18.06.2014
GROSS-SALADIN Hansruedi	20.02.1936–23.09.2013
GRÜTZMACHER-ALTERMATT Otto	27.02.1927–16.05.2014

GUBLER-MARK Adelheid	20.05.1934–19.05.2014
GURTNER-ALTENBACH Dora	11.05.1945–21.11.2013
GUT-WUNDERLI Kaspar	27.05.1933–23.12.2013
HAAG Peter	02.04.1934–21.06.2014
HAEGLER-STALDER Margaretha	10.07.1915–19.09.2013
HARTMANN-BÄR Bernard	10.06.1925–12.11.2013
HEIMGARTNER-ZOPPE Elsa	30.04.1924–23.09.2013
HELLER Gertrud	12.05.1917–10.04.2014
HENNICKE-BÜHLER Jeanne-Marthe	05.08.1938–31.07.2013
HENSSLER-WAGENHÄUSER Paul	15.11.1928–20.01.2014
HERSBERGER-MESSMER Roland	02.01.1942–15.09.2013
HINNEN-MELIESTE Johanna	03.12.1929–22.05.2014
HITZ Anna Marie	27.05.1938–14.12.2013
HÖCHLI-KÜHLCKE Oskar	02.05.1931–15.06.2014
HODEL-STADLIN Elisabeth	17.06.1921–14.08.2013
HOFER-STERCHI Hermann	14.03.1918–04.09.2013
HOHENEGGER-BONGARTZ Maria Margareta	19.09.1922–05.04.2014
HOSTETTLER-HÖLLSTIN Hedwig	04.04.1924–02.06.2014
HUBLER-LÜDIN Adele	24.08.1922–15.12.2013
HUETER-BLOCH Ruth	17.11.1928–28.09.2013
HUETER-ITEN Alphonse	16.06.1954–08.05.2014
HUG-SCHMITT Elisabeth	19.04.1919–06.01.2014
HÜRLIMANN-REDERER Ilonka	09.07.1932–17.02.2014
HUTCHINSON-HAUSER Renate	19.11.1926–14.01.2014
IBERER Erika	29.06.1929–02.01.2014
INGOLD Karl	09.11.1938–21.08.2013
ISENMANN Judita	07.04.1921–11.05.2014
ISENMANN-SPECHT Antoinette	18.01.1929–03.07.2013
ITEN-LEHMANN Alois	13.12.1930–25.11.2013
JANSSEN-RÜCKER Hans-Jochen	14.02.1930–12.06.2014
JEGGE-WEHRLI Rosmarie	14.01.1939–26.07.2013
JENNER Waltraud	04.09.1939–07.11.2013
JOHNSON-EGGMANN Susi	17.04.1925–22.10.2013
JORDI-BIERI Rosa	06.11.1936–13.01.2014
JÖRIN-DUPS Margaretha	11.01.1919–09.01.2014

KELLER-BUCHER Ella	01.07.1924–28.05.2014
KELLER-EXNER Hans	13.04.1932–27.01.2014
KELLER-GRUBER Monika	04.11.1916–11.12.2013
KELLER-HAUSWIRTH Kätheli	27.05.1926–23.06.2014
KELLERHALS-SAXER Max	22.01.1922–23.05.2014
KESSLER-BUSSI Fiammetta	24.08.1919–30.01.2014
KÖVI-MAJINKA Laurent	06.10.1970–27.02.2014
KÜNG-PLATTNER Marguerite	07.01.1913–13.01.2014
KURT Thomas	15.01.1980–01.03.2014
LAUBSCHER-NOLL Anna	09.02.1923–03.09.2013
LAUENSTEIN-POGRIBNA Hans	23.07.1931–19.08.2013
LENGWEILER Gertrud	25.10.1942–07.06.2014
LEU-METZGER Alice	07.12.1920–26.06.2014
LEU-WEBER Kurt	16.01.1921–23.12.2013
LEUENBERGER-LOEB Eva	07.09.1928–01.02.2014
LEUTWYLER Elsa	27.04.1913–28.05.2014
LIMONGELLI-FACCHINETTI Antonio	20.02.1936–21.12.2013
LINKE-LINKE Konrad	21.04.1938–04.11.2013
LIPS-WALZER Edgar	03.10.1927–08.09.2013
LOHM-BUSCH Hans	06.06.1930–03.05.2014
LÖRTSCHER-VON MÜHLENEN Albert	01.10.1923–20.04.2014
LÖW-WALKER Frieda	10.02.1939–11.04.2014
LYRER Siegfried	02.12.1926–07.06.2014
MÄDER-WERDER Alfred	05.11.1925–06.02.2014
MAGERL-PLATZER Alois	11.07.1929–20.07.2013
MAIER Helmuth	05.06.1943–28.01.2014
MANZ-MUNDWILER Renate	07.12.1955–02.04.2014
MARKOVIC-GOMEZ Ivan	09.05.1947–14.06.2014
MASERO-KELLER Werner	16.11.1936–15.08.2013
MASIN-RIGHETTI Helene	22.01.1932–04.12.2013
MEIER-FRIEDLI Jeannine	27.12.1929–18.06.2014
MEIER-MUCHENBERGER Elisabeth	08.02.1924–25.09.2013
MEIER-PULFER Martin	06.02.1918–31.01.2014
MERZ-EGLI Eveline	08.10.1953–26.12.2013
MEYER Urs	06.06.1935–13.11.2013

MEYER-SELEUCIDE Paul	01.08.1944–03.07.2013
MLODZIK-JELINEK Hana	15.04.1935–14.08.2013
MOHLER-BRENNWALD Anna	04.05.1919–18.07.2013
MOHLER-BRENNWALD Walter	11.12.1921–23.01.2014
MÜLLER-MÄGLIN Heinrich	10.02.1921–03.08.2013
MÜLLER-SCHWEIZER Hans	11.04.1921–15.01.2014
NAEGLE-FLUBACHER Margareta	28.07.1922–08.02.2014
NÄF-STAMM Gertrud	23.03.1925–13.04.2014
NAGEL WITZIG Heike Maria	05.07.1963–13.06.2014
OOSTENBRINK Rudolph	01.03.1933–12.06.2014
PANIZZON-SCHWEIZER Marguerite	21.08.1916–03.05.2014
PANTALEONI Elio	25.06.1932–29.05.2014
PASQUALIN-KEIM Ingeborg	10.11.1946–06.01.2014
PAULI-MALESKA Margarete	15.09.1927–23.07.2013
PELLEGRINI-GERVASI Corradino	15.07.1934–13.01.2014
PEYER Paul	10.05.1932–01.06.2014
PEYER-WEIBEL Jakob	01.12.1930–15.11.2013
PFÄNDLER Johanna	23.05.1921–11.06.2014
PFENNINGER-BACHMANN Ernst	25.10.1926–20.03.2014
PLÜSS-SAUTER Heinrich	07.07.1939–20.03.2014
POLLAK-IM HOF Eva	09.02.1929–10.07.2013
PUGIN-FASEL Elisabeth	14.09.1921–30.07.2013
RIEDER-SCHMIDT Hans	24.12.1937–24.12.2013
RINGWALD-GOTTESMANN Erwin	05.08.1923–20.08.2013
RODIGARI Patrick	09.09.1976–02.05.2014
ROGGER-ZÜRCHER Martha	03.01.1925–11.03.2014
RÖÖSLI Peter	03.04.1936–10.08.2013
RÖSSLEIN-BASLER Nelly	25.11.1923–23.06.2014
RUDIN-BELHARTZ Catherine	09.09.1921–11.03.2014
RUDIN-WEISSKOPF Gertrud	29.03.1919–14.12.2013
RUDMANN-JEANNERET Dina	13.06.1931–06.02.2014
RÜTTI-KIEFER Urs	30.10.1936–14.03.2014
RYF-GASSNER Hans	16.05.1919–08.10.2013
SAGER Louis	04.05.1969–07.06.2014
SANDREUTER Susanna	25.11.1930–22.10.2013
SANER-DÖÖS Marcel	09.04.1952–06.06.2014
SANER-TSCHUDIN Elisabeth	04.03.1917–22.07.2013
SCHÄR-SOTTAS Denise	04.07.1949–03.09.2013
SCHATZMANN-HERTER Werner	27.04.1934–23.03.2014
SCHEIM-HOCHSTRASSER Johanna	15.05.1921–04.09.2013
SCHIEGG Marie	12.01.1919–29.12.2013
SCHIEGG-KUNZ Roland	18.07.1931–25.01.2014
SCHIERZ-LECTURA Urs	06.09.1945–10.10.2013
SCHINDEL-ERB Rosa	16.02.1916–27.03.2014
SCHLATTER Albert	05.11.1942–05.02.2014
SCHLEY-BLENNER Margareta	01.04.1933–01.10.2013
SCHMID-HUNZIKER Rudolf	16.09.1925–27.05.2014
SCHMIDT-BURGER Walter	07.03.1935–03.10.2013
SCHNEIDER Brigitte	11.09.1960–29.01.2014
SCHNEIDER-ANLIKER Arthur	05.03.1912–18.07.2013
SCHRAG-DIEM Walter	26.10.1931–26.05.2014
SCHUDEL-BOVAY Hermann	17.09.1917–01.12.2013
SCHUDEL-FEYBLI Heidi	18.09.1913–23.02.2014
SCHWANK-BRÜGGER Lotti	30.06.1931–08.10.2013
SCHWEIZER Claire	30.10.1925–14.11.2013
SCUDERI-LA FAUCE Filippina	16.01.1926–13.04.2014
SEILER-SPIESS Lucrezia	18.08.1934–05.12.2013
SIEGENTHALER-DIETZ Beatrice	28.02.1961–18.05.2014
SIGL Irene	16.09.1937–09.05.2014
SLADEK-SOLDEN Ludwig	02.02.1928–14.11.2013
SPECK-BRODBECK Rosmarie	01.07.1937–14.03.2014
SPINNLER-SCHIESSER Kurt	29.09.1923–15.06.2014
SPONY-VÖGELIN Emma	10.05.1925–02.05.2014
STÄHELI-MORF Margaretha	29.01.1930–14.05.2014
STEIGER-GÜDEMANN Franz	18.11.1937–26.02.2014
STEINLE-KAISER Agnes	02.02.1926–21.01.2014
STEPPACHER Pia	06.03.1959–25.03.2014
STIEGER-EHRAT Roland	05.04.1950–22.07.2013
STÖCKLI-BUDMIGER Rudolf	02.08.1931–09.05.2014
STOHLER-FROMMHERZ Fritz	02.03.1923–23.11.2013

STRAUMANN-VON BALLMOOS Emma	07.06.1936-15.08.2013
STRUB-STÄHLI Karl	21.10.1918-31.12.2013
STUCKI-SPITALER Heinrich	06.06.1928-31.05.2014
STÜRMER-GROSSKINSKY Oslinde	16.07.1924-25.12.2013
STÜRZINGER-ROHRER Hermann	31.07.1921-14.04.2014
SULZER-CHARDONNENS Max	06.12.1926-19.07.2013
SUMPF-REFARDT Marie	19.09.1920-12.03.2014
SÜTTERLIN-HÖDL Maria Anna	18.11.1927-24.05.2014
SÜTTERLIN-SCHÄFER Wilhelm	12.07.1927-31.01.2014
TEMPERLI-ROHR Milly	12.03.1933-17.07.2013
THOMMEN Robert	14.04.1920-28.10.2013
THOMMEN-KUHN Anna	13.06.1922-14.08.2013
THOMMEN-STROHBACH Lilly	11.06.1932-15.05.2014
TRACHSEL-HANDSCHIN Rosmary	29.11.1931-17.06.2014
TREBOUX-WEIGOLD Anna Maria	14.11.1914-02.03.2014
TREVISAN-HEDIGER Guido	23.09.1924-27.12.2013
UEBEL-THEIS Richard	13.12.1930-30.12.2013
UEBELHART-HAMANN Christel	12.10.1933-26.11.2013
UEBELHART-NECKEL Liselotte	24.05.1920-15.11.2013
VAN BEBBEREN-SKOV HANSEN Johannes	14.07.1935-20.01.2014
VIRET-RAHM Robert	14.04.1927-27.05.2014
VÖLLMIN-HAFNER Bruno	08.08.1939-26.01.2014
VON AH-MÜLLER Johann	12.06.1919-28.10.2013
VON BÜREN-FREI Verena	06.02.1925-04.04.2014
VON WARTBURG-IMBACH Helen	30.10.1940-11.12.2013
VOSSELER-STUDER Verena	23.06.1928-20.02.2014
WANNER Stephan	13.09.1964-18.08.2013
WEIDMANN BEUTTER Irène	09.02.1945-26.12.2013
WEINGÄRTNER Marie	22.11.1915-20.04.2014
WEISS Edith	01.05.1951-12.09.2013
WENK-BRONZI Paul	04.07.1933-20.02.2014
WERRO Andrea	22.04.1990-12.10.2013
WICKLI-BAUMGARTNER Friedrich	10.04.1931-06.07.2013
WIGANT-LINDER Bernhard	14.02.1941-27.09.2013
WINTER Guido	09.04.1936-01.02.2014
WIRZ Hans Peter	03.05.1943-09.10.2013
WIRZ-SEILER Peter	15.01.1931-08.07.2013
WÜTHRICH-SCHULTHEISS Rudolf	04.09.1924-04.03.2014
WYSS-HAURI Edgar	18.10.1936-13.07.2013
WYSS-SEIDENGLANZ Elisabeth	18.09.1922-13.06.2014
YILMAZ-WYRWA Ahmet	01.10.1945-04.09.2013
ZILTENER-ETLIN Edith	11.10.1945-12.04.2014
ZIPPERER-LENGWENUS Heinz	26.08.1931-30.04.2014
ZUM WALD-WARTMANN Jakob	12.01.1920-16.10.2013

Bildnachweis

Bilder auf derselben Seite werden in der
Reihenfolge von oben nach unten
beziehungsweise von links nach rechts genannt.

Cover: Ursula Sprecher
S. 8/9: Ursula Sprecher
S. 10: Ursula Sprecher
S. 12–14: Grafiken aus ‹Leben in Riehen – 60plus›, Gemeinde Riehen, www.riehen.ch/sites/default/files/files/geschaeft/10 14.623.03_bericht_gr_anzug_oehen_alters_u_seniorenkonzept_mit_beilage.pdf, Zugriff 7.8.2014.
S. 15: Rolf Spriessler-Brander
S. 16–24: Ursula Sprecher
S. 30: Seniorentheater Riehen-Basel
S. 34: Ursula Sprecher
S. 38–43: Ursula Sprecher
S. 46: Grafik: formsache
S. 48: Grundriss: Stump & Schibli
S. 50–62: Ursula Sprecher
S. 64: Asociatia Riehen
S. 66: Asociatia Riehen
S. 67: Ursula Sprecher
S. 72/73: Ursula Sprecher
S. 74: Ursula Sprecher
S. 78: Ursula Sprecher
S. 79: Stauffenegger + Stutz
S. 80: Ursula Sprecher
S. 86: Ursula Sprecher
S. 88: Philippe Jaquet
S. 90: Loris Vernarelli
S. 92: Erich Meyer
S. 94: Michèle Faller
S. 96: Archiv Riehener Zeitung
S. 98: Philippe Jaquet, Michèle Faller
S. 100: Dokumentationsstelle Riehen, Archiv Riehener Zeitung
S. 102: Privatsammlung Familie Seiler
S. 105: Walter Binder, Basler Denkmalpflege
S. 106–111: Gerd Pinsker, Dokumentationsstelle Riehen
S. 112–117: Ursula Sprecher
S. 118: Staatsarchiv Basel-Stadt, Wappenbücher 4, fol. 109r
S. 119: Wappen Gemeinde Riehen, commons.wikimedia.org/wiki/File:RiehenWappen.png, Zugriff 7.8.2014
S. 121: Peter Rück: Die Urkunden der Bischöfe von Basel bis 1213, Basel 1966, S. 134f., Tafel 23; Albert Bruckner et al.: Riehen. Geschichte eines Dorfes, Riehen 1972, S. 104 und 132
S. 122: Staatsarchiv Basel-Stadt, Wappenbücher 4, fol. 136v; Die Wappenrolle von Zürich. Ein heraldisches Denkmal des 14. Jahrhunderts, Zürich 1860, Tafel 4, Nr. 92; Staatsarchiv Basel-Stadt, Wappenbücher 4, fol. 118v; Gemeinde Fürstenstein, www.fuerstenstein.de/seite/29332/wappen.html, Zugriff 7.8.2014; Die Wappenrolle von Zürich. Ein heraldisches Denkmal des 14. Jahrhunderts, Zürich 1860, Tafel 20, Nr. 466
S. 123: Staatsarchiv Basel-Stadt, Wappenbücher 4, fol. 109r und 121v; UB Basel, O I 13: Wappenbuch des Nikolaus Riss bzw. Kaspar Koch in Basel, S. 73; Staatsarchiv Basel-Stadt, Kirchenbücher K3 (1535 u. 1537)
S. 124: Christian Wurstisen: Basler Chronick, Basel 1580, S. 62; Johann Siebmacher: Erneuertes und vermehrtes Wappen-Buch, Nürnberg 1701, Blatt 188 und 145
S. 126: Ursula Sprecher
S. 128–130: Sabine Hertig, STAMPA Galerie Basel
S. 131: Philippe Jaquet
S. 132: Philippe Jaquet
Seite 135: Michel Studer, Michel Studer
Seite 136: Philippe Jaquet
S. 140: Philippe Jaquet
S. 142: Philippe Jaquet, Christian Kempf
S. 143: Philippe Jaquet, Valentin Herzog
S. 144: Michèle Faller, Valentin Kimstedt
S. 145: Maritta Winter, Pascale Michel
S. 146: Philippe Jaquet, Philippe Jaquet
S. 147: Philippe Jaquet, Christoph Junck
S. 148: Philippe Jaquet, Philippe Jaquet
S. 149: Philippe Jaquet, Michèle Faller
S. 150: Michel Studer
S. 152: CVJM Riehen; Archiv Riehener Zeitung/zVg
S. 153: FC Amicitia
S. 154: Swiss Orienteering
S. 155: Michel Studer
S. 156: Philippe Jaquet
S. 157: Tony Maher, Archiv Riehener Zeitung/zVg
S. 158: Rolf Spriessler-Brander
S. 159: Philippe Jaquet, UHC Riehen
S. 175: Philippe Jaquet
S. 176: Véronique Jaquet
S. 184: Ursula Sprecher

LEGENDEN AUFTAKTBILDER

Cover: Seniorentanz Riehen im Landgasthof, 2014.
S. 8/9: Mitglieder des Seniorentheaters an der Tramhaltestelle Weilstrasse, 2014.
S. 72/73: Naturbad Riehen, 2014.
S. 138/139: Auf der Bischoffhöhe, 2014.
S. 140: Jahreskonzert der Stadt-Jodler Basel-Riehen 2014 im Landgasthofsaal vor nostalgischer Kulisse.
S. 150: Unterwasserrugby am Läckerli Cup des UW-Rugby Bâle vom August 2013 im Gartenbad Eglisee.
S. 160: Andreashaus, 2014.
S. 164: Gemeindehaus, 2014.
S. 186: Begegnung auf dem Spielplatz Hinter der Mühle, 2014.